长江经济带

科技赋能产业高质量发展报告(2024)

南京大学数据智能与交叉创新实验室 著

南京大学出版社

图书在版编目（CIP）数据

长江经济带科技赋能产业高质量发展报告 . 2024 / 南京大学数据智能与交叉创新实验室著 . -- 南京 : 南京大学出版社 , 2025. 1. -- ISBN 978-7-305-28872-2

Ⅰ . F269.275

中国国家版本馆 CIP 数据核字第 2025N7B588 号

出版发行　南京大学出版社
社　　址　南京市汉口路 22 号　　　　　　　邮　编　210093

书　　名　**长江经济带科技赋能产业高质量发展报告（2024）**
　　　　　CHANGJIANG JINGJIDAI KEJI FUNENG CHANYE
　　　　　GAOZHILIANG FAZHAN BAOGAO（2024）
著　　者　南京大学数据智能与交叉创新实验室
责任编辑　巩奚若　　　编辑热线　025-83595840

照　　排　南京新华丰制版有限公司
印　　刷　苏州市古得堡数码印刷有限公司
开　　本　787 mm × 1092 mm　1/16　印张　13.75　　　字数　195　千
版　　次　2025 年 1 月第 1 版　2025 年 1 月第 1 次印刷
ISBN 978-7-305-28872-2
定　　价　88.00 元

网址：http://www.njupco.com
官方微博：http://weibo.com/njupco
微信服务号：NJUyuexue
销售咨询热线：（025）83594756

前言

长江经济带作为中国经济高质量发展和区域创新的重要引擎，在国家现代化建设中具有战略性地位。2016 年以来，习近平总书记先后四次在重庆、武汉、南京、南昌主持召开推动长江经济带发展座谈会并发表重要讲话，他强调，要“完整、准确、全面贯彻新发展理念”，“以科技创新为引领，统筹推进生态环境保护和经济社会发展，加强政策协同和工作协同，谋长远之势、行长久之策、建久安之基，进一步推动长江经济带高质量发展，更好支撑和服务中国式现代化”。从“推动”“深入推动”到“全面推动”，再到“进一步推动”，长江经济带正加速构建现代化产业体系，通过培育以数字化、智能化和绿色低碳为特征的新质生产力，逐步形成新的经济增长动能，并在国家创新驱动发展战略中发挥核心作用。

科技创新是推动产业升级、提升区域竞争力的核心动力。长江经济带 9 省 2 市集聚了 2 个综合性国家科学中心、9 个国家级自主创新示范区、90 个国家级高新区、161 个国家重点实验室、667 个企业技术中心，占据了全国科教资源的“半壁江山”。作为我国科技资源最富集、最具科技创新活力和科技成果转化能力的区域之一，长江经济带在提升科技创新能力、加快科技成果转化以及特色新兴产业培育、产业转型升级上，展现出独特优势。与此同时，持续增加科技投入、建设创新平台和优化政策环境，加强科教资源的优化组合和科技创新的协同配合，不断强化科技赋能，在“重塑升级”“动能转换”“赋能增效”上下功夫，提升科技前沿领域原始创新能力，通过自主创新推动产业功能、链条向高端升级，积极开辟发展新领域新赛道，塑造发展新动能新优势，培育特色新兴产业。近年来，长江经济带各省市根据各自资源禀赋和产业特点，制定了具有地方特色的创新发展战略，以促进科技创新的蓬勃发展，优化战略性新兴产业的结构，引领区域经济进入高质量发展新阶段。

《长江经济带科技赋能产业高质量发展报告》突出长江经济带重点战略性新兴产业的“特”“共”“融”“新”:“特”在新能源汽车、高端装备制造、节能环保和新材料四个代表性新兴产业领域的差序分布;“共”在产业政策引领与产业布局上坚持区域共商、生态共治、全域共建、发展共享，产业创新与科技创新同频共振、产业发展与科技人才同频共振;“融”在产业、政策与人才的融合引领，倡导科技创新与产业发展的要素融通与新质发展;“新”则突出区域科技创新对战略性新兴产业的引领担当与率先发展。同时，报告也指出，长江经济带新兴产业发展也存在高水平科技创新成果缺乏、科技成果转化不畅、政策精准性和有效性欠缺、多层次人才供给不平衡等问题。据此，报告提出有针对性的对策建议，以期促进科技创新进一步引领战略性新兴产业发展。

报告共分为五部分：第一部分围绕新质生产力与战略性新兴产业关联、长江经济带战略性新兴产业发展特征，提出科技创新引领长江经济带战略性新兴产业发展研究框架，识别长江经济带省市重点战略性新兴产业分布；第二部分从创新的基本态势、创新主题和协同创新模式三个维度，解析长江经济带各省市重点战略性新兴产业的创新态势，揭示科技创新成果对战略性新兴产业发展的支撑能力；第三部分剖析长江经济带科技创新政策的演变、主题和协同特征，揭示科技创新政策对战略性新兴产业发展的驱动能力；第四部分聚焦科技创新人才结构、分布和研究主题特色，对比分析各产业重点需求方向和人才供需匹配情况，揭示科技创新人才对战略性新兴产业发展的赋能作用；第五部分基于前述分析，提出科技创新引领长江经济带战略性新兴产业发展的对策建议，为推动长江经济带科技创新能力提升、助力区域产业发展提供智力支撑。

本报告所使用的产业数据主要来源于公开的官方统计报告，专利、论文和人才数据来源于权威数据库，所有数据均为公开可获取的资料。

目录

图目录

表目录

第一章 战略性新兴产业与长江经济带高质量发展

1.1 战略性新兴产业

1.1.1 战略性新兴产业及其分类

战略性新兴产业，是以重大前沿技术突破和重大发展需求为基础，对经济社会全局和长远发展具有重大引领带动作用的产业，代表了新一轮科技革命和产业变革的方向，是培育发展新动能、获取未来竞争新优势的关键领域。截至 2023 年底，中国与战略性新兴产业有关的企业达到 51.53 万家，占制造业企业总量的 8.55%，与 2023 年底相比增长 6.35%[①]；全国从事战略性新兴产业生产的规模以上工业企业法人单位 9.60 万个，从事战略性新兴产业活动的规模以上服务业企业法人单位 6.2 万个[②]；战略性新兴产业增加值占 GDP 的比重由不足 8% 增加到超过 13%，成为中国经济高质量发展的重要驱动力量和关键领域。

立足国情发展和产业发展实践，我国战略性新兴产业发展与

① 中华人民共和国中央人民政府门户网站 . 新华社图表：我国制造业企业总量突破 600 万 [EB/OL].（2024-09-24）[2025-01-02]. https://www.gov.cn/zhengce/jiedu/tujie/202409.

② 国家统计局，国务院第五次全国经济普查领导小组办公室 . 第五次全国经济普查公报（第六号）——部分新兴产业发展情况 [EB/OL].(2024-12-26)[2025-01-02].https://www.stats.gov.cn/sj/zxfb/202412/t20241226_1957891.html.

政策规划也经历了“培育、支持、壮大”三个阶段，其产业内涵和产业定位也逐渐清晰和明确。

1. 战略性新兴产业培育发展阶段

为推动国家产业结构升级、加快经济发展方式转变，2010 年 10 月，《国务院关于加快培育和发展战略性新兴产业的决定》（国发〔2010〕32 号，以下简称“国发 32 号文”）首次提出战略性新兴产业的发展理念[①]，提出重点发展新一代信息技术产业、高端装备制造产业、新材料产业、生物产业、新能源汽车产业、新能源产业、节能环保等产业，即七大产业门类划分。

2011 年 3 月，《中华人民共和国国民经济和社会发展第十二个五年规划纲要》第三篇第十章明确提出培育发展战略性新兴产业，提出把战略性新兴产业培育发展作为先导性、支柱性产业[②]。中央财政于 2011 年设立了战略性新兴产业发展专项资金，通过需求激励、商业模式创新等综合扶持方式，以组织实施参股创投基金、重大应用示范工程、重大产业创新发展工程等为载体，推动战略性新兴产业尽早成为国民经济的先导产业和支柱产业。

随后，国家统计局发布了国家《战略性新兴产业分类（2012）》（试行），围绕七大产业，提出 30 个二级产业分类和 100 个三级产业分类，明确了其产业分类和统计类目。2012 年 7 月，国务院进一步发布了《“十二五”国家战略性新兴产业发展规划》（国发〔2012〕28 号）[③]，在七大专项产业规划的基础上提出了 26 个重点

① 国务院 . 国务院关于加快培育和发展战略性新兴产业的决定：国发〔2010〕32 号 [EB/OL]. (2010-10-18)[2024-10-8]. https://www.gov.cn/gongbao/content/2010/content_1730695.htm.

② 国家发展和改革委员会 . 中华人民共和国国民经济和社会发展第十二个五年规划纲要 [EB/OL].(2011-03-16)[2024-10-08]. https://www.ndrc.gov.cn/fggz/fzzlgh/gjfzgh/201109/P020191029595702423333.pdf.

③ 国务院 . 国务院关于印发“十二五”国家战略性新兴产业发展规划的通知：国发 [2012]28 号 [EB/OL]. (2012-07-09)[2024-10-08]. https://www.gov.cn/zwgk/2012-07/20/content_2187770.htm.

领域，进一步提出了物联网、集成电路、航空、航天等一系列细分领域的专项规划，提出到2020年力争使战略性新兴产业成为国民经济和社会发展的重要推动力量。此后，新的软件产业和集成电路产业政策、高技术服务业指导意见、海洋工程装备产业创新发展战略也相继出台，战略性新兴产业范畴与发展内涵逐渐丰富。

2. 战略性新兴产业支持发展阶段

“十二五”期间，我国节能环保、新一代信息技术、生物、高端装备制造、新能源、新材料和新能源汽车等战略性新兴产业快速发展。2015年，战略性新兴产业增加值占国内生产总值比重达到8%左右，产业创新能力和盈利能力明显提升。新一代信息技术、生物、新能源等领域一批企业的竞争力进入国际市场第一方阵，高铁、通信、航天装备、核电设备等国际化发展实现突破。基于此，2016年3月，《中华人民共和国国民经济和社会发展第十三个五年规划纲要》第五篇第二十三章，提出支持战略性新兴产业发展，旨在拓展新兴产业增长空间，抢占未来竞争制高点[①]。

2016年11月，国务院发布《“十三五”国家战略性新兴产业发展规划》（国发〔2016〕67号），围绕培育发展新动能，推进供给侧结构性改革，构建现代产业体系，提升创新能力，进一步推动产业向高端化、智能化、集群化方向发展，不仅进一步聚焦一批原创技术驱动的新兴产业，而且将我国战略性新兴产业更加积极主动地融入全球产业体系[②]。提出“推动信息技术产业跨越发展，拓展网络经济新空间”“促进高端装备与新材料产业突破发展，引领中国制造新跨越”“加快生物产业创新发展步伐，培育生物经济

① 中华人民共和国中央人民政府门户网站．中华人民共和国国民经济和社会发展第十三个五年规划纲要 [EB/OL]. (2016-03-17)[2024-10-08]. https://www.gov.cn/xinwen/2016-03/17/content_5054992.htm.

② 国务院．国务院关于印发“十三五”国家战略性新兴产业发展规划的通知：国发〔2016〕67 号 [EB/OL]. (2016-11-29)[2024-10-08]. https://www.gov.cn/zhengce/content/2016-12/19/content_5150090.htm.

新动力”“推动新能源汽车、新能源和节能环保产业快速壮大，构建可持续发展新模式”“促进数字创意产业蓬勃发展，创造引领新消费”等战略主张。“数字创意产业”首次纳入战略性新兴产业范畴（八大产业分类），并且提出在空天海洋技术、核技术等领域加强研发和创新，发展空天飞行器、深海探测装备、先进核能技术等“未来产业”发展制高点，大大拓展了战略性新兴产业范畴。

2018 年 11 月，国家统计局发布了《战略性新兴产业分类（2018）》（国家统计局令第 23 号），新增数字创新产业与相关服务产业两大领域，规定战略性新兴产业是以重大技术突破和重大发展需求为基础，对经济社会全局和长远发展具有重大引领带动作用，知识技术密集、物质资源消耗少、成长潜力大、综合效益好的产业，包括新一代信息技术产业、高端装备制造产业、新材料产业、生物产业、新能源汽车产业、新能源产业、节能环保产业、数字创意产业、相关服务业等九大领域[①]，即九大产业分类体系，共 40 个二级产业分类和 189 个三级产业分类。同时对产业名称进一步进行了合并优化，并新增了大量的细分领域。

3. 战略性新兴产业发展壮大阶段

“十三五”期间，全球产业合作格局重构，国际分工体系全面调整，对我国战略性新兴产业领域自主创新能力的提升提出更高的要求。同时，“十三五”时期，战略性新兴产业增加值增速明显高于规模以上工业增加值增速，成为培育壮大新增长点、加快新旧动能转换、构建新发展格局的重要动力源。因此，2021 年 3 月，《中华人民共和国国民经济和社会发展第十四个五年规划和 2035 年远景目标纲要》第三篇第九章，围绕战略性新兴产业发展壮大，提出抢占未来产业发展先机，培育先导性和支柱性产业，

① 国家统计局．战略性新兴产业分类（2018）：国家统计局令第 23 号 [EB/OL]. (2016-11-29)[2024-10-08]. https://www.gov.cn/zhengce/zhengceku/2018-12/31/content_5433037.htm.

推动战略性新兴产业融合化、集群化、生态化发展[①]。与“十三五”相比，对战略性新兴产业的提法发生了变化——新一代信息技术、生物技术、新能源、新材料、高端装备、新能源汽车、绿色环保以及航空航天、海洋装备等，减少了数字创意产业，新增了航空航天、海洋装备，包含了先进制造业和现代服务业的绝大部分行业。2023 年，国家统计局制定了《工业战略性新兴产业分类目录（2023）》（国经普办字〔2023〕24 号），提出新一代信息技术、高端装备制造、新材料、生物、新能源汽车、新能源、节能环保、航空航天、海洋装备新的九大产业分类[②]。

围绕融合化、集群化与生态化发展，中共中央、国务院印发的《扩大内需战略规划纲要（2022—2035 年）》强调，深入推进国家战略性新兴产业集群发展，建设国家级战略性新兴产业基地[③]。此前，2019 年国家发展改革委下发了《关于加快推进战略性新兴产业产业集群建设有关工作的通知》（发改高技〔2019〕1473 号），在十二个重点领域公布了第一批国家级战略性新兴产业集群建设名单，共涉及 22 个省、自治区和直辖市的 66 个集群；2020 年，国家发展改革委、科技部、工信部、财政部等联合印发《关于扩大战略性新兴产业投资培育壮大新增长点增长极的指导意见》（发改高技〔2020〕1409 号），提出 20 个重点方向和支持政策。这些政策举措，更加注重战略性新兴产业在区域、产业领域的优化配

① 国家发展和改革委员会．中华人民共和国国民经济和社会发展第十四个五年规划和 2035 年远景目标纲要 [EB/OL]. (2021-03-23)[2024-10-08]. https://www.ndrc.gov.cn/xxgk/zcfb/ghwb/202103/P020210323538797779059.pdf.

② 国务院第五次全国经济普查领导小组办公室．关于印发《工业战略性新兴产业分类目录（2023）》的通知：国经普办字〔2023〕24 号 [EB/OL]. (2023-12-12)[2024-10-08]. https://tjj.beijing.gov.cn/zwgkai/tjbz_31390/xyhcyfl_31392/cyfl_31677/202312/t20231221_3506928.html.

③ 中华人民共和国中央人民政府门户网站．中共中央　国务院印发《扩大内需战略规划纲要（2022 — 2035 年）》[EB/OL]. (2022-12-14)[2024-10-08]. https://www.gov.cn/zhengce/2022-12/14/content_5732067.htm.

置和差异化发展。此外，在九大产业之外延伸到整个科技产业创新生态，在类脑智能、量子信息、基因技术、未来网络、深海空天开发、氢能与储能等前沿科技和产业变革领域，组织实施未来产业孵化与加速计划，谋划布局了一批未来产业。

也有学者认为中国战略性新兴产业政策演变经历了战略部署期（2009—2015 年）、支持发展期（2016—2020 年）和统筹整合期（2021 年至今）等三个阶段[①]：战略部署期着重规划战略性新兴产业发展方向，建立基础政策框架；支持发展期重点是加快产业发展速度，促进产业快速成长；统筹整合期着眼于整合各阶段成果，加强产业协同发展，推进战略性新兴产业高质量发展。以战略性新兴产业和未来产业为代表，其发展深度依赖前沿科技的发展与突破，具有知识技术密集、物质资源消耗少、成长潜力大、综合效益好等特点。或许虽然当前处于孕育期或产业化初期，但从技术发展逻辑上看，具有高成长性和强带动性，有着重塑未来经济发展的重大潜力，代表着新一轮科技革命和产业变革的方向，是经济增长的最活跃力量，对国家的经济社会全局发展和长远发展具有重大的战略性意义和引领带动作用。同时，战略性新兴产业需要持续性、高强度的投入，对技术、人才和产业生态的依赖性强，受政策影响大。

1.1.2 战略性新兴产业与新质生产力发展

国家信息中心战略性新兴产业研究组认为，中国战略性新兴产业发展大致可以分为四大阶段：自力更生阶段、对外开放阶段、融合发展阶段以及自主创新阶段[②]。在自主创新阶段，战略性新兴

① 吴柳洁，郭京京．中国战略性新兴产业政策演变态势分析：政策组合视角 [J]. 创新科技，2024, 24(3):12-26.

② 国家信息中心战略性新兴产业研究组．中国战略性新兴产业集群的发展历程及特征 [EB/OL]. (2021-03-19)[2024-10-08]. https://www.ndrc.gov.cn/xxgk/jd/wsdwhfz/202103/t20210319_1269838.html.

产业发展具有典型的要素驱动特征：一类是以劳动力、资本以及土地等传统要素驱动为特征，需要依托政策优势或者要素成本优势形成一定规模的产业集群，比如高端装备产业、新材料产业；一类是全要素生产率为代表的要素效率驱动型，比如生物医药和新型服务业；一类是新型要素驱动型，其以新技术新要素为引领，推动劳动者、劳动资料、劳动对象优化组合和更新跃升，催生新产业、新模式、新动能，发展以高技术、高效能、高质量为特征的生产力，是新质生产力引领的产业发展机制，比如新一代信息技术、人工智能、量子科技等。

新质生产力区别于传统生产力的主要方面，在于通过不断创新科学技术、生产组织形式等，创造出比以往更高效率的生产力水平①。与传统生产力相比，新质生产力依靠科技推动的本质没有发生变化，实质也仍然在于坚持以科技进步所激发的创新动能为推动生产力发展的核心动力。但从品质来看，与传统生产力“质”的区别在于：第一，新质生产力依靠新劳动者、新劳动对象、新劳动工具、新型基础设施综合作用下产生的颠覆性的技术突破，依托关键性技术的突破推动整个国家生产能力的飞跃式提升；第二，新质生产力彻底摆脱了资源驱动型的经济发展模式，不再依靠投入的“量”取“胜”，而是在生产要素更优配置下，实现全要素生产率提升；第三，新质生产力以绿色为底色，在不依赖传统要素大量投入的背景下，带来的是更清洁、更高效的环境友好型发展模式，是帮助经济发展实现“既要金山银山，也要绿水青山”的关键。

新质生产力的发展标志着未来发展模式的转型，战略性新兴产业则是至关重要的环节。2023 年 9 月，习近平总书记在新时代推动东北全面振兴座谈会上首次提出，要“积极培育新能源、新

---

① 张弛．战略性新兴产业是发展新质生产力的重要着力点[J]. 团结，2024(1):20−23.

材料、先进制造、电子信息等战略性新兴产业，积极培育未来产业，加快形成新质生产力，增强发展新动能”。因此，发展战略性新兴产业是发展新质生产力的必然要求。一方面，战略性新兴产业大量使用新材料、新能源和数据资源等新要素，特别是数据作为数字经济时代的关键生产要素，从根本上改变了传统生产力发展的基本逻辑，赋能全流程的生产活动，实现生产要素的优化配置。另一方面，在我国的战略性新兴产业目录中，通信基础设施、高端装备制造、新材料等生产资本品，作为更高效的劳动工具应用于广泛的社会生产环节，不仅推动传统产业的技术改造升级，还为新兴产业的发展创造了更大的市场需求，实现经济社会的整体性产业升级与转型。此外，战略性新兴产业创新速度快、不确定性因素多，竞争激烈，需要不断提升企业管理水平和创新能力，成为产业转型与升级的“先行者”与“示范者”，从而引导其他产业部门效仿新兴产业的先进技术、管理经验与组织模式，激励更多领域实现技术突破，推动生产力进一步跃升。

然而，中国战略性新兴产业的发展也面临诸多挑战：

第一，在技术层面面临若干关键核心技术瓶颈。许多战略性新兴产业在关键核心技术领域仍存在短板，关键技术或核心部件依赖进口、受制于人，容易被“卡脖子”；技术创新投入仍显不足，难以持续进行高强度研发，技术创新能力受限，不同企业和地区的技术、产品难以兼容和互联互通，增加了市场推广和产业协同的难度。

第二，市场层面竞争激烈，存在不确定性。新产品和新技术的市场接受程度存在不确定性，可能导致市场需求增长缓慢；激烈的市场竞争，尤其来自国际企业的竞争，是企业在未来全球经济、科技战场上面临的主要挑战，机会稍纵即逝，颠覆转瞬之间，充满不确定性；一些既有格局和利益关系者，可能对新兴产业的市场进入和发展构建壁垒，贸易保护主义和单边主义盛行，小院高墙、脱钩断链地恶意挤压市场空间，将产业标准、技术壁垒和市场竞争恶意政治化、武器化的风险客观存在，人为造成市场准入门槛较高，增加了企业进入市场的难度。

第三，产业协同层面协同不足，产业链上下游脱节、区域发展不平衡。大企业占据资源优势，与中小企业缺乏有效的分工协作和资源共享机制，导致中小企业技术创新碎片化，难以满足大企业的配套需求；产业链上下游企业之间的合作不紧密，缺乏协同创新和协同发展的动力，造成一定重复投入；不同地区在战略性新兴产业的发展基础、资源禀赋、政策支持等方面存在差异，导致产业发展不平衡，区域间的产业协同和资源整合难度大。

第四，政策和环境层面，针对性、有效性和稳定性不够。政府对战略性新兴产业的政策支持具有波动性，大量政策实施与落实不能完全到位，政策调整过于频繁，给企业带来不确定性；金融机构对新兴产业的风险评估和融资服务能力相对不足，创业投资、资本市场等对战略性新兴产业的支持存在局限性，企业融资难、融资贵。

第五，人才层面高端人才短缺，人才流动匹配机制不健全，人才培养体系整体滞后。战略性新兴产业涉及前沿技术和创新领域，对高端人才的需求大，专业人才供不应求，企业之间对人才的争夺激烈，导致人才成本上升；产业发展迅速，知识和技术更新换代快，高校和职业院校的人才培养模式和课程设置与产业实际需求存在脱节，在实践能力、创新能力等方面不能很好地满足需求。

对我国而言，战略性新兴产业不仅是科技创新的主战场，也是未来国家在战略上取得主动权的关键，在整个国民经济体系中扮演着极为重要的角色。在当今全球产业分工体系中，处于全球价值链高端位置的发达国家凭借技术、资本优势，获取了更多的超额利润与高附加值收益，从而在全球经济利益分配中占据主导地位并攫取了更大份额的经济红利。我国要想在激烈的全球竞争中占有一席之地，必须持续深化战略性新兴产业的核心技术创新、政策引领与人才支持。

1.2 长江经济带高质量发展

1.2.1 长江经济带高质量发展的创新驱动

长江经济带是我国纵深最长、覆盖面最广、影响最大的黄金经济带，在我国区域发展格局中具有极其重要的地位和作用。长江经济带横跨中国东中西三大区域，覆盖上海、江苏、浙江、安徽、江西、湖北、湖南、重庆、四川、云南、贵州 11 个省市，面积约 205.23 万平方公里，占全国的 21.4%，人口和生产总值均超过全国的 40%，具有独特优势和巨大发展潜力。早在 20 世纪 80 年代，陆大道院士在全国经济地理与国土规划学术讨论会上作的《2000 年我国工业生产力布局总图的科学基础》报告，提出了“点—轴系统”理论及我国“T”字型空间结构战略，即以海岸地带和长江沿岸作为我国国土开发和经济布局的一级轴线的战略，后被国家采纳为“一线一轴”战略构想。到了 20 世纪 90 年代，长江经济带第一次被纳入国家重大发展战略，1992 年党的十四大报告提出，“以上海浦东开发为龙头，进一步开放长江沿岸城市，尽快把上海建成国际经济、金融、贸易中心城市之一，带动长江三角洲和整个长江流域地区经济的新飞跃”。2005 年，长江沿线七省二市在交通运输部牵头下签订了《长江经济带合作协议》。

十八大以来，长江经济带再次被提高至国家重大发展战略的高度。国家先后出台长江经济带发展相关政策 160 多项，涵盖生态环境保护、综合交通体系建设、产业转型升级、区域协调发展、城市群一体化建设等高质量发展议题（表 1-1）。其中，高质量发展的重要路径之一就是建设现代化产业体系，而战略性新兴产业是构建现代化产业体系的重点方向，以战略性新兴产业融合集群发展、培育具有国际竞争力的先进制造业集群，加强新旧动能转换，把科技创新作为主动力，积极开辟发展新领域新赛道，加强区域创新链融合，大力推动产业链供应链现代化的战略目标更加

表1-1 长江经济带高质量发展典型政策事件

时间	政策事件	主要观点
2013年7月	习近平总书记在湖北武汉调研讲话	“要大力发展现代物流业，长江流域要加强合作，充分发挥内河航运作用，发展江海联运，把全流域打造成黄金水道”。这是习近平总书记在党的十八大以后首次公开强调长江流域的发展问题，也是长江经济带发展战略的重要发源。自此，“黄金水道”成为被重点提及的长江经济带“关键词”。
2013年9月21日	李克强总理批示	“沿海、沿江先行开发，再向内陆地区梯度推进，这是区域经济发展的重要规律”“依托长江这条横贯东西的黄金水道，带动中上游腹地发展，促进中西部地区有序承接沿海产业转移，打造中国经济新的支撑带”。
2014年3月5日	李克强总理在十二届全国人大二次会议上所作的政府工作报告	“依托黄金水道，建设长江经济带”，意味着长江经济带建设已经进入国家战略。
2014年4月25日	中央政治局会议	“要继续支持西部大开发、东北地区等老工业基地全面振兴，推动京津冀协同发展和长江经济带发展，抓紧落实国家新型城镇化规划”。
2014年4月28日	李克强总理在重庆主持召开座谈会，研究依托黄金水道建设长江经济带	“依托黄金水道打造新的经济带，有独特的优势和巨大的潜力”，“建设长江经济带，就是要构建沿海与中西部相互支撑、良性互动的新棋局”，“贯彻落实党中央、国务院关于建设长江经济带的重大决策部署，对于有效扩大内需、促进经济稳定增长、调整区域结构、实现中国经济升级具有重要意义”。
2014年5月23—24日	习近平总书记在上海考察时讲话	2014年5月23—24日，习近平总书记在上海考察时强调，发挥上海在长三角地区合作和交流中的龙头带动作用，“要按照国家统一规划、统一部署”，“推动长江经济带建设等国家战略”。

续表

时间	政策事件	主要观点
2014年6月11日	国务院常务会议	2014年6月11日，李克强总理主持召开国务院常务会议，部署建设综合立体交通走廊、打造长江经济带。会议认为，“发挥黄金水道独特优势，建设长江经济带，是新时期我国区域协调发展和对内对外开放相结合、推动发展向中高端水平迈进的重大战略举措”。
2014年9月	国务院印发《关于依托黄金水道推动长江经济带发展的指导意见》（国发〔2014〕39号）。	该意见指出，依托黄金水道推动长江经济带发展，打造中国经济新支撑带，有利于挖掘中上游广阔腹地蕴含的巨大内需潜力，有利于优化沿江产业结构和城镇化布局，有利于形成上中下游优势互补、协作互动格局，有利于建设陆海双向对外开放新走廊，有利于保护长江生态环境。
2014年12月5日	2014年12月5日召开的中共中央政治局会议	要优化经济发展空间格局，继续实施区域总体发展战略，推进“一带一路”、京津冀协同发展、长江经济带建设。
2015年10月29日	《中共中央关于制定国民经济和社会发展第十三个五年规划的建议》	以区域发展总体战略为基础，以“一带一路”建设、京津冀协同发展、长江经济带建设为引领，形成沿海沿江沿线经济带为主的纵向横向经济轴带；推进长江经济带建设，改善长江流域生态环境，高起点建设综合立体交通走廊，引导产业优化布局和分工协作。
2016年1月5日	习近平总书记在重庆主持召开的推动长江经济带发展座谈会	“推动长江经济带发展是国家一项重大区域发展战略”，必须从中华民族长远利益考虑，走生态优先、绿色发展之路，使绿水青山产生巨大生态效益、经济效益、社会效益；“当前和今后相当长一个时期，要把修复长江生态环境摆在压倒性位置，共抓大保护，不搞大开发”，把长江经济带建设成为我国生态文明建设的先行示范带、创新驱动带、协调发展带。
2016年1月26日	中央财经领导小组第十二次会议	推动长江经济带发展，理念要先进，坚持生态优先、绿色发展，把生态环境保护摆上优先地位，涉及长江的一切经济活动都要以不破坏生态环境为前提，共抓大保护，不搞大开发。

续表

时间	政策事件	主要观点
2016年3月2日	关于印发《长江经济带创新驱动产业转型升级方案》的通知（发改高技〔2016〕440号）	创建具有国际竞争力的创新资源集聚区；大力发展战略性新兴产业，结合《中国制造2025》战略，瞄准未来产业竞争制高点，加快发展高端装备制造、新一代信息技术、节能环保、现代生物、新材料、新能源、新能源汽车等战略性新兴产业，着力提升技术研发水平，推动产业转型升级和结构调整。……以沿江国家级、省级开发区为载体，以大型企业为骨干，发挥中心城市的产业优势和辐射带动作用，在新型平板显示、集成电路、先进轨道交通装备、汽车制造、电子商务等五大重点领域，布局一批战略性新兴产业集聚区、国家高新技术产业化基地、国家新型工业化产业示范基地和创新型产业集群，打造世界级产业集群。
2016年3月16日	中华人民共和国国民经济和社会发展第十三个五年规划纲要第三十九章推进长江经济带发展	分“建设沿江绿色生态廊道”“构建高质量综合立体交通走廊”“优化沿江城镇和产业布局”3个小节对推进长江经济带发展进行规划。
2016年9月1日	《长江经济带发展规划纲要》	从规划背景、总体要求、大力保护长江生态环境、加快构建综合立体交通走廊、创新驱动产业转型升级、积极推进新型城镇化、努力构建全方位开放新格局、创新区域协调发展体制机制、保障措施等方面描绘了长江经济带发展的宏伟蓝图，是推动长江经济带发展重大国家战略的纲领性文件。具体包括保护和修复长江生态环境、建设综合立体交通走廊、创新驱动产业转型、新型城镇化、构建东西双向、海陆统筹的对外开放新格局等。

续表

时间	政策事件	主要观点
2018年4月26日	习近平在深入推动长江经济带发展座谈会上强调加强改革创新战略统筹规划引导以长江经济带发展推动高质量发展	他强调，推动长江经济带发展是党中央作出的重大决策，是关系国家发展全局的重大战略。新形势下推动长江经济带发展，关键是要正确把握整体推进和重点突破、生态环境保护和经济发展、总体谋划和久久为功、破除旧动能和培育新动能、自我发展和协同发展的关系，坚持新发展理念，坚持稳中求进工作总基调，坚持共抓大保护、不搞大开发，加强改革创新、战略统筹、规划引导，以长江经济带发展推动经济高质量发展。
2019年12月1日	中共中央　国务院印发《长江三角洲区域一体化发展规划纲要》	围绕电子信息、生物医药、航空航天、高端装备、新材料、节能环保、汽车、绿色化工、纺织服装、智能家电十大领域，强化区域优势产业协作，推动传统产业升级改造，建设一批国家级战略性新兴产业基地，形成若干世界级制造业集群。聚焦集成电路、新型显示、物联网、大数据、人工智能、新能源汽车、生命健康、大飞机、智能制造、前沿新材料十大重点领域，加快发展新能源、智能汽车、新一代移动通信产业，延伸机器人、集成电路产业链，培育一批具有国际竞争力的龙头企业。面向量子信息、类脑芯片、第三代半导体、下一代人工智能、靶向药物、免疫细胞治疗、干细胞治疗、基因检测八大领域，加快培育布局一批未来产业。……加强创新链与产业链跨区域协同。依托创新链提升产业链，围绕产业链优化创新链，促进产业链与创新链精准对接，打造产业链为基础、创新链为引领的产业升级版。
2020年11月14日	中共中央总书记、国家主席、中央军委主席习近平在江苏省南京市主持召开全面推动长江经济带发展座谈会并发表重要讲话	坚定不移贯彻新发展理念，推动长江经济带高质量发展，谱写生态优先绿色发展新篇章，打造区域协调发展新样板，构筑高水平对外开放新高地，塑造创新驱动发展新优势，绘就山水人城和谐相融新画卷，使长江经济带成为我国生态优先绿色发展主战场、畅通国内国际双循环主动脉、引领经济高质量发展主力军。

续表

时间	政策事件	主要观点
2021年3月11日	中华人民共和国国民经济和社会发展第十四个五年规划和2035年远景目标纲要第三十一章第二节全面推动长江经济带发展	坚持生态优先、绿色发展和共抓大保护、不搞大开发，协同推动生态环境保护和经济发展，打造人与自然和谐共生的美丽中国样板。持续推进生态环境突出问题整改，推动长江全流域按单元精细化分区管控，实施城镇污水垃圾处理、工业污染治理、农业面源污染治理、船舶污染治理、尾矿库污染治理等工程。深入开展绿色发展示范，推进赤水河流域生态环境保护。实施长江十年禁渔。围绕建设长江大动脉，整体设计综合交通运输体系，疏解三峡枢纽瓶颈制约，加快沿江高铁和货运铁路建设。发挥产业协同联动整体优势，构建绿色产业体系。保护好长江文物和文化遗产。
2021年9月2日	关于印发《关于全面推动长江经济带发展财税支持政策的方案》的通知	支持加快破除旧动能和培育新动能，塑造创新驱动发展新优势。聚焦重点产业链条，支持开展产业链协同创新、公共服务平台建设和首台（套）重大技术装备保险补偿试点，促进产业基础能力提升，完善产业技术公共服务体系，推动重大技术装备推广应用。
2021年10月20日	中共中央　国务院印发《成渝地区双城经济圈建设规划纲要》	培育具有国际竞争力的先进制造业集群。以智能网联和新能源为主攻方向，共建高水平汽车产业研发生产制造基地。聚焦航空航天、轨道交通、能源装备、工业机器人、仪器仪表、数控机床、摩托车等领域，培育世界级装备制造产业集群。整合白酒主产区优质资源，壮大健康食品、精品服饰、特色轻工等产业，培育特色消费品产业集群。深入推进国家战略性新兴产业集群发展工程，前瞻布局一批先导产业，壮大先进材料产业，协同发展生物医药、医疗器械、现代中药产业，共建西部大健康产业基地。
2021年11月5日	“十四五”长江经济带发展“1+N”规划政策体系之《“十四五”长江经济带发展实施方案》	未披露原文。主要内容包括：调整优化能源结构，推动重点行业绿色转型，严格能耗双控制度，坚决遏制“两高”项目盲目发展，选择跨流域、跨行政区域和省域范围内具备条件的地区开展试点；发挥自主创新的核心驱动作用，推动人工智能、量子信息等前沿技术加快突破，全面推动制造业优化升级，推进产业基础高级化和产业链现代化，塑造创新驱动发展新优势。

续表

时间	政策事件	主要观点
2022年1月6日	住房和城乡建设部关于印发《“十四五”推动长江经济带发展城乡建设行动方案》的通知	发挥长江经济带协同联动的整体优势，保障重大创新平台、创新网络空间供给，支撑区域创新网络体系构建，塑造创新驱动发展新格局。加快推进基于数字化、网络化、智能化的新型城市基础设施建设，全面提升城市建设水平和运行效率。
2022年2月15日	国家发展改革委关于印发长江中游城市群发展“十四五”实施方案的通知（发改规划〔2022〕266号）	充分发挥湘江新区、赣江新区及武汉东湖等国家级高新技术产业开发区、经济技术开发区、新型工业化产业示范基地引领作用，促进城市间产业协作，优化产业链区域布局，加快建设若干先进制造业集群。巩固提升电子信息、工程机械、轨道交通、汽车等优势产业集群，努力形成世界级产业集群。加快打造航空航天、生物医药、新材料等新兴产业集群。前瞻布局量子信息、类脑智能等一批先导产业，抢占未来发展先机。
2023年10月12日	中共中央总书记、国家主席、中央军委主席习近平在江西省南昌市主持召开进一步推动长江经济带高质量发展座谈会并发表重要讲话	他强调，要完整、准确、全面贯彻新发展理念，坚持共抓大保护、不搞大开发，坚持生态优先、绿色发展，以科技创新为引领，统筹推进生态环境保护和经济社会发展，加强政策协同和工作协同，谋长远之势、行长久之策、建久安之基，进一步推动长江经济带高质量发展，更好支撑和服务中国式现代化。……推动长江经济带高质量发展，要坚持创新引领发展，把长江经济带的科研优势、人才优势转化为发展优势，塑造发展新动能新优势。
2023年11月27日	中共中央政治局召开会议审议《关于进一步推动长江经济带高质量发展若干政策措施的意见》	要坚持把科技创新作为主动力，积极开辟发展新领域新赛道，加强区域创新链融合，大力推动产业链供应链现代化。

续表

时间	政策事件	主要观点
2024年8月25日	中国人民银行 国家发展改革委 工业和信息化部 财政部 生态环境部 金融监管总局 中国证监会 国家外汇局《关于进一步做好金融支持长江经济带绿色低碳高质量发展的指导意见》	进一步做好金融支持和服务工作，更好推动长江经济带绿色低碳高质量发展。

清晰。经济发展动力从主要依靠资源和低成本劳动力等要素投入转向创新驱动，发展战略性新兴产业是必然选择。

1.2.2 长江经济带战略性新兴产业分布与发展

为促进区域经济协调发展和转型升级，长江经济带九省二市先后在“十四五”规划中专门规划战略性新兴产业或专门制定发布“十四五”战略性新兴产业规划（表 1–2）。可以看出，上游省市对绿色环保和生物产业更加重视，中游省市发展新产业种类更均衡且走在前沿，下游省市发展新产业更侧重于新一代信息技术领域。虽然各有侧重和特色，但新材料、高端装备制造、新能源（重点是储能和新能源汽车）、节能环保、新一代信息技术、生物制药六个新兴产业领域均是各省市规划重点。

为进一步厘清各省市的产业重点和创新要素、创新能力的汇集能力，本报告将《工业战略性新兴产业分类目录（2023）》中的战略性新兴产业与《国民经济行业分类（GB/T 4754—2017）》中的制造业行业进行映射。在此基础上，通过对各省市制造业总利润

表1-2　长江经济带战略性新兴产业布局

省市	文件名称	战略性新兴产业布局
上海	上海市人民政府办公厅关于印发《上海市战略性新兴产业和先导产业发展“十四五”规划》的通知（沪府办发〔2021〕10号）	“9+X”战略性新兴产业和先导产业发展体系：“9”个战略性新兴产业重点领域包括：集成电路、生物医药、人工智能等三大核心产业，以及新能源汽车、高端装备、航空航天、信息通信、新材料、新兴数字产业等六大重点产业。“X”是指前瞻布局一批面向未来的先导产业，重点布局光子芯片与器件、类脑智能等先导产业。
江苏	省政府办公厅印发关于推动战略性新兴产业融合集群发展实施方案的通知(苏政办发〔2023〕8号)	“51010”战略性新兴产业集群体系，包括：5个具有国际竞争力的战略性新兴产业集群（生物医药、智能制造装备、集成电路、新型电力（智能电网）、新能源）、10个国内领先的战略性新兴产业集群（人工智能、物联网、高端软件及信息服务、先进结构材料、新型功能材料、绿色环保、新能源（智能网联）汽车、航空装备、海洋工程装备与高技术船舶、轨道交通）、10个引领突破的未来产业集群（未来网络通信、第三代半导体、前沿新材料、氢能与储能、基因技术及细胞治疗、深海空天开发、先进计算、虚拟现实、量子科技、类脑智能）。
浙江	浙江省全球先进制造业基地建设“十四五”规划；浙江省人民政府关于高质量发展建设全球先进制造业基地的指导意见；《浙江省人民政府关于印发浙江省“415X”先进制造业集群建设行动方案（2023—2027年）的通知》	设“415X”先进制造业集群：4个世界级先进产业群（万亿级-新一代信息技术、高端装备、现代消费与健康、绿色石化与新材料）；15个特色产业集群（千亿级-高端软件、集成电路、数字安防与网络通信、智能光伏、节能与新能源汽车及零部件、机器人与数控机床、节能环保与新能源装备、智能电气、高端船舶与海工装备、生物医药与医疗器械、现代纺织与服装、现代家具与智能家电、炼油化工、精细化工、高端新材料）；培育高成长性“新星”产业群（百亿级人工智能、第三代半导体、基因工程、前沿新材料、元宇宙、区块链）。

续表

省市	文件名称	战略性新兴产业布局
安徽	《安徽省“十四五”战略性新兴产业发展规划》；安徽省国民经济和社会发展第十四个五年规划和2035年远景目标纲要（第十三章 发展壮大战略性新兴产业）	1.大力发展新一代信息技术、人工智能、新材料、节能环保、新能源汽车和智能网联汽车、高端装备制造、智能家电、生命健康、绿色食品、数字创意十大新兴产业。2.重点培育新型显示、集成电路、新能源汽车和智能网联汽车、人工智能、智能家电5个世界级战略性新兴产业集群。3.建设先进结构材料、化工新材料、生物医药、现代中药、机器人、核心基础零部件、高端装备制造、云计算、网络与信息安全等30个左右在全国具有较强影响力和竞争力的重大新兴产业基地。
江西	江西省国民经济和社会发展第十四个五年规划和2035年远景目标纲要（第三篇加快构建具有江西特色的现代产业体系，第二节 立足优势发展新兴产业）；江西省工业和信息化厅关于印发江西省“十四五”产业技术创新发展规划的通知；	1.推动航空、电子信息、装备制造、中医药及生物医药、新能源、新材料、新一代信息技术等战略性新兴产业跨越式高质量发展，重点聚焦航空、电子信息、装备制造、中医药、新能源、新材料六大战略性新兴产业。2.大力发展VR产业、物联网产业、大数据和云计算产业、集成电路产业、人工智能产业、北斗产业、区块链产业七大数字经济产业。3.着力实施“2+6+N”产业高质量跨越式发展行动。4.培育万亿级电子信息产业。5.建设航空、装备制造、中医药、新能源、新材料5个产业重要基地。6.打造全国新兴产业培育发展高地和全国数字经济产业重要基地。
湖北	湖北省国民经济和社会发展第十四个五年规划和二〇三五年远景目标纲要（第三章发展壮大实体经济加快构建现代产业体系，第二节发展壮大战略性新兴产业）；《湖北省战略性新兴产业发展“十四五”规划》	大力发展新一代信息技术、大健康、高端装备、先进材料、新能源、新能源与智能网联汽车、节能环保、数字创意及科技服务等8个重点领域37个细分行业；形成新一代信息技术、大健康2个万亿级支柱产业；形成高端装备、先进材料、节能环保、数字创意及科技服务产业4个五千亿级优势产业；形成新能源、新能源与智能网联汽车2个千亿级特色产业。“光芯屏端网”世界级产业集群。

续表

省市	文件名称	战略性新兴产业布局
湖南	湖南省人民政府办公厅关于印发《湖南省“十四五”战略性新兴产业发展规划》的通知（湘政办发〔2021〕47号）	加快发展高端装备、新材料、航空航天、新一代信息技术、生物、节能环保、新能源及智能网联汽车、新兴服务业和未来产业等九大产业。
重庆	重庆市人民政府关于印发重庆市战略性新兴产业发展“十四五”规划（2021—2025年）的通知（渝府发〔2022〕18号）	在新型智能终端、新型显示、软件和信息技术服务、先进材料、生物医药、新能源汽车和智能汽车、新兴服务业等领域形成若干千亿级的战略性新兴产业集群，在集成电路、高端装备制造、绿色环保等领域形成若干500亿级的产业集群，卫星互联网、氢能与储能、生物育种与生物制造、脑科学与类脑智能、量子信息等产业在全国形成一定优势。
四川	四川省国民经济和社会发展第十四个五年规划和二〇三五年远景目标纲要（第四篇 加快发展现代产业体系，建设具有全国影响力的重要经济中心，第十四章 发展壮大战略性新兴产业）；	提升生物医药产业集群发展能级，壮大轨道交通装备产业集群规模，促进节能环保产业集群创新发展；积极创建网络安全、集成电路、新型显示等国家战略性新兴产业集群；培育打造核能与核技术、高端装备制造、新材料等特色优势产业集群；重点培育人工智能、精准医疗、前沿新材料、核技术应用、高性能机器人、高端航空航天装备、氢能及燃料电池等产业，打造一批新兴产业未来增长引擎。
贵州	贵州省“十四五”战略性新兴产业集群发展规划	“两核三带四区”多点协同发展的产业集群空间布局：打造具有世界影响的两千亿级大数据产业、酱香白酒、精细磷煤化工集群，全国一流的千亿级特色新材料、现代中药民族药产业集群；着重培育特色农产品精深加工、航空装备制造、新能源、新能源汽车、节能环保、数字与文化创意等培育型产业集群。
云南	云南省人民政府关于印发云南省国民经济和社会发展第十四个五年规划和二〇三五年远景目标纲要的通知（云政发〔2021〕4号）（第七篇　加快发展现代产业体系，第三章　加快培育战略性新兴产业）	培育壮大新一代信息技术、高端装备制造、新材料、新能源、节能环保等战略性新兴产业，超前布局人工智能、量子通信、卫星应用、生物技术等未来产业。

结构进行分析，统计出在制造业利润中占比最大的战略性新兴产业，并以此作为本报告的分析对象。据统计，长江经济带各省市战略性产业总利润分布如图 1-1 所示。从省市层面来看，各类产业的利润占比相对均衡，但省市相对优势产业分布具有区域差异性。其中，制造业利润中占比最大的战略性性新兴产业集中在新

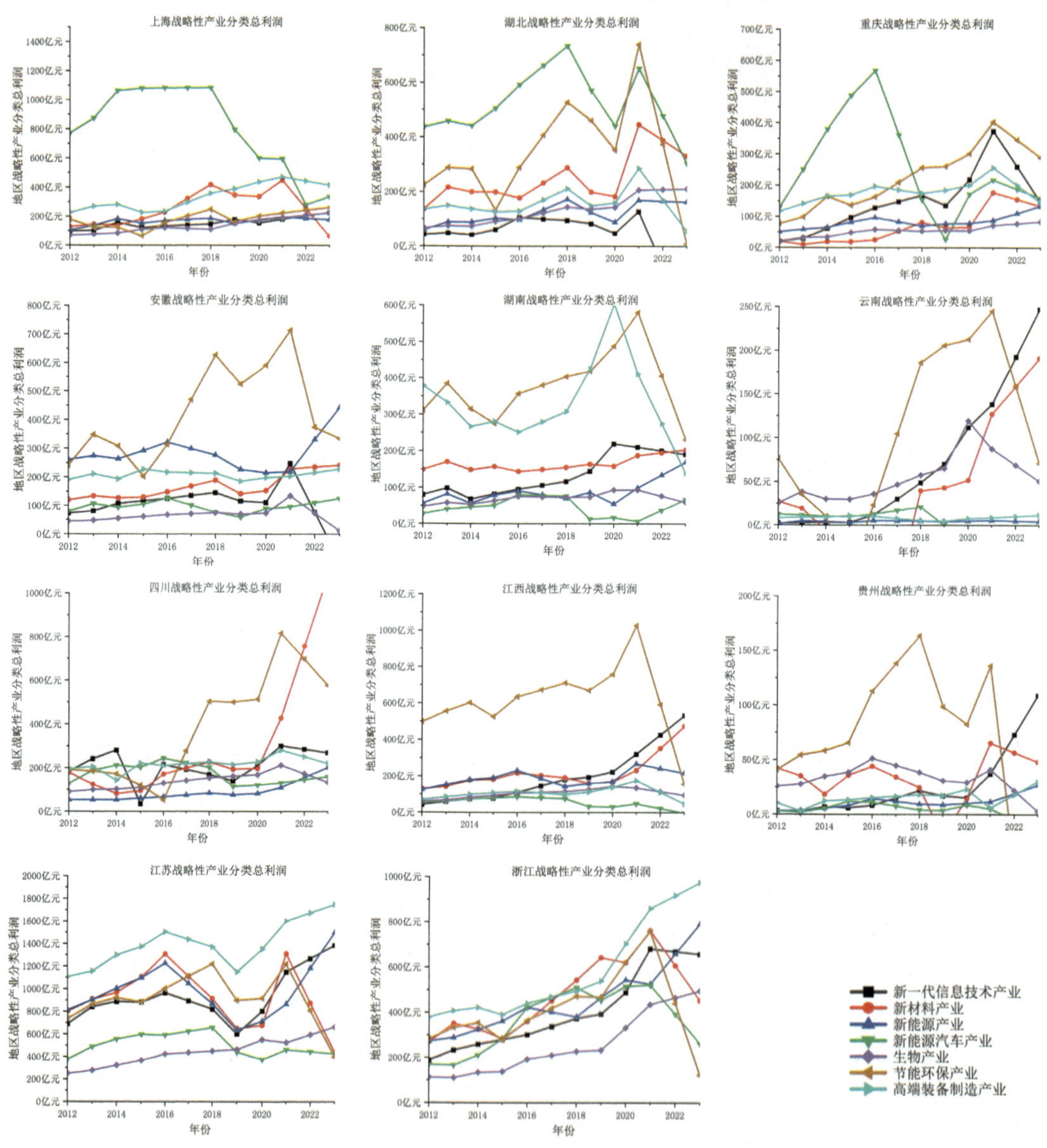

图 1-1　长江经济带各省市战略性产业分类总利润

能源汽车产业、节能环保产业、新材料产业和高端装备制造产业，这些产业具有广泛的区域分布、较大的产业比重和利润贡献率，是“支柱性”的重点战略性新兴产业，也是本报告重点关注和分析的对象。

根据新能源汽车产业、节能环保产业、新材料产业和高端装备制造产业在各省市利润占比的相对优势，可将长江经济带各产业优势省市分入四类，如表 1–3 所示。

表1-3　长江经济带重点战略性新兴产业分布

产业	优势省市
新能源汽车	上海市、湖北省、重庆市
节能环保	安徽省、湖南省、云南省
新材料	四川省、江西省、贵州省
高端装备制造	江苏省、浙江省

1.2.3 长江经济带重点战略性新兴产业发展概况

1. 新能源汽车产业

优势省市：上海市、湖北省、重庆市。

产业概述：新能源汽车产业涵盖了电动汽车、混合动力汽车、燃料电池汽车等新型交通工具的研发和生产。该产业不仅关注车辆本身，还包括充电基础设施、智能网联技术和相关配套服务。以纯电动汽车、插电式混合动力（含增程式）汽车、燃料电池汽车为“三纵”，以动力电池与管理系统、驱动电机与电力电子、网联化与智能化技术为“三横”。2024 年新能源汽车产销量分别达到 1288.8 万辆和 1286.6 万辆，产值规模接近 3 万亿。

上海市：上海市在新能源汽车产业方面具有显著的领先优势。作为中国的金融和科技中心，上海市不仅在电动汽车生产上处于前列，还在智能网联汽车的研发和应用方面取得了重要进展。上海市支持新能源汽车的政策环境优越，鼓励创新和技术突破。

此外，上海市还致力于推动新能源汽车的智能化和网络化，促进智能交通系统的建设。

湖北省：湖北省在新能源汽车产业中主要推动电动汽车和充电桩的普及。武汉市作为省会城市，已经建立了较为完善的电动汽车充电基础设施网络。此外，湖北省还积极研发氢燃料电池技术，以提升车辆的续航能力和环保性能。通过政策支持和技术创新，湖北省正在逐步形成具有竞争力的新能源汽车产业链。

重庆市：重庆市在新能源汽车制造领域取得了显著进展，特别是在电动公交车和物流车领域。重庆市拥有一批新能源汽车制造企业，专注于开发高性能电动公交车和物流车，以满足城市交通和物流需求。此外，重庆市还积极建设充电设施和智能化管理系统，提升新能源汽车的使用便利性和智能化水平。

2. 节能环保产业

优势省市：安徽省、湖南省、云南省。

产业概述：节能环保产业致力于通过技术创新和管理优化，减少能源消耗、降低污染排放，并提升资源的综合利用效率，涉及节能环保技术装备、产品和服务等，产业链长，关联度高，吸纳就业能力强，对经济增长拉动作用明显。该产业的核心目标是实现可持续发展，缓解环境压力，同时推动绿色经济的增长。2023 年全国节能环保产业产值 8.9 万亿元。2024 年中国节能环保产业产值预计为 9.8 万亿元左右，其中节能服务产业总产值为 5202 亿元，环保装备制造业总产值超过 9700 亿元。

安徽省：安徽省作为工业大省，能源消耗和环境污染问题较为突出。为了应对这些挑战，安徽省积极发展节能环保产业，特别是在电力、钢铁和化工等高能耗行业，安徽省做出了积极改变。安徽省在节能技术方面取得了显著进展，如高效节能电机、智能照明系统和节能型建筑材料的应用。近年来，安徽省还推动了智能电网技术的发展，通过先进的监测和控制系统，提高电力系统的效率和稳定性。

湖南省：湖南省的节能环保产业主要集中在水污染治理和空气质量改善上。湖南省拥有丰富的水资源，但面临严峻的水污染问题。为此，湖南省积极引进和研发先进的废水处理技术，如膜分离技术和生物处理技术。此外，湖南省还关注空气净化技术的发展，包括高效空气过滤器和光催化空气净化材料。为了进一步推动节能环保产业的发展，湖南省还鼓励绿色建筑和节能改造项目的实施。

云南省：云南省的节能环保产业发展侧重于水能节能技术和森林生态保护。云南省同样水资源丰富，水能节能技术得到了广泛应用，如水电站的高效发电技术和水资源的智能管理系统。云南省还注重绿色建筑和环保材料的开发，推动低碳环保建筑的建设。同时，云南省在矿山环保和生态修复方面也取得了显著进展，特别是在矿山废弃物处理和生态恢复技术的应用方面。

3. 新材料产业

优势省市：四川省、江西省、贵州省。

产业概述：根据《工业和信息化部、发展改革委、科技部、财政部关于印发新材料产业发展指南的通知（工信部联规〔2016〕454号）》，新材料是指新出现的具有优异性能或特殊功能的材料，或是传统材料改进后性能明显提高或产生新功能。新材料产业涉及开发和应用具有新特性或新功能的材料，这些材料在科技创新和工业升级中发挥着重要作用，2024年我国新材料规模以上企业数量超过2万家，全年产值超过8万亿元，连续14年保持两位数增长。新材料不仅包括高性能的金属和复合材料，还涵盖新型功能材料、先进结构材料和智能材料等。

四川省：四川省的优势在于先进高分子材料和纳米材料的研发。四川省的高分子材料在轻量化和高强度方面具有显著优势，广泛应用于航空航天、电子信息和医疗器械等领域。同时，四川省在纳米材料的研究中取得了重要进展，包括纳米涂层、纳米复合材料和纳米药物载体等应用，推动了材料科学的发展。

江西省：江西省在新材料产业方面的突出表现主要体现在高性能陶瓷和锂电池材料的研发上。江西省拥有丰富的陶瓷原料资源，高性能陶瓷在航空航天、电子和医疗等领域具有重要应用。江西省还大力发展锂电池材料，通过技术创新提高电池的能量密度和安全性，满足新能源汽车和储能系统的需求。

贵州省：贵州省在新材料产业中主要发展稀土材料和新型合金材料。贵州省富含稀土矿藏，稀土材料在电子、光学和新能源领域具有广泛的应用前景。贵州通过技术创新和产业链整合，推动稀土材料的深加工和应用。此外，贵州省还致力于新型合金材料的研发，特别是在高温超导材料和耐高温合金方面，提升了材料的性能和稳定性。

4. 高端装备制造产业

优势省市：江苏省、浙江省。

产业概述：高端装备制造产业包括高精度高性能的机械设备、工业自动化设备和智能制造系统。该产业的核心在于技术创新，旨在提升制造业的整体水平和生产效率。

江苏省：江苏省在高端装备制造领域具有显著优势，特别是在高端数控机床和机器人技术方面。江苏省积极引进国外先进技术，并通过自主创新提升装备制造水平。江苏省的高端数控机床在精度和稳定性方面表现突出，广泛应用于航空航天、汽车制造和精密加工等领域。同时，江苏省还推动了工业机器人在制造业中的应用，提高了生产效率和自动化水平。

浙江省：浙江省在高端装备制造领域专注于智能制造和工业4.0技术的应用。浙江省特别注重纺织机械和电子设备的智能化升级，通过引入先进的传感器、控制系统和数据分析技术，实现生产过程的智能化和自动化。浙江省的制造业在提升生产效率、降低生产成本和提高产品质量方面取得了显著进展。此外，浙江省还推动了智能工厂和数字化生产系统的建设，促进了制造业的升级转型。

新质生产力不仅仅是传统生产力的延续，更是基于科技创新的新型生产力，强调技术、管理和产业的全面升级。科技创新带来的新技术、新产品和新模式极大地推动了产业的发展，提升了生产力水平，改变了产业结构和竞争格局。在这一背景下，本报告将从科技创新成果、科技创新政策和科技创新人才三个方面进行深入分析。科技创新成果的研究将揭示科技进步如何推动新能源汽车、高端装备制造、节能环保和新材料产业的发展；科技创新政策的分析将评估各省市出台的政策对产业发展的支持作用，并探讨这些政策如何促进新质生产力的形成；科技创新人才的探讨则将分析科技创新人才在产业发展中的关键作用。

通过对以上三个方面的综合分析，本报告将揭示科技创新如何推动长江经济带战略性新兴产业的升级，进而形成新质生产力，提升新质生产力水平，为区域经济的持续发展注入新的活力。

1.3 科技创新赋能战略性新兴产业高质量发展

1.3.1 长江经济带技术创新能力

鉴于长江经济带在中国创新发展中的独特性与重要性，南京大学数据智能与交叉创新实验室在2022—2023年已经围绕长江经济带陆续发布了两份报告。其中，2022年度发布的报告名为《长江经济带技术创新与产业发展研究报告》，主要以区域创新系统理论为指导，从技术集聚、技术协同、技术活力和产业发展潜力四个维度提出长江经济带技术创新与产业发展测度体系，利用大量统计数据和客观资料，综合、客观、动态地呈现了长江经济带技术创新与产业发展态势、结构及趋势。2023年度发布的报告名为《面向战略性新兴产业的长江经济带区域创新能力研究报告》，其产业分析对象更加聚焦，关注生物医药与新能源两个战略性新兴产业，在梳理其科技创新与产业发展整体态势的基础上，分别从省份、城市等区域视角分析了长江经济带科技协同与创新态势，对长江经济带产业创新驱动因素与机会进行了研判，提出了长江经济带未来区域政策、产业和科技发展的方向。

结合前几年的报告可以发现，自党的十八大以来，长江经济带的产业发展和创新水平实现了整体跃升，逐步形成了由创新驱动发展的经济新动能。自 2023 年 7 月以来，习近平总书记在四川省、黑龙江省、浙江省、广西壮族自治区等地考察调研时，发表了一系列关于发展新质生产力的重要论述，提出要“整合科技创新资源，引领发展战略性新兴产业和未来产业，加快形成新质生产力”。2024 年中央政府工作报告将“大力推进现代化产业体系建设，加快发展新质生产力”放在全年政府工作任务的首位。党的二十届三中全会进一步要求“健全因地制宜发展新质生产力体制机制”，并作出全面部署。习近平总书记关于发展新质生产力的重要论述，是对人类社会发展规律和时代发展大势的深刻把握，是对马克思主义生产力理论的丰富和发展，为以高质量发展全面推进中国式现代化提供了科学的理论指引。

基于大量前期研究成果，南京大学数据智能与交叉创新实验室认为，加快新质生产力的发展应将培育和壮大战略性新兴产业作为核心任务。近年来，我国战略性新兴产业发展迅速，然而产业核心技术创新仍存在痛点和瓶颈，区域间产业同质化现象也较为突出，与新质生产力的发展要求仍存在一定差距。因此，从科技创新的视角出发，探讨如何培育和壮大战略性新兴产业，使其成为加快新质生产力发展的主要载体，具有重要的理论和实践意义。与往年报告相比，本年度报告更加契合习近平总书记提出的“因地制宜发展新质生产力”精神，摒弃了主观选择个别战略性新兴产业进行分析的方法，转而通过数据分析，筛选出长江经济带各省市的主导战略性新兴产业。对于主导产业相同的省市，报告进行了对比分析，并从科技创新态势、产业政策驱动、创新人才支撑等多个维度，探讨如何推动战略性新兴产业的发展，为加快新质生产力的发展提供了理论依据。

1.3.2 产业创新要素与创新组合驱动

战略性新兴产业以科技创新为主要驱动力，是新一轮科技革命和产业革命的方向，在推动技术进步、产业结构升级、新旧动能转换和经济增长方面发挥了关键作用。战略性新兴产业发展也体现在多种创新要素的组合驱动：

从知识生产的角度来看，人才是技术创新的本质驱动力。在长江经济带，科学研究通过创造新知识和技术，为新质生产力的形成提供了基础。科研机构和高校是生产知识的主要力量，高质量的人才发挥了至关重要的作用。他们不仅创造知识，还通过技术转化和创业活动，将科研成果转变为具体的经济效益。

从创新应用的视角来看，大学、政府和企业三者的协同作用是推动创新的关键。在长江经济带，科学研究、政策支持和人才的紧密合作形成了创新的驱动力。高校和科研机构通过科研创新提供了技术基础，政府通过政策为这些科研活动提供了制度和资金支持，而企业则通过人才引进和研发活动，将科研成果应用于实际生产，推动了新质生产力的形成。政策不仅在这一过程中发挥了指导作用，还通过优化法治环境、增强知识产权保护等手段，降低了科研成果转化的风险，提升了市场主体的创新动力。

从知识扩散的视角来看，制度保障和政策支撑对于创新活动发挥经济效应至关重要。政府通过维护知识产权保障创新主体的合法权益，通过财政补贴、税收优惠等激励机制，有效推动了科研成果的转化和应用，使知识能够迅速转化为实际的生产力。这种知识的扩散和转化过程在长江经济带的创新生态系统中，构成了新质生产力形成的核心机制。

本报告将从科技成果、科技政策以及科技人才等视角出发，剖析各指标如何激励各省市产生更多高质量的创新成果，研究思

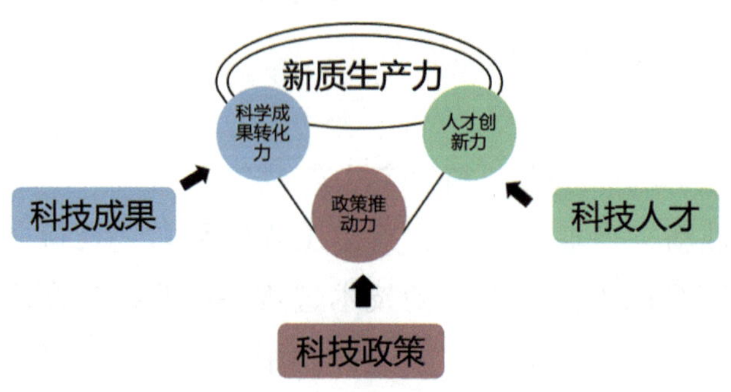

图 1–2　报告研究思路

路如图 1–2 所示。

具体来说，科技成果方面，从创新的基本态势、创新主题和协同创新模式三个维度，解析长江经济带各省市重点战略性新兴产业的创新态势，揭示科技创新成果对战略性新兴产业发展的支撑能力。科技政策方面，通过剖析长江经济带科技创新政策的演变、主题和协同特征，揭示科技创新政策对战略性新兴产业发展的驱动能力。科技人才方面，聚焦科技创新人才结构、分布和研究主题特色，对比分析各产业重点需求方向和人才供需匹配情况，揭示科技创新人才对战略性新兴产业发展的赋能作用。

第二章 科技创新成果支撑战略性新兴产业发展

战略性新兴产业是推动我国经济实现高质量发展的重要支柱，代表着新一轮科技革命和产业变革的趋势，具有高知识密度、高成长潜力等特点①。科技创新是驱动战略性新兴产业发展的核心动力之一②，其通过提供新的劳动资料、创造新的劳动对象以及优化劳动分工结构，支撑战略性新兴产业的发展。

本报告从创新规模与影响力特征、创新主题布局特征和协同创新模式三个维度出发，对产业科技创新进行解构和分析。其中，创新规模与影响力特征体现出产业的科学技术规模和影响力以及科学技术分配关系；创新主题布局特征刻画出产业的核心发展内容以及布局特征；协同创新模式则衡量了区域之间的合作创新模式以及学科交叉特征。依次采集新能源汽车产业、节能环保产业、新材料产业和高端装备制造产业四个战略性新兴产业 2000—2023 年论文与专利数据，并选取代表性省市的对应产业内引用量最高的 1 万篇国际论文和专利进行对比，从三个维度进行测度发现：

（1）在新能源汽车产业中，上海市在规模和影响力方面处于绝对领先的核心位置，发挥辐射带动作用；湖北省通过与上海市和重庆市的紧密合作建立产业优势；重庆市在材料创新、智能控

---

① 李旭辉，魏瑞斌．长江经济带战略性新兴产业信息化水平动态测度体系研究 [J]. 情报杂志，2019, 38(11):190−198.

② 霍国庆，李捷，张古鹏．我国战略性新兴产业技术创新理论模型与经典模式 [J]. 科学学研究，2017, 35(11):1623−1630.

制管理和燃料电池等领域进行广泛的尝试。

（2）在节能环保产业中，湖南省依托传统优势，近些年重点实现高新技术创新；安徽省通过与江苏省的紧密合作逐渐实现赶超，特别在基础科学领域进行了大量创新布局；云南省在创新规模和影响力方面有待提升。

（3）在新材料产业中，江西省更侧重基础科学的发展；四川省通过在长江经济带内广泛多样的合作，实现基础科学与关键技术的并重发展；贵州省在高水平、高影响力的科技创新布局方面有待提升。

（4）在高端装备制造产业中，江苏省和浙江省均重视基础科学的发展和关键技术领域的突破，相比之下，江苏省在规模和影响力方面占据优势，浙江省则更关注计算机科学与工程的交叉创新。

2.1 新能源汽车产业创新态势分析

2.1.1 创新规模与影响力提升，上海引领、湖北跟随

为测量上海市、湖北省和重庆市在新能源汽车领域的创新规模与影响力表现，统计发文数量、使用次数、引用数量、被引数量、高被引文章分布、权利要求数、价值度等指标，针对热门学科和关键词进行可视化分析。统计发现，上海市、湖北省和重庆市在新能源汽车领域的创新规模和影响力呈逐步提升的稳定趋势。其中，上海市处于领先地位，湖北省紧紧跟随，重庆市仍有较大发展空间。

图 2-1 展示了 2000—2023 年湖北省、上海市和重庆市在新能源汽车领域的发文累计数量和使用累计次数的变化趋势。在发文数量方面，上海市、湖北省、重庆市的发文数量在 2010 年后明显

加速增长，截至 2023 年，上海市累计发文量为 7046 篇、湖北省累计发文量为 4186 篇、重庆市累计发文量为 1901 篇（图 2–1 a）。在使用累计次数（科技论文被获取全文链接或进行了保存使用）方面，上海市、湖北省、重庆市在 2010 年后使用次数显著增加，到 2023 年，上海市使用累计次数达到约 87 万次，湖北省使用累计次数达到约 52 万次，重庆市累计使用次数相对较少，约 17 万次（图 2–1 b）。总体来看，三个地区的发文数量和使用次数均显著增长，增长势头上海市领先，湖北省紧随，重庆市次之。

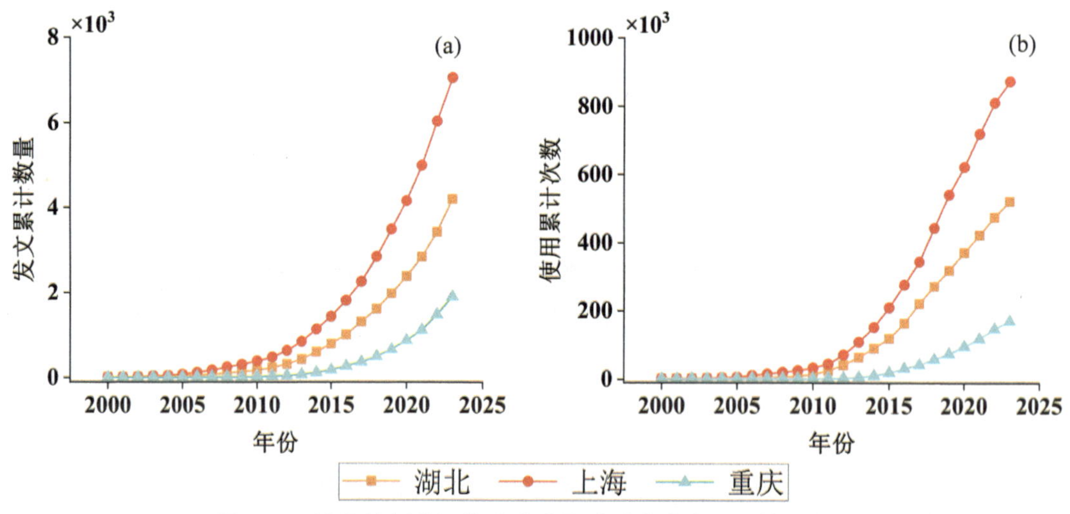

图 2–1　沪鄂渝新能源汽车产业累计论文发文量和使用次数

图 2–2 展示了 2000—2023 年湖北省、上海市和重庆市在新能源汽车领域专利和论文的引用累计数量（引用参考文献的数量）和被引用累计次数的变化趋势。在引用累计数量方面，上海市的引用数量增长最为显著，尤其是在 2010 年之后，呈现快速上升的趋势（图 2–2 a）。在被引用累计次数方面，上海市同样领先于其他两个地区，增长曲线陡峭，到 2023 年达到约 29 万次（图 2–2 b）。

上海市在每个指标上呈现的引领态势绝非偶然。回顾过去，

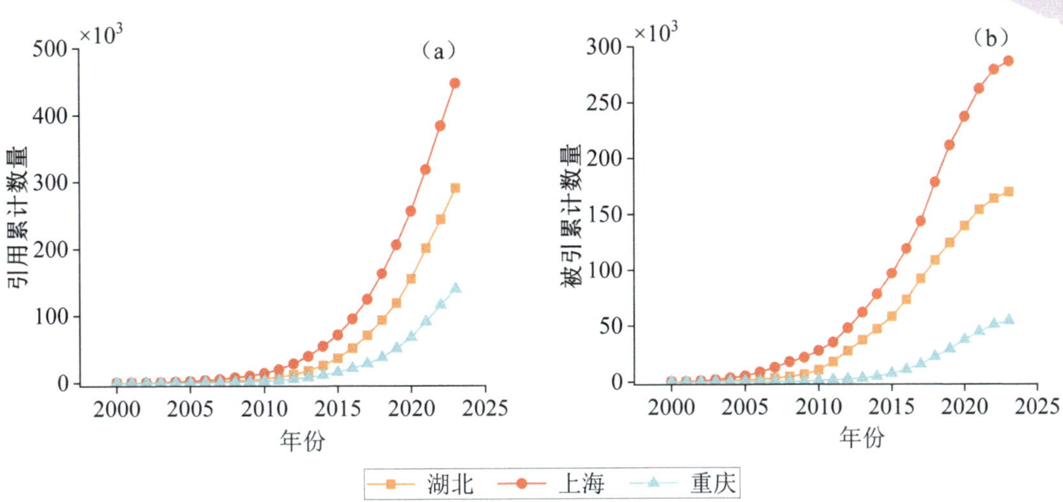

图 2-2　沪鄂渝新能源汽车产业累计专利与论文引用和被引量

2009—2012 年国家启动“十城千辆节能与新能源汽车示范推广应用工程”，拉开了推动新能源汽车市场化的序幕。2010 年是新能源汽车领域发展的重大节点，上海市人民政府发布《上海市 2010 年节能减排和应对气候变化重点工作安排》,强调努力完成“十一五”资源环境目标，尤其是节能减排目标。政府支持新能源汽车在公交等行业的试点应用，重点推进双电混合纯电动车试点运行。同年，上海市举办世界博览会，上海世博会新能源汽车示范运营正式启动，主题是“绿色出行，让世博更清洁”。新能源汽车行业抓住当时经济复苏、全市节能减排和世博会的机遇，顺势而为，在上海成功进行商业化运营。

2014 年特斯拉落户上海临港，“鲶鱼”特斯拉激发中国新能源汽车活力，特斯拉开放技术专利的发展策略，很大程度上推动了中国新能源汽车企业的技术进步，特斯拉在实现本土化的过程中，也带动了中国新能源汽车产业链的发展。从 2014 年开始，各省市新能源汽车领域的论文发文累计数量、使用次数、专利申请累计量和权利要求数均呈现指数上升趋势。

反观湖北省和重庆市的数据：2017 年，湖北省实现弯道超车，与重庆市拉开差距。2023 年湖北省新能源汽车产量 38.8 万辆，同比增长 30.6%，位居全国前列。同年，武汉正式发布《关于加快新能源汽车推广应用若干政策的通知》，为新能源汽车行业的发展保驾护航。可以发现，湖北省在新能源汽车领域的关键突破也得益于相关政策的扶持。

2.1.2 上海、湖北多元均衡发展，重庆聚焦控制技术与材料突破

本小节使用 BERTopic 模型对上海市、湖北省、重庆市三区域在新能源汽车领域的论文和专利文本进行主题建模，使用 c-TF-IDF 对聚类后的文本进行主题表示，选取重要性得分排序靠前的主题词以综合识别各省份的科技创新主题特征。同时，计算一致性、主题多样性和主题分布均匀性等指标，以全面评估和判断主题特征。如图 2-3 显示，上海市的科技主题分布最多元、研究范围最大，湖北省的科技主题分布最均衡、研究主题最聚焦，重庆市的研究内容集中在智能化控制系统领域和电池材料技术领域。

在新能源汽车领域，上海市、湖北省和重庆市展现出了各具特色的技术发展趋势，分别在多样性、均衡性和一致性方面表现出不同的优势。上海市拥有最高的多样性，表明其在多个子领域展开了广泛的研究与技术创新，这种广泛的技术探索为形成综合性的新质生产力奠定了基础。然而，其均衡性较低，表明不同子领域的发展存在不均衡，部分领域的技术进展可能更加突出。湖

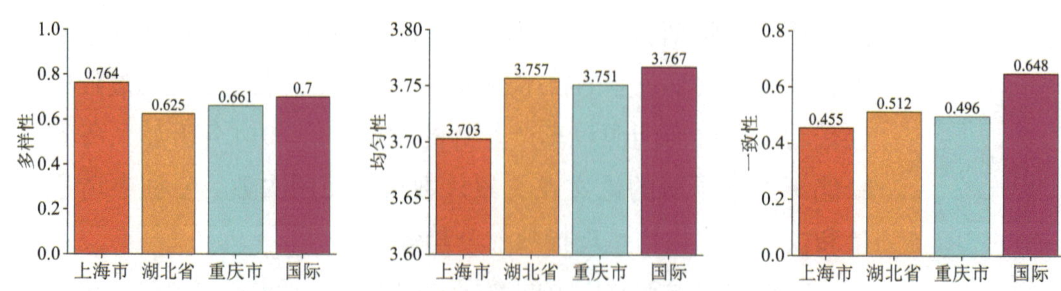

图 2-3　沪鄂渝新能源汽车产业科技创新技术指标

北省在一致性方面表现最佳，显示出该地区在新能源汽车技术发展路径上有较强的共识和协同效应，这种统一的技术方向有助于形成特定领域的集群效应，快速推动新质生产力的发展。重庆市则在均衡性上表现出色，显示其在各个子领域的研究较为均衡，兼顾了多种技术和应用方向的协调发展。尽管一致性略低，但这种策略带来了更加多元的创新成果，尤其表现在对新能源汽车的控制系统优化与电池材料性能提升方面。在新能源汽车领域，国际研究表现出高均匀性和高一致性，表明全球在新能源汽车领域已经形成较为统一的发展路径和研究共识，以推动全球产业的整体进步。

综合分析所识别的创新主题（表 2–1）可知，上海市、重庆市、湖北省三区域的重要科技主题分别为材料创新与电池性能、燃料电池技术，国内外的重要科技主题为智能化管理与控制系统、电网集成与基础设施。上海市、重庆市、湖北省以及国际在新能源汽车领域的布局，都集中在提升电池性能、优化电池材料和改进车辆结构设计上，以实现提高电池能量密度、提升安全性和稳定性，以及增强车辆强度和能效的目标。不同之处在于，国际研究更侧重电解质材料的创新和系统效率的提升，而国内三地区则更关注生产工艺的具体改进，例如更好地管理电池温度、提高生产线效率和优化电源管理。此外，国内在锂离子电池材料的研究上更为深入，而国际则在系统优化和车身设计，如改善空气动力性能方面投入了更多资源。

表2-1　沪鄂渝新能源汽车领域科技创新主题特征

识别主题	主题特征	内容分析
上海市主题1 湖北省主题1 重庆市主题2	材料创新与电池性能	突出了电池材料的创新，如介孔材料、石墨烯和金属复合材料，提升了电池的导电性、循环性能和稳定性。这些材料的研发推动了电池的能量密度和安全性的提高，是新能源汽车领域中“新质生产力”的重要体现。
湖北省主题2 重庆市主题1 国际主题3	智能化管理与控制系统	集中在电动汽车的管理系统和控制器的优化上，强调了自动驾驶技术、电池管理系统的精确控制以及优化算法的应用。这些系统的开发和应用代表了生产力的新形态，促进了新能源汽车的智能化发展。
湖北省主题3 重庆市主题3	燃料电池技术	氢燃料电池和冷却系统的研究表明新能源汽车领域正在探索更加清洁、高效的能源利用方式，这正是“新质生产力”的一个典型体现，即通过新的能源形式实现生产力的飞跃。
上海市主题3 国际主题2	电网集成与基础设施	随着新能源汽车的普及，电网的规划和集成成为关键议题。上海市和国际上都在积极探索如何更好地将电动汽车与电网相结合，确保电力的高效利用和可再生能源的集成。

2.1.3 上海超级核心地位突出，湖北合作溢出效应显著

协同创新是创新要素重组与再分配的重要方式，是创新成果的重要源头①。本小节统计上海市、湖北省和重庆市在新能源汽车领域的协同创新特征，分别测量科学和技术的区域合作特征与学科交叉特征。结果显示：上海市处于长江经济带的核心位置，对其余省份发挥辐射与带动作用；湖北省通过与上海市和重庆市的紧密合作实现合作溢出效应，在新能源汽车领域同样占据重要位置。

① 白俊红，蒋伏心．协同创新、空间关联与区域创新绩效[J]．经济研究，2015, 50(7):174–187.

2.1.3.1 “省内合作为主，多元合作驱动”的科学协同创新策略

对三区域新能源汽车领域科学创新的国际合作、跨域合作、域内（长江经济带内）合作以及省内合作进行分析，结果如图 2-4 所示。上海市、湖北省和重庆市作为新能源汽车领域的代表性省市，其合作模式各有侧重。上海市主要以省（市）内合作为主，显示出较强的本地创新能力；湖北省和重庆市则在跨域合作上表现活跃，体现了它们在区域协同创新中的开放性和积极性。

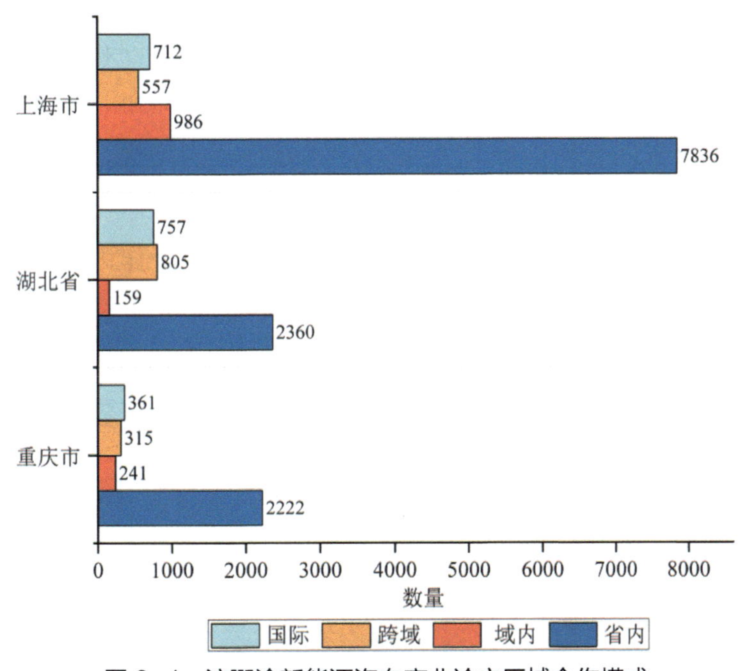

图 2-4　沪鄂渝新能源汽车产业论文区域合作模式

在新能源汽车领域的国际舞台上，美国以其先进的科研体系和创新能力而闻名。加州以硅谷的高科技产业集群而著称，是全球新能源技术创新的重要发源地，在太阳能、风能和电动汽车技术等领域的研究和应用均处于世界领先地位；得克萨斯州虽然拥有丰富的石油和天然气资源，但正在逐步转型为新能源技术的研发中心，特别是在储能技术和可再生能源的利用方面取得了显著

进展。在长江经济带的上海市、湖北省和重庆市，在新能源汽车领域的合作模式和科研重点各有特色。上海市的省内合作模式突出了其本地创新能力和产业集聚效应，与加州高科技产业集群有着相似之处。湖北省和重庆市的跨域合作活跃反映了区域协同创新的开放性，这与得克萨斯州在新能源转型中的积极探索不谋而合。同时，美国在新能源汽车技术研究上的国际合作也非常广泛，这为中国的新能源汽车领域提供了合作和学习的机遇。

2.1.3.2 “省内合作为主，跨域合作为辅”的技术协同创新策略

统计长江经济带各省份新能源汽车领域技术创新领域的合作模式分布，结果如图 2–5 所示。总体来说，上海市、湖北省、重庆市均以省内合作的模式为主，整体分布较为均衡，占比均达到了 75%，且目前收集到的数据中均无国际合作。而在域内合作与跨域合作的分析当中，可以得知上海市的域内合作占比相对于其他两个省份来说明显较高，达到了 14%，而湖北省和重庆市都更为关注技术层面的跨域合作。

对比科技创新的区域合作模式能够发现，尽管各省市均以省

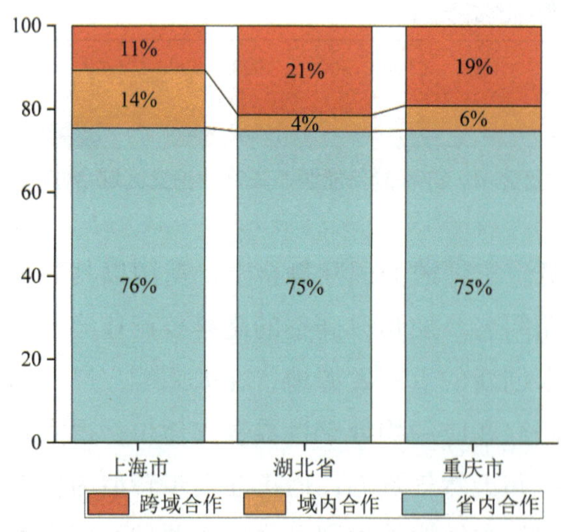

图 2–5　沪鄂渝新能源汽车产业专利区域合作模式

内合作为主，但在进行科学创新时，各省市的区域合作模式分布更加均衡，域内跨省合作、跨域合作的占比都更高，说明与技术创新相比，在科学创新的过程中，研究主体合作受距离远近的影响较低，上、中、下游的协同关系更紧密。

从国际视角看，日本在新能源汽车领域的研究和开发历史悠久，特别是在燃料电池和节能技术方面具有显著的国际影响力。中国长江经济带的上海市、湖北省和重庆市与日本的新能源技术协同创新策略，既有一些有趣的相似之处，也存在一定的差异。中国和日本在新能源汽车领域发展中都重视国内各地区的合作，但日本在国际合作方面的经验更为丰富，其企业和研究机构在全球范围内建立了广泛的合作关系。在域内合作和跨域合作方面，中国的省市进行科技创新时显示出与其他主体合作的强烈意愿，这表明中国在新能源汽车领域的协同创新具有更紧密的上、中、下游协同关系。而日本则通过新能源产业技术综合开发机构（NEDO）等，积极推动跨区域的新能源技术研发和示范项目，促进不同地区间的技术交流和合作。

在新能源汽车领域，省市间的合作对于推动技术创新、资源共享和市场扩展具有重要意义。通过构建和分析省市合作网络，可以更清晰地认识到各地区在新能源发展中的互动和依赖关系。将新能源汽车领域各省市之间的合作关系进行可视化展示，可构建省市之间的合作网络（图 2-6）。可以发现，新能源汽车领域合作关系网络呈现强核心态势：核心省市强势发力，而非核心则主要承担连接功能，并未具有强劲的合作功能。

核心省市中的上海市、重庆市、湖北省为重要节点，连接各个省市，扮演着连接和协调其他省市合作的重要角色。这三省市正是凭借较强的经济实力、技术优势或政策支持，吸引和带动周边地区的新能源产业发展。其中，上海市作为国际化大都市，在新能源技术研发和市场推广方面具有显著优势；重庆市和湖北省则因其地理位置和资源条件，在区域能源合作中发挥着桥梁和纽

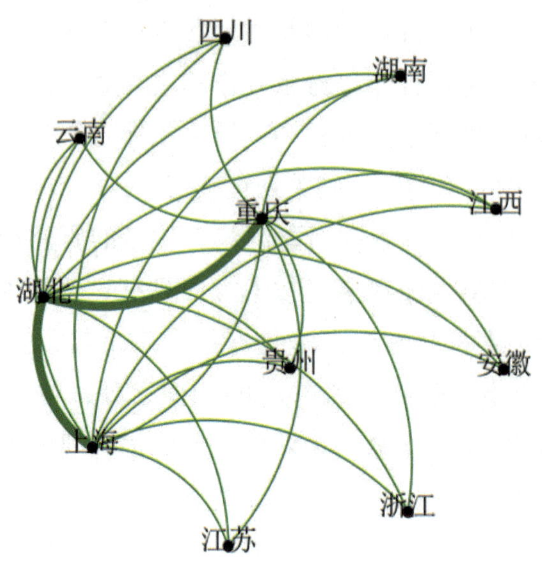

图 2-6　沪鄂渝新能源汽车产业合作关系网络

带作用。这些地区的高校、研究机构和企业在新能源技术的研发和应用上具有先发优势，能够引领区域乃至全国的新能源技术发展。同时，新能源的产业链条更加完善，从原材料供应、技术研发到产品制造和市场销售，形成了完整的产业链条，这有助于提高产业竞争力和创新效率。

非核心省份江苏省、湖南省、四川省、浙江省等，也显示出较强的连接度，表明这些区域在新能源汽车领域的合作网络中同样扮演着重要角色。这些省份在特定的新能源技术或产业链环节上可能具有一定的专业优势，能够与其他省市形成互补和协同效应。作为区域网络的桥梁，非核心省份虽然在科技创新能力上可能不如核心省市，但其在区域网络中扮演着重要的桥梁和纽带角色，通过与核心省市的合作，促进了技术和信息的流动。

新能源汽车领域的省市合作网络是一个动态发展的系统，不仅反映了当前的合作态势，也预示着未来合作的潜力和方向。在以后的发展过程中，应强化核心省市的引领作用，继续加大核心省市在新能源技术研发和产业化方面的投入，发挥其在技术创新和产业升级中的引领作用。同时，促进核心与非核心的协同发展。通过建立合作平台和机制，促进核心与非核心之间的资源共享、技术交流和市场拓展，实现优势互补、多元合作。

基于湖北省、重庆市和上海市在新能源汽车产业的论文发表情况，对论文所属学科领域进行交叉统计分析，识别出频繁出现交叉的学科组合，如图 2-7 所示。

湖北省的研究集中在化学与材料科学交叉领域。“化学—材料科学”这一主题词的频繁出现，表明该地区在新能源材料的开发和应用方面具有显著的研究兴趣。此外，“化学—电化学”和“化学—能源与燃料”也是该省的研究重点，反映出湖北在电化学储能和能源转化技术方面的活跃研究态势。而重庆市的研究重点在于“计算机科学—工程”，这可能与该地区在智能能源管理和控制系统方面的研究有关。同时，“化学—科学与技术”也是该地区的一个重要研究领域，显示出重庆在化学科学基础研究和应用研究方面的均衡发展。上海市的研究集中在“电化学—材料科学”“电化学—能源与燃料”上，显示出该地区在电化学储能技术，如电池和超

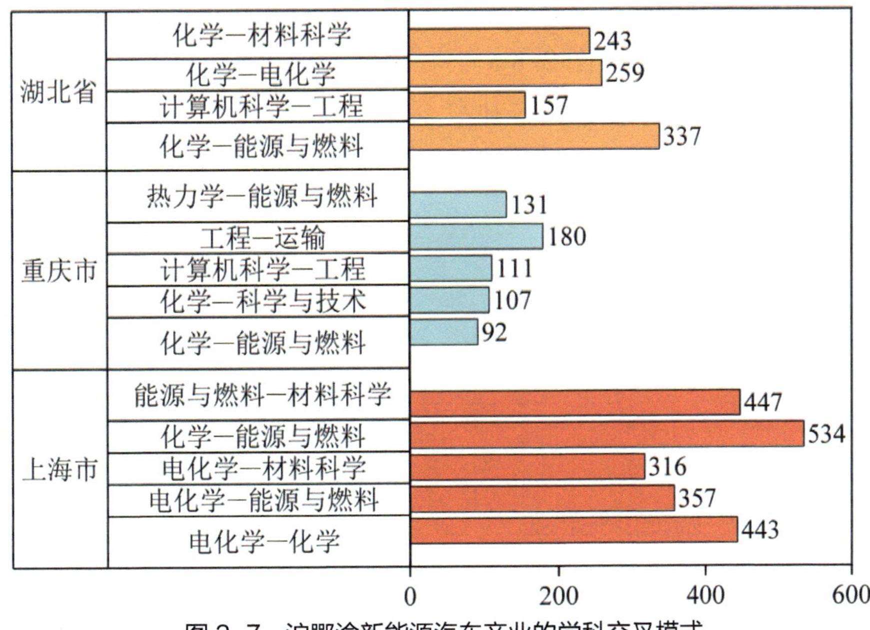

图 2-7　沪鄂渝新能源汽车产业的学科交叉模式

级电容器等方面的研究活跃。这表明上海在推动新能源技术应用和产业化方面具有明显优势。

2.2 节能环保产业创新态势分析

2.2.1 湖南依托传统优势发展技术，安徽积攒基础科学实现赶超

本小节统计湖南省、安徽省和云南省在节能环保领域的创新规模与影响力表现。结果显示，湖南省在多项指标中表现较为优异，安徽省则呈现出后发优势，在创新规模与高价值专利方面赶超湖南省，云南省无论在创新规模还是影响力方面均落后于湖南省与安徽省，呈现出缓慢的增长态势。

图 2-8 展示了 2000—2023 年安徽省、湖南省和云南省在节能环保领域的专利申请累计数量、权利要求数累计次数和专利价值度累计数的变化趋势。在专利申请累计数量方面，湖南省和安徽省的增长显著，显示出较高的技术创新活跃度，而云南省的增长速度相对较慢（图 2-8 a）。在权利要求数累计次数方面，从 2000—2010 年，湖南省一枝独秀，显著领先，特别是 2005 年后增长迅速，表明其专利申请的复杂性和质量较高。2010 年后安徽省

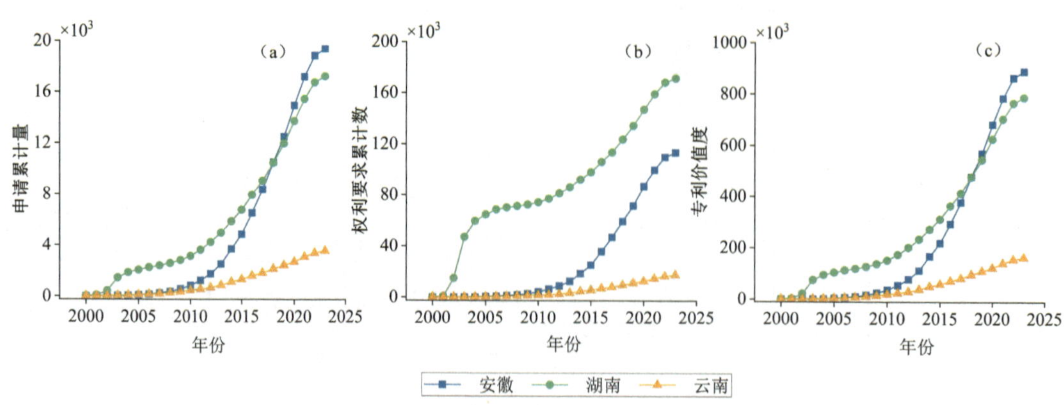

图 2-8　皖湘滇节能环保产业累计专利申请数量、权利要求数和专利价值度

逐渐缩小与湖南省的差距，而云南省的增长较缓慢（图 2–8 b）。在专利价值度方面，湖南省的增长最快，专利的市场影响力和技术含量较高，2010 年后安徽省开始迅速发展紧随其后，甚至在 2018 年反超湖南省。而云南省较为落后，需提高专利的实际应用和价值（图 2–8 c）。整体来看，湖南省在专利申请和质量上处于领先地位，安徽省迅速追赶，而云南省需增强创新能力和专利价值。

图 2–9 展示了节能环保领域专利和论文在 2000—2023 年的被引次数分布情况。在高被引论文数量方面，安徽省以 652 篇领先，其次是湖南省 556 篇，云南省则为 174 篇。特别是 100—399 次被引的论文，安徽省和湖南省均表现突出（图 2–9 a）。在高被引专利数量方面，湖南省在各被引次数区间的专利数量中均占优势，显示出技术影响力。安徽省和云南省在该领域的专利高被引数量则相对较少（图 2–9 b）。总体来看，安徽省在高被引论文方面表现优异，而湖南省在高被引专利方面具有优势，云南省在这两方面均需进一步提升。

节能环保领域，在科技创新方面，安徽省和湖南省在论文发文数量、使用数量上两头领先，并驾齐驱，而云南省较为落后；在技术创新方面，2000—2010 年湖南省一枝独秀，对科学成果的

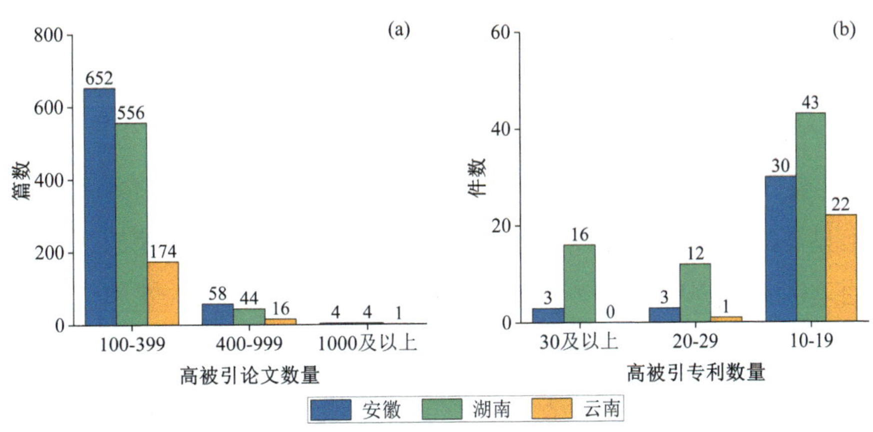

图 2–9　皖湘滇节能环保产业专利与论文高被引分布

应用落地探索比较成功，安徽省从 2015 起更加重视研发投入和创新成果，反映出行业的活力和创新驱动力，且发展极为迅速，在 2018 年反超云南省。在科学创新和技术创新的影响力以及高被引论文数量上，安徽省第一，湖南省第二；高被引专利数量上，湖南省第一，安徽省第二。这表明，安徽省更加重视科学创新，而湖南省更关注技术创新。

2.2.2 湖南、安徽聚焦污水处理与建筑节能，云南研究主题较为分散

本小节对安徽省、湖南省和云南省在节能环保领域的论文和专利文本进行主题分析。从研究内容来看，湖南省和安徽省重点关注污水处理技术和建筑节能技术的发展，从研究布局特征来看，云南省的研究主题较为分散，湖南省和安徽省的研究主题相对聚焦。

由表 2–2 可知，安徽省的三个主题分别围绕城市规划与资源优化、污水处理和废水管理、节能技术在空调系统的应用展开，表明研究的重点在于通过优化城市资源配置来提升节能效果等。湖南省的三个主题分别聚焦于建筑与工业领域的节能措施、机械设备的设计与运行、水体净化和生物处理技术，表明研究重点集中在工业建设、工业设备等方向。云南省的三个主题分别讨论了资源消耗与污染控制、工业废气处理、光催化技术，表明研究聚焦于减少资源消耗和控制污染的综合措施等。国际方面的三个主题分别关注于发动机和冷却系统的优化、生态系统保护和环境影响评估、光学材料和照明效率的提升等。

在节能环保领域的研究方面，安徽省、湖南省和云南省表现出显著的区域特色。安徽省在城市规划和污水处理方面的研究，通过优化资源配置和提升处理技术，为城市可持续发展和节能环保奠定了基础。湖南省则在建筑与工业设备的节能优化上展现出深厚的研究实力，推动了节能技术的应用与实践。云南省在光催化技术和工业废气处理上的创新，显示了在前沿技术应用中的领

表2-2　皖湘滇节能环保产业研究重点主题

区域	主题	高频关键词
安徽省	1	城市、分布、容量、成本、空间的、最优化、政策。
	2	废水、污水、水泥、水箱、水泵、污泥、溶液、工艺、污水处理。
	3	空调、室内、空调器、蒸发器、压力、出风口。
湖南省	1	建筑、区域、空间、未来、工业、保护、建设。
	2	空腹、胎体、油缸、模板、预制、进料、加热、叠合。
	3	污水、生物、水泥、去除、水体、水泵、沉淀、污水处理、清洗。
云南省	1	地方、消费、附加、响应、材料、系统、污染。
	2	烟尘、脱硫、环境、焙烧、洗涤、精矿、混凝土、研磨。
	3	光催化、发光、降解、光纤、玻璃、掺杂、污染物、可见光。
国际	1	氢、阀门、废物、排气、冷却、入口、引擎。
	2	土地、降水、生态系统、生态、区域、森林。
	3	发射、基板、LED、照明、光学、薄膜。

先地位。总体而言，各地区的技术创新与发展共同推动了节能环保领域新质生产力的形成，为实现更绿色、更高效的未来发展提供了重要支撑。

尽管云南省在光催化技术和工业废气处理上展现出一定的技术创新能力，但其整体规模相对较小，这在一定程度上限制了节能环保领域研究的广度和深度。从相关指标来看，云南省的研究活动在领域覆盖和资源投入上显得较为分散，缺乏明确的重点方向。这种局面可能导致科研资源的稀释，限制了在某些关键技术领域取得突破的能力。为了克服这些挑战，云南省需要进一步聚焦核心技术领域，集中力量在具备战略意义的节能环保技术上推动深度研究和开发。同时，加强与国内外科研机构和企业的合作，整合多方资源，以弥补规模上的不足，提升整体研究水平和影响

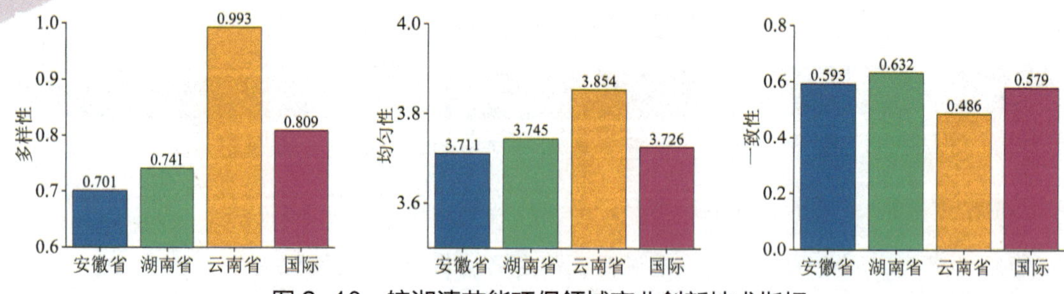

图 2–10　皖湘滇节能环保领域产业创新技术指标

力。通过优化资源配置和强化目标导向，云南省有潜力在节能环保领域实现更具特色和竞争力的发展，为区域乃至全国的可持续发展贡献更大的力量。

图 2–10 显示了安徽省、湖南省、云南省和国际在节能环保领域科技创新表现。国际在节能环保领域的研究展示了较高的综合性和协调性。具体而言，国际的研究不仅涵盖的主题范围广泛（多样性高），还在多个主题之间的分布较为均衡（均匀性高），且这些主题之间具有较强的关联性（一致性高）。这种布局显示了国际在节能环保领域的研究具有全局视角和系统性的特征。相较之下，云南省的研究虽然在多样性方面表现突出（多样性最高），展现了广泛的研究主题，但其研究的均匀性较高而一致性较低，这表明云南省的研究主题分布较为均衡，但各个主题之间的关联性相对较弱。湖南省的研究在一致性方面表现最佳（一致性最高），说明湖南省在研究主题之间的联系较为紧密。同时，湖南省在多样性和均匀性上也表现良好，表明其研究覆盖了多个领域且分布均衡。这种布局显示了湖南省在节能环保领域的研究具有较强的内在联系和整体协调性。安徽省的研究在多样性、均匀性和一致性上相对较为均衡。

综合识别创新主题可知，安徽省、湖南省、云南省三区域的重要科技主题分别为城市规划与资源优化、污水与废水处理、光催化技术、工业与建筑节能（表 2–3），国际方面在节能环保领域的重要科技主题主要为智能技术与生态保护。国内三地分别聚焦

表2-3　皖湘滇节能环保产业科技创新主题特征

识别主题	主题特征	内容分析
安徽省主题1	城市规划与资源优化	突出了在城市化过程中如何通过优化资源分配、降低成本和实施有效的政策来提升节能环保的效果。这种资源优化策略不仅能提高城市的可持续性，还能为形成新质生产力提供坚实的基础。
安徽省主题2 + 湖南省主题3	污水与废水处理	在安徽省和湖南省，污水处理技术的研究具有重要意义。这些研究不仅致力于提升污水处理的效率，还探索了新材料和生物技术的应用，以提高处理效果。这些技术的突破和应用是节能环保领域新质生产力的关键体现。
云南省主题3	光催化技术	光催化技术作为一个前沿研究领域，集中在利用光催化剂降解污染物、减少环境污染。这种技术具有广泛的应用前景，是推动节能环保技术升级的重要动力，体现了新质生产力的先进性。
湖南省主题1 + 湖南省主题2	工业与建筑节能	集中在工业和建筑领域的节能措施，特别是在建筑设计、工业设备优化等方面的研究。这些措施不仅有助于减少能源消耗，还推动了建筑与工业领域的可持续发展，为新质生产力的形成提供了有力支撑。
国际主题	智能技术与生态保护	涵盖了更广泛的技术领域，包括智能节能（如氢能和LED技术）、生态保护（如生态系统影响评估），以及高效照明技术，体现了综合性和全球化的节能环保战略。

不同的研究主题：安徽省注重城市规划与资源优化、污水处理；湖南省专注建筑与工业节能；云南省则在光催化和工业废气处理上创新。这些研究旨在优化资源配置、提升节能效果，并推动区域技术创新。国际研究则集中在发动机与冷却系统优化、生态保护与环境影响评估，及光学材料与照明效率的提升。不同之处在于，国际更关注智能技术与生态保护，而国内则着重于具体技术的应用与发展，形成了显著的区域特色。

2.2.3 江苏辐射带动安徽发展，“化学—材料能源”交叉密切

本小节统计安徽省、湖南省和云南省在节能环保领域的协同创新特征。结果显示：安徽省凭借与江苏省的紧密合作处于长江经济带的核心位置，湖南省和云南省的合作分布较为分散；从学科交叉特征来看，安徽省的学科布局集中在化学与材料能源等领域，湖南省和云南省的学科交叉布局较为均衡，没有明显的布局偏好。

云南省、湖南省、安徽省分别位于长江经济带的上、中、下游，在节能环保领域均形成了各自的特色产业。以安徽省、湖南省、云南省作为代表，分析长江经济带节能环保领域的科学创新合作模式，结果如图 2-11 所示。在省内自身合作上，湖南省呈现了极高的集中度；在域内合作上，安徽省一骑绝尘，是其他两个省份的两倍以上，且在比例上也是最高的；在跨域合作上，湖南省的数量最多，安徽省的数量最少；而在国际合作上，湖南省的数量也是最多。

在节能环保领域，美国以其先进的科研机构和创新政策在全球范围内发挥着引领作用。美国能源部和环境保护局等机构在推

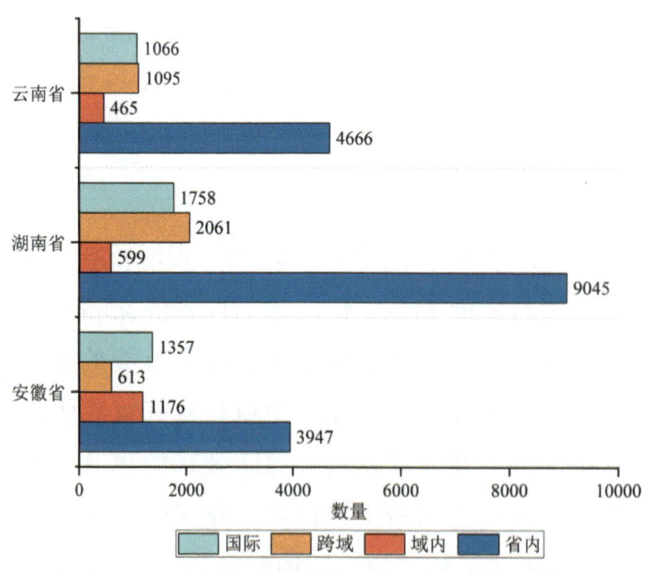

图 2-11　皖湘滇节能环保产业论文区域合作模式

动能源效率提升和环境治理方面发挥了关键作用。与此同时，美国的顶尖大学，如斯坦福大学和麻省理工学院，通过其跨学科的研究项目，为节能环保技术的发展提供了强有力的支持。

与美国相比，中国的安徽省、湖南省和云南省在节能环保领域的科学协同创新策略表现出独特的区域特色和合作模式。湖南省在省内合作上的高集中度，与美国在特定区域或研究机构内部的深入研究有相似之处。安徽省在域内合作上的显著优势，反映了其在区域协同创新中的领导地位，类似于美国在特定技术领域形成的创新集群。云南省虽然在跨域合作上的数量较少，但其特色产业的发展潜力值得关注。

在节能环保领域，跨省市的合作对于推动技术创新、资源优化配置和市场拓展至关重要。通过构建合作关系网络图，可以直观地识别合作的强度和关键参与者。图中的节点大小和连接线的粗细代表了合作的紧密程度和影响力。

安徽省、湖南省和云南省是节能环保领域合作网络中的核心节点（图 2–12）。这些省份的连接最多，拥有广泛的合作伙伴和较高的合作频率，进一步证实了他们在节能环保领域的活跃性和重要性。此外，安徽省和江苏省的合作呈现了较大的强相关性，这一显著特征揭示了两省之间强大的合作纽带。这种紧密的合作关系可能源于多个方面。首先，安徽省与江苏省的经济具有高度互补性，江苏省作为中国东部沿海的经济大省，拥有先进的制造业和服务业，而安徽省则在资源和劳动力方面具有优势，这种互补性为双方合作提供了坚实的基础。其次，在技术交流上，江苏省在技术创新和研发方面具有显著优势，而安徽省在节能环保技术的应用和推广方面可能具有特定需求，两省之间的技术交流和合作能够促进双方在节能环保领域的技术进步和产业升级。最后，江苏省和安徽省的政策协同和市场整合推动了两省的深入合作，政策协同上，两省政府在节能环保政策上有着高度的协同性，通过共同制定和实施相关政策，推动了两省在该领域的深入合作；

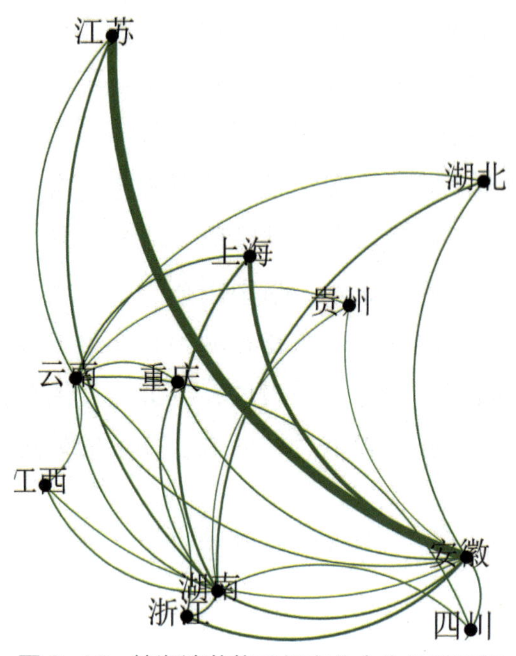

图 2-12　皖湘滇节能环保产业合作关系网络

而随着区域经济一体化的推进，安徽省和江苏省在市场整合方面取得了显著进展，这不仅促进了资源共享，也为两省在节能环保项目上的合作提供了广阔的市场空间。

这一显著合作模式也为节能环保领域的合作展现了更多的发展方向、提供了更多的建议：可以进一步深化安徽省和江苏省在节能环保领域的合作机制，同时探索更多合作模式和渠道；在现有合作基础上，扩大合作范围，涵盖更多节能环保相关的产业和技术领域。

基于对安徽省、湖南省和云南省节能环保产业论文所属学科领域的交叉统计分析，识别出频繁出现交叉的学科组合，如图 2-13 所示。在节能环保产业，三个省份有各自的特殊优势，呈现三足鼎立之势，协同支撑节能环保领域学科进步发展。安徽省的研究集中在化学与能源科学的交叉领域，特别是“化学—能源科学”和“化学—材料科学”，显示出该省在能源转换和材料开发方面的研究兴趣，“化学—科学与技术”“化学—能源与燃料”“化学—工

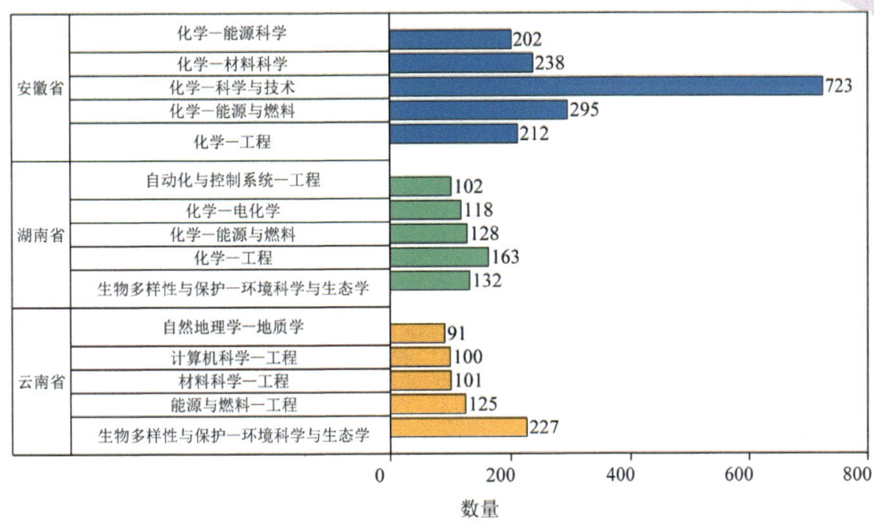

图 2-13　皖湘滇节能环保产业学科交叉模式

程”也是该省的研究重点。湖南省的研究重点在于“化学—能源与燃料”“化学—工程”，表明该省在能源的化学处理和工程应用方面开展了较多的研究活动。同时，“生物多样性与保护—环境科学与生态学”领域的研究也较为活跃，反映出湖南省在生态保护方面的关注。云南省的研究集中在“材料科学—工程”“能源与燃料—工程”领域，显示出该省在材料工程和能源工程方面的研究兴趣。此外，“生物多样性与保护—环境科学与生态学”领域的研究也较为突出，与云南省丰富的生物多样性资源相符合。

对比三个省份的研究趋势，安徽省在化学与能源科学的交叉领域表现出较强的研究力度，湖南省则在化学工程和生态保护方面有较为活跃的研究活动，而云南省则在材料科学和能源工程方面展现出研究潜力。为了进一步深化安徽省、湖南省和云南省在节能环保领域的研究，可以采取一系列综合性措施。首先，安徽省可继续加强化学与能源科学的融合，推动能源转换和新材料的开发，同时促进技术创新向实际应用转化。湖南省可以利用其在化学工程和生态保护方面的研究成果，加强环境治理能力，并通过政策支持和法规完善，为生态修复打下坚实的基础。云南省则应发挥其在材料科学和能源工程方面的优势，通过跨学科合作，探索可持续发展的新途径。此外，三省均需加大对节能环保领域的资金投入，培养专业人才，建立区域协同机制，以实现资源共享和优势互补，共同推动节能环保技术的进步和产业升级。

2.3 新材料产业创新态势分析

2.3.1 四川兼顾基础科学与技术突破，贵州高水平研究不足

本小节统计四川省、江西省和贵州省在新材料领域的创新规模与影响力表现。结果显示，四川省同时发展基础科学和关键技术，江西省更加注重在基础科学的布局，贵州省在高水平科学和技术研究上有待提升。

图 2-14 展示了 2000—2023 年贵州省、江西省、四川省在新材料领域的发文累计数量和使用累计次数的变化趋势。在发文数量方面，四川省的论文累积数量显著增加，尤其是自 2015 年后呈现出快速增长的态势，显示出四川省在新材料研究领域的快速发

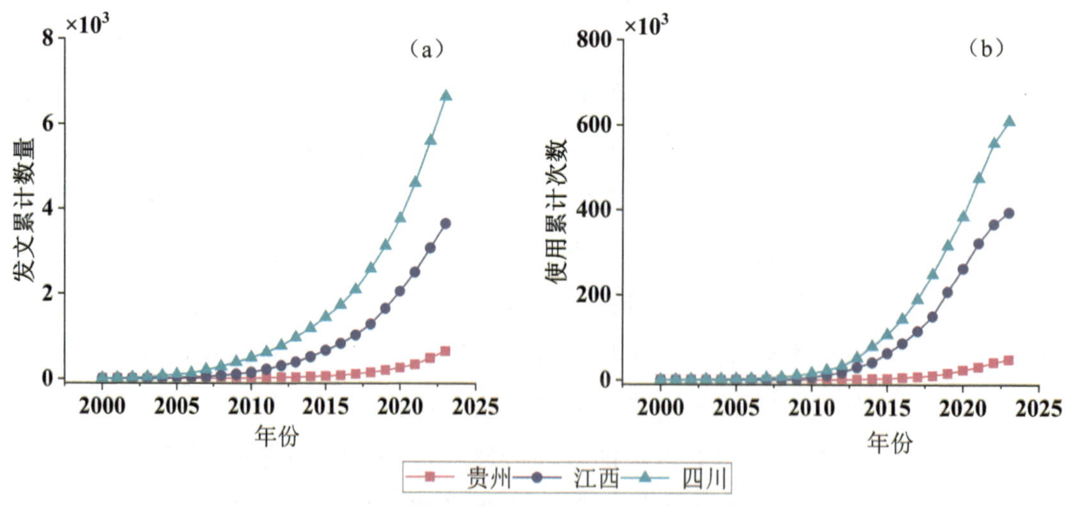

图 2-14 贵川赣新材料产业累计论文发文量和使用次数

展；江西省次之，增长趋势较为平稳，而贵州省的增长则相对缓慢（图 2–14 a）。在使用累计次数方面，四川省的使用累积次数领先，表明其研究成果的应用广泛且影响力强；江西省紧随其后，贵州省的应用次数仍需加强（图 2–14 b）。

图 2–15 展示了新材料领域专利和论文在 2000—2023 年的被引次数分布情况，可对高被引论文和专利的数量特征进行分析。在高被引论文数量方面，被引次数为 100—399 的，四川省的论文数量达到 411 篇，远超江西省的 236 篇和贵州的 22 篇；被引次数超过 400 的论文数量同样以四川省为最多，显示出其研究技术成果的广泛影响力（图 2–15 a）。在高被引专利数量方面，四川省在高被引专利数量上也表现突出，尤其是 10—19 次被引专利，其专利数量达到 161 件；相较之下，贵州省和江西省的高被引专利数量则较少（图 2–15 b）。

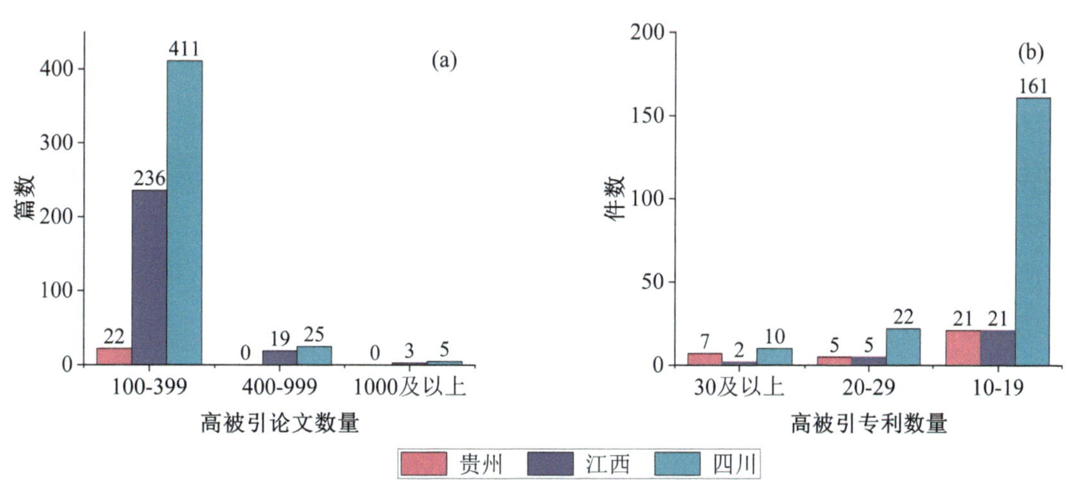

图 2–15　贵川赣新材料产业专利与论文高被引分布

2.3.2 江西布局环保建筑材料，四川发展涂层技术

由表 2–4 可知，四川省、江西省、贵州省三区域的重要科技主题分别为功能性材料和器件、环保材料与建筑应用、复合材料与高性能材料，国际方面在新材料领域的重要科技主题主要为纳

表2-4　贵川赣新材料产业研究重点主题

区域	主题	高频关键词
四川省	1	陶瓷、模块、导电、定位、生物、连接器、效率、屏蔽、阻燃。
	2	水泥、水性、涂料、水溶液、洗涤、去离子水、石膏、磷酸。
	3	合成、多孔、阻力、涂层、再生、容量、改进。
江西省	1	烧结、焊接、增强、驱动、定位、切割。
	2	混凝土、凝胶、过滤、水泥、洗涤、萃取、水溶液、废水。
	3	酸、催化、保留、设备、电池、速率。
贵州省	1	连接器、插头、外壳、插座、壳体、耐热、铸造。
	2	减水剂、羧酸、固体、有机、防水、循环、湿法、萃取。
	3	热量、电化学、时间、磁、晶体。
国际	1	药物、生长、合成、支架、石墨烯、纳米管。
	2	图像、等离子体、晶圆、连接器、显示、传感器。
	3	复合材料、陶瓷、打印、制造、纸、断裂、损伤、纤维。

米材料和生物材料。具体而言，四川省的三个主题分别围绕功能性材料的研究、环保型涂料和水性材料、材料的合成与涂层技术展开，表明研究的重点在于材料的性能提升，如耐用性、再生能力等。江西省的三个主题分别聚焦于金属材料和复合材料的制造工艺、环保材料、新型催化剂或功能性材料的开发技术。贵州省的三个主题分别讨论了高强度和耐热材料的应用、混凝土改性和防水材料的开发、高性能材料或电子材料的研究。国际方面的三个主题分别关注于纳米材料和生物材料、电子材料和器件、材料制造与测试等。

这些材料领域的研究和应用体现了“新质生产力”的关键特征——新材料技术推动生产方式的变革。功能性材料和环保材料的发展直接影响了传统产业的升级换代，而纳米材料、生物材料等前沿技术则在开辟全新的应用场景。通过技术创新，材料领域不仅提升了生产效率，还创造了新的市场需求和产业链，展现了

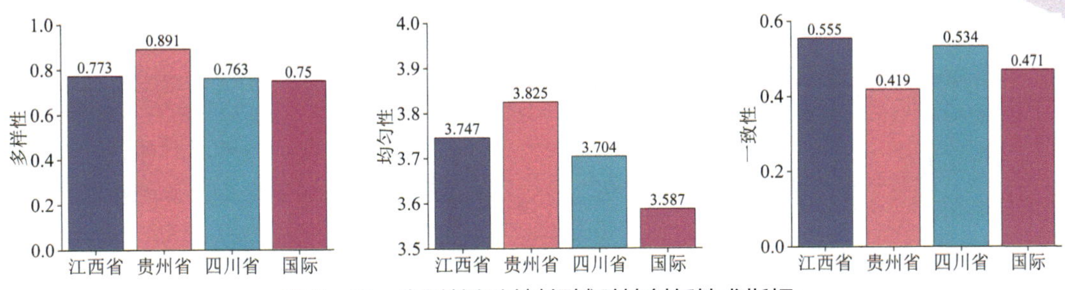

图 2-16　贵川赣新材料领域科技创新技术指标

新质生产力的典型特征。

从图 2-16 可以看出，贵州省的多样性和均匀性较高，但一致性较低，说明该地区在新材料领域有较为广泛的研究方向，但这些研究方向之间的协调性不强。江西省的多样性适中，且均匀性高、一致性也最高，表明该地区在新材料领域有较为集中的研究方向，各主题之间有良好的协调和发展。四川省的多样性和一致性接近江西省，但均匀性稍低，表明该地区的研究在某些方向上可能有更强的集中性。国际的多样性和均匀性相对最低，反映出国际上在新材料领域的研究更集中于特定领域，但由于一致性较低，在探索新的前沿技术或方向时可能存在较大的分歧。

四川省、江西省、贵州省和国际在新材料领域的布局各有侧重（表 2-5）。四川省关注功能性材料、环保型涂料和水性材料的研究，重点提升材料的耐用性和再生能力。江西省聚焦于金属材料、复合材料的制造工艺以及新型催化剂的开发，展现了较高的研究协调性。贵州省的研究涵盖高强度和耐热材料、混凝土改性和高性能材料，具有广泛的研究方向但一致性较低。国际研究则更集中于纳米材料、生物材料及电子材料和器件的创新，虽然多样性较低，但在探索前沿技术上有一定分歧。总体而言，各地区在新材料技术的研究中均体现出通过技术创新提升生产效率、创造新市场需求的特征。

表2-5　贵川赣新材料产业科技创新主题特征

识别主题	主题特征	分析
四川省主题1 国际主题2	功能性材料和器件	涉及导电、屏蔽、纳米材料等，反映了功能性材料在电子设备、医疗等领域的重要性。
四川省主题2 江西省主题2 贵州省主题1	环保材料与建筑应用	涉及水泥、涂料等材料，尤其是与环保相关的改性材料、再生技术等。
江西省主题1 贵州省主题1 国际主题3	复合材料与高性能材料	特别是在烧结、增强、热性能方面，表明对材料强度、耐久性等性能的重视。
国际主题1	纳米材料和生物材料	反映出前沿的材料研究，如石墨烯、药物载体等，预示着未来在医疗、电子等领域的广泛应用。

2.3.3 跨域合作与国际合作为主，四川省江西省域内合作均衡

以贵州省、江西省、四川省为代表，对其新材料领域的科学创新合作模式进行分析，结果如图 2–17 所示。在省内合作上，四川省呈现了极高的集中度，位列第一，江西省、贵州省分别位列第二、第三；在域内合作上，排名依次为四川省、江西省、贵州省；在跨域合作中，排名依次为四川省、江西省、贵州省；在国际合作上，排名依次为四川省、江西省、贵州省。

在新材料领域，美国以其强大的科研基础和创新生态系统，在全球材料科学研究和技术发展中占据领先地位。美国的研究机构和大学在材料设计、合成和应用方面取得了一系列突破性成果，对全球新材料技术的发展产生了深远影响。

聚焦中国长江经济带的贵州省、江西省和四川省，可以看到四川省在新材料领域的省内合作集中度极高，显示出强烈的本地创新能力和产业集聚效应。江西省和贵州省虽然在跨域和国际合作方面表现活跃，但与四川省相比，整体合作体量和国际合作数

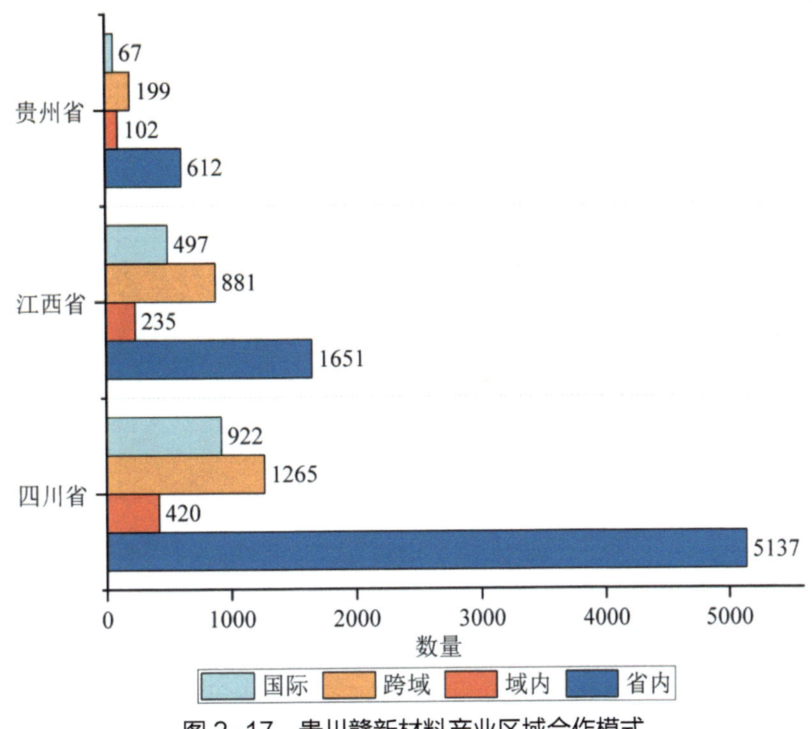

图 2–17　贵川赣新材料产业区域合作模式

量仍有提升空间。

统计长江经济带各省份新材料技术创新领域的合作模式分布，结果如图 2–18 所示。总体来说，新材料领域分布大致一致，省内合作占比最多，均超过了 75%，占据了绝大多数的专利创新贡献。其余合作模式依次为跨域合作和域内合作，域内合作相对较少，跨域合作相对较多，体现了在高节能环保技术创新领域上寻求其他合作的潜在可能。横向对比同为长江经济带上游省份的贵州省和四川省，可以发现即使两省在域内合作相对较少，但是四川省更加强调省内合作，在省内合作的范畴里，四川省做出了极高的引领作用。

在新材料领域，美国展现了其在区域合作和内部合作方面的独特优势。美国的国家实验室和顶尖大学在新材料的研究上进行了大量的跨区域合作，形成了强大的协同创新网络。与此同时，

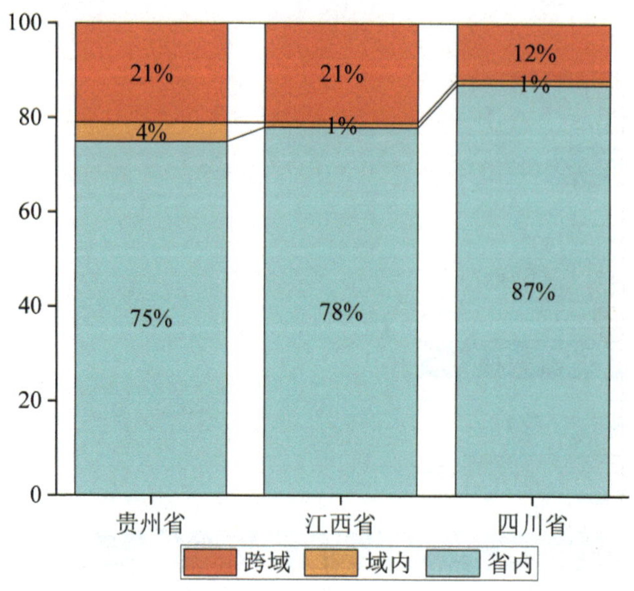

图 2-18　贵川赣新材料产业专利区域合作模式

美国的高科技产业集群，如硅谷内部，合作尤为紧密，推动了新材料技术的快速发展。

中国的长江经济带各省份在新材料技术创新领域也展现出了以省内合作为主的特色，这与美国硅谷等产业集群内部紧密的合作关系有异曲同工之妙。然而，在跨域合作方面还有进一步提升的空间，可以通过加强与国内外其他研究机构和企业的合作，促进新材料技术的交流与创新。

在新材料领域，技术创新和产业升级是推动行业发展的关键因素。通过构建合作关系网络图，可以直观地识别各地区在新材料研发和应用中的合作强度和影响力，如图 2-19 所示。图中连接线的数量和粗细代表了节点的重要性和合作的紧密程度。从图中可以看出，四川省、江西省和贵州省在新材料领域的合作网络中占据核心地位。这些地区的线路较多，表明它们在合作网络中拥有广泛的合作伙伴和较高的合作频率。此外，它们之间的连接线也相对较粗，显示出这些地区在新材料领域的合作尤为紧密和活跃。

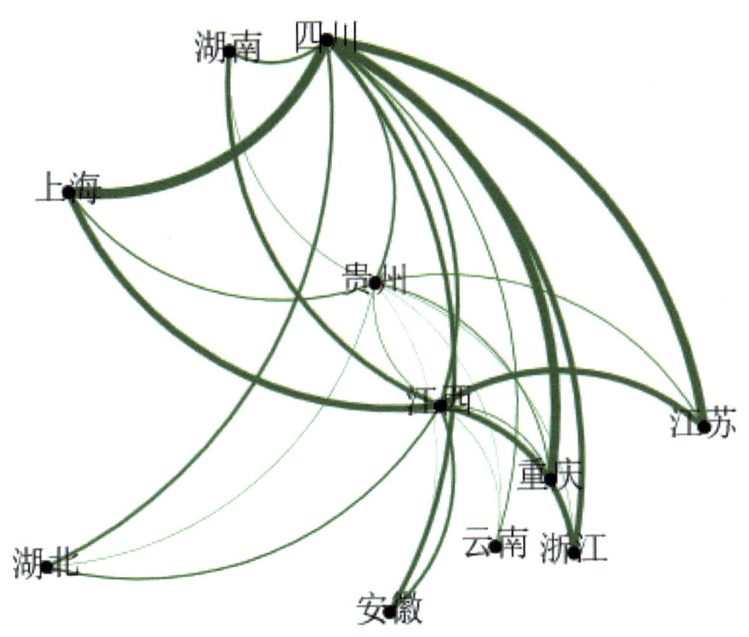

图 2-19　贵川赣新材料产业合作关系网络

在新材料领域的合作网络图中，可以观察到四川省、江西省和贵州省作为核心省份，各自展现出独特的合作特点。四川省以其线路的粗壮性脱颖而出，这不仅反映了其在新材料研究和开发上的深厚基础，也显示了其在合作网络中的强大吸引力和影响力。四川省拥有先进的研发设施、丰富的技术人才和有力的政府支持，这些因素共同促成了其在合作网络中处于中心地位。江西省则以其线路数量最多而凸显核心位置。这一现象表明江西省在新材料领域的合作广泛，与多个省份建立了合作关系。江西省的这一地位可能得益于其在区域协调、资源整合以及市场潜力方面的优势，使其成为连接不同地区合作的桥梁。相比之下，贵州省虽然线路较多，但相对较浅，这可能意味着贵州省在新材料领域的合作尚处于发展阶段，合作的深度和强度有待加强。贵州省可能正积极寻求合作伙伴，扩大其在新材料领域的影响力，但需要进一步深化合作内容，提高合作效率。或者说，贵州可能是新材料领域的新兴参与者，正在积极寻求合作关系，扩大影响力。

江苏省、重庆市、云南省、浙江省、湖北省和安徽省等其他省份在网络中的位置同样重要。这些省份可能在特定新材料领域或技术方面拥有优势，能够为合作网络贡献独特的价值。

基于四川省、江西省和贵州省的新材料产业论文所属学科领域的交叉统计分析，识别出频繁出现交叉的学科组（图 2-20）。在新材料领域，四川省和江西省具有牵头引领作用，而贵州省则是在材料科学领域发力追赶，对于其他省份呈现协同引领态势。四川省在材料科学与化学的交叉领域表现出强烈的研究兴趣，特别是“材料科学—化学”这一关键词的高频出现，凸显了该省在材料化学性质和合成技术方面的深入探索。同时，“材料科学—物理”和“材料科学—工程”也是四川省的研究重点。江西省的研究集中在“材料科学—物理”和“材料科学—工程”，显示出该省在材料的物理性能和工程应用方面的活跃研究。“化学—科学与技术”

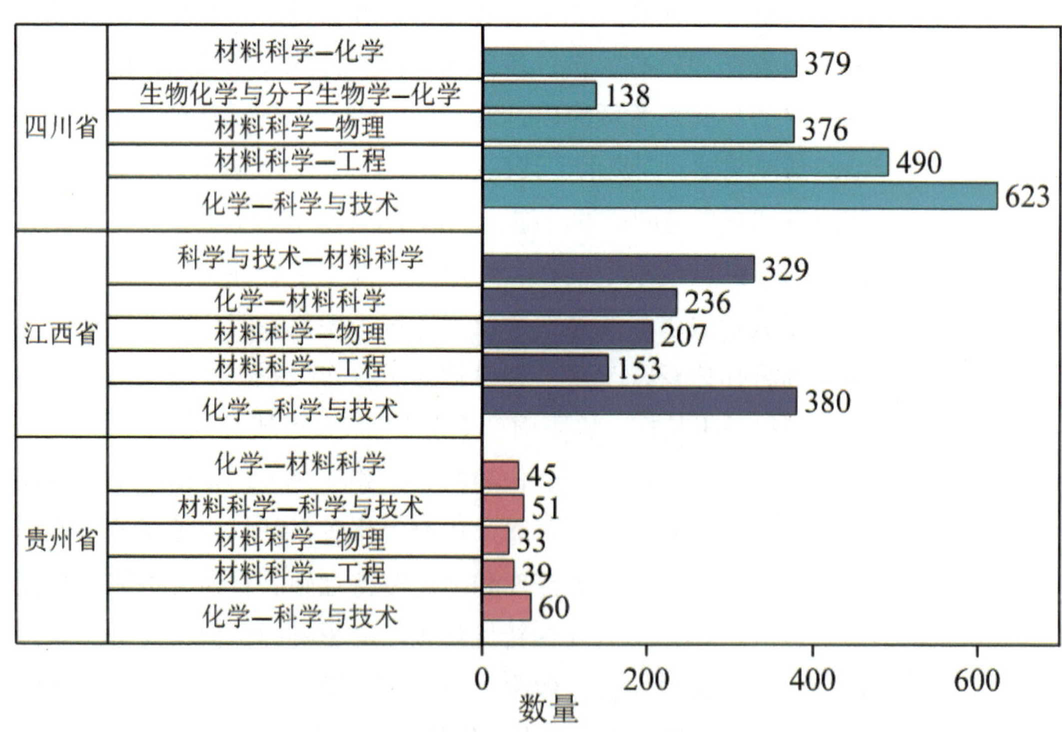

图 2-20　贵川赣新材料产业学科交叉模式

领域的研究同样突出，反映出江西在化学与材料科学结合方面的研究努力。贵州省虽然在“材料科学—工程”方面的研究相对较少，但在“材料科学—物理”和“化学—科学与技术”领域展现出一定的研究基础，表明该省在材料科学的基础研究方面有所投入。

对比三个省份的研究趋势，四川省在材料化学领域的研究深入、江西省在材料物理性能和工程应用方面的研究活跃，以及贵州省在材料科学基础研究方面的努力，均体现了各自在新材料领域的科研优势和特色。四川省在材料化学领域的活跃研究活动表明，该省可能拥有强大的化学研究基础和人才优势。进一步分析四川省在材料化学领域的具体研究方向，如新型催化剂、高分子材料或纳米材料等，可以得到相应的辅证。江西省在“材料科学—物理”“材料科学—工程”的活跃研究，意味着该省在材料的物理性能优化和工程应用方面具有跨学科的研究团队和项目，在跨学科团队的协作领域，可以为其他省份提供相应的参考。贵州省虽然在“材料科学—工程”方面的研究较少，但其在“化学—科学与技术”领域的研究可能为未来的应用研究提供坚实的基础，可以在之后探讨学习如何将基础研究转化为具有市场潜力的应用技术。

2.4 高端装备制造产业创新态势分析

2.4.1 江苏、浙江重视基础科学与关键技术双突破

本小节统计江苏省和浙江省在高端装备制造领域的创新规模与影响力表现，结果显示，江苏省和浙江省都较为重视基础科学发展和关键技术的突破，发表了大量的高被引论文和高被引专利，其中江苏省创新规模和影响力处于领先地位。

本报告将被引用量大于100次的论文作为高被引论文，将被引

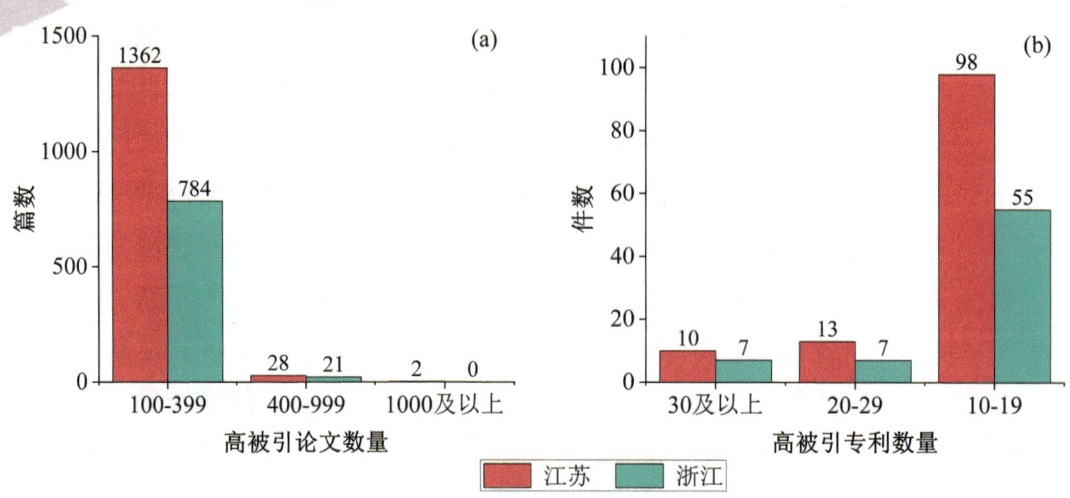

图 2-21　江浙高端装备制造产业专利与论文高被引分布

用量大于 10 次的专利作为高被引专利。图 2-21 展示了高端装备制造领域论文和专利在 2000—2023 年的被引次数分布情况。在高被引论文数量方面，江苏省明显领先于浙江省，尤其是 100—399 次被引用论文，江苏省有 1362 篇，浙江省有 784 篇；400—999 次被引用论文，江苏省和浙江省分别为 28 篇和 21 篇（图 2-21 a）。在高被引专利数量方面，江苏省同样领先于浙江省，其中 10—19 次被引用专利，江苏省有 98 件，浙江省有 55 件；20—29 次被引用专利，江苏省有 13 件，浙江省有 7 件（图 2-21 b）。综上所述，在高端装备制造领域，江苏省在学术研究和专利创新方面的影响力强于浙江省。

江苏省的制造业发展十分成熟，尤其在重工业领域展现出显著优势，其制造业产值位居全国前列，为江苏省的经济增长提供了强有力的支撑。相较之下，浙江省在制造业发展上表现出明显的差异，主要以轻工业和制造服务业为主导。江苏省更加注重重工业和高端制造业，强大的产业基础促进了相关领域的研究与创新，进而推动了高质量论文和专利的产出，而高质量专利的应用与转化又进一步推动了新型生产力的发展。

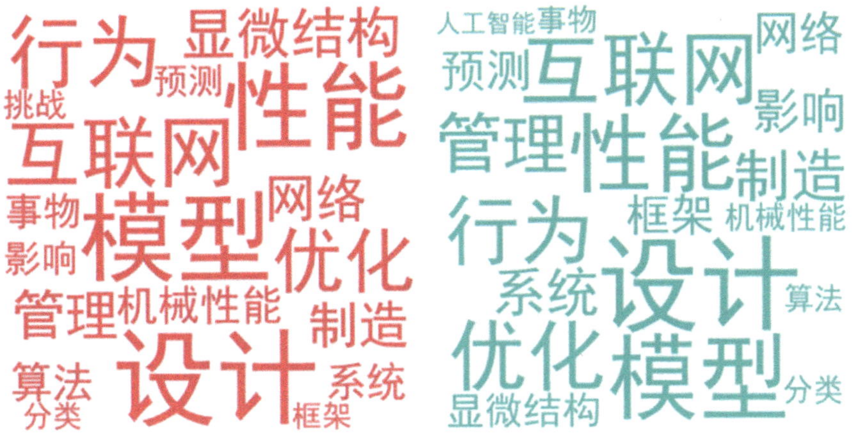

江苏　　　　浙江

图 2-22　江浙高端装备制造产业词云图

对论文的关键词进行词频统计并绘制地区词云图，如图 2-22。可以看出江苏省、浙江省在高端装备制造领域的高频关键词，体现出两地的研究重点。左侧的江苏省词云图中，“设计”“性能”“互联网”“模型”“优化”等词频较高；右侧的浙江省词云图也有类似的高频词，如“设计”“性能”“优化”“模型”。这表明两地在研究中都关注设计优化、性能提升以及互联网相关技术的应用。然而，江苏省的词云图中“互联网”和“行为”两词更为显著，而浙江省的词云图中“管理”和“系统”较为突出，这反映出在具体研究方向上的细微差异，江苏省更加侧重于互联网技术的应用，而浙江省更加关注管理和系统优化。

图 2-23 展示了国际新能源汽车领域各细分学科的论文数量分布情况。和江苏省、浙江省的分布情况类似，材料科学以 19.2% 的比例居首位，随后是电气与电子工程等。国际上工程制造、管理、运筹学与管理科学学科占比很高。材料科学在国际和地区研究中都占据重要地位，但国际上的研究更加广泛和深入，涉及更多创新材料的开发。国际上工程制造、管理、运筹学与管理科学的占比较高，这反映了国际研究对制造工艺优化和管理流程改进的高

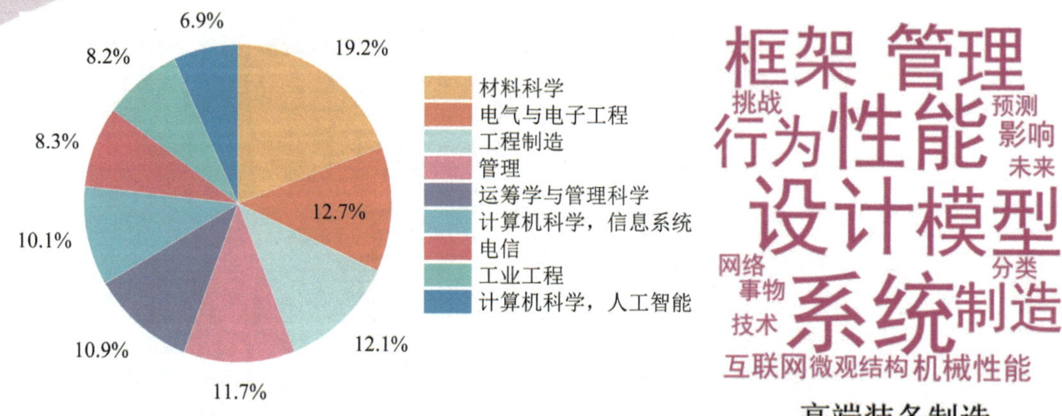

图 2-23　国际高端装备制造产业学科分布和词云图

度关注。对国际论文的关键词统计分析绘制词云图，可以看出“系统”“性能”“设计”是最突出的词汇，系统的整体性能和模型设计是研究的核心。此外，“管理”“框架”“制造”等关键词词频也较高，反映了国际上对管理流程优化和制造工艺改进等的关注。

2.4.2 江浙钻研水下仿真技术，国际关注增材制造

本小节对江苏省和浙江省在高端装备制造领域的论文和专利文本进行主题分析。结果显示，江苏省和浙江省均在水下仿真技术领域进行布局。从主题的特征来看，江苏省的研究更为多元，浙江省的研究更加聚焦。国际前沿研究更加关注增材制造（3D 打印）领域的发展，特别是在增材制造技术和复合材料的应用方面。

由表 2–6 可知，江苏省的三个主题分别围绕机械装配与模具设计、高端装备制造中复杂系统的设计与应用、水下材料与工艺，表明研究重点集中在如何通过精确的配合和装配技术提升机械产品的质量和性能、水下装备制造及其材料处理工艺方面的技术研究，强调了多元化的设计挑战与强度要求。浙江省的三个主题分别涉及液压系统与轨道装配、仿真与动态系统、水下与海洋工程的装备制造，研究方向集中在装备制造中的仿真技术及其动态响

表2-6　江浙高端装备制造领域研究重点主题

区域	主题	高频关键词
江苏省	1	轨道、油缸、弹簧、装配、模具。
	2	特性、设计、复杂、挑战、强度、多重、附加。
	3	水下、制备、合金、船体、材料、铝合金、流水线、成型、冷却、工艺。
浙江省	1	液压、轨道,夹紧、导轨、底板、通道、进料。
	2	仿真、效果、图像、文章、动态。
	3	水下、船体、流水线、管道、水面、海底。
国际	1	显示、移动、元素、GPS、频率、接收器、卫星。
	2	环境、框架、安全、商业、可持续、计算、网络。
	3	结构、打印、强度、支架、粉末、SLM（选择性激光熔化）。

应等。国际方面的三个主题分别关注高端装备的智能化和互联性、高端装备制造中的可持续发展和商业模式创新、增材制造和复合材料应用等。

江苏省和浙江省在高端装备制造领域展现出了显著的区域特色。江苏省在机械装配与模具设计、复杂系统设计和水下工艺方面具有强大的技术优势，通过提升装备制造的精度和性能，推动了生产力的质变。浙江省则在液压系统、仿真技术和海洋工程装备制造方面展现了卓越的研究能力，通过智能化、动态化的装备设计和制造，提升了装备制造业的技术水平。这些创新技术与应用共同推动了高端装备制造领域的新质生产力的形成，为未来装备制造业的高质量发展提供了强有力的支持。

图 2–24 显示了江苏省、浙江省和国际在高端装备制造领域科技创新技术指标表现。国际在高端装备制造领域的研究不仅涵盖范围更广（多样性高），而且在多个主题之间的分布较为均衡（均匀性高），并且这些主题之间具有较强的关联性（一致性高），这显示了国际在这一领域的综合性和协调性强的研究布局。江苏省

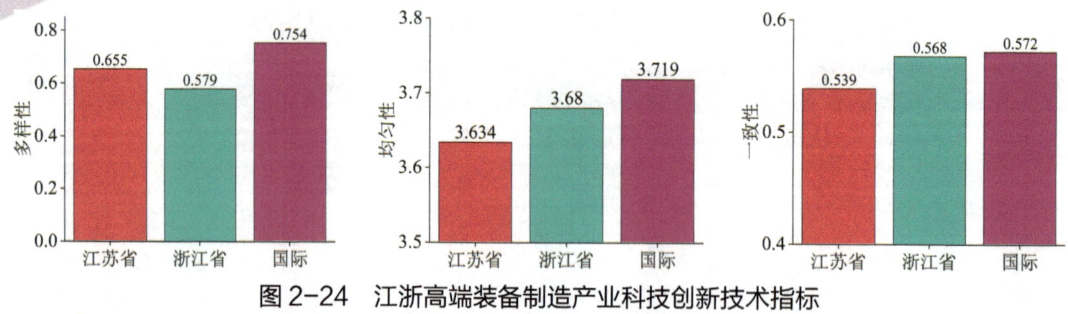

图 2-24　江浙高端装备制造产业科技创新技术指标

和浙江省的研究虽然稍微集中在特定领域（多样性相对较低），但仍保持了较好的均衡性，表明它们在一些关键领域中进行了深度探索。江苏省和浙江省可能专注于提升特定领域的技术或应用，从而在这些领域中取得优势。总体而言，江苏省和浙江省可能更侧重于高端装备制造领域中的某些特定技术和应用，而国际的研究布局则更为广泛和全面。

表 2-7 显示了江苏省、浙江省和国际在高端装备制造领域科技创新主题特征。江苏省、浙江省和国际在高端装备制造领域的研究均关注提升机械部件性能、优化制造工艺和改进系统设计，以实现提高装备可靠性、提升材料强度和稳定性、增强系统效率和智能化水平的目的。不同之处在于，国际研究更关注增材制造和复合材料的创新以及可持续性的发展，而江苏省和浙江省更关注具体的生产工艺改进，包括如何优化液压系统、提高部件装配效率，以及强化仿真技术的应用。此外，江苏省和浙江省在水下装备和机械部件的制造研究上更为深入，而国际则在智能化系统和环境友好型设计方面投入更多。

表2-7　江浙高端装备制造产业科技创新主题特征

识别主题	主题特征	内容分析
江苏省主题1 浙江省主题1	机械装配与模具设计	在机械部件的制造、液压系统和轨道交通设备方面的研究涉及高端装备制造中的核心部件，如导轨、油缸和液压系统的优化设计和装配工艺。
江苏省主题2 浙江省主题2	复杂系统设计与仿真	显示了在复杂系统设计和仿真技术方面的研究：江苏省可能更多地关注系统的设计挑战和服务特性，而浙江省则专注于动态系统的仿真和优化。这些技术在高端装备制造中至关重要，有助于提高产品的可靠性和性能。
江苏省主题3 浙江省主题3	水下装备与材料科学	显示出对海洋工程和合金材料的高度重视：江苏省侧重于铝合金的制备和成型工艺，而浙江省则在海洋工程装备和自动化生产线的应用上有深入探索，这些技术为高端装备的多元化应用提供了支持。
国际主题	智能化、可持续性和增材制造	研究涵盖了移动和定位系统、可持续性和增材制造等领域，特别是在增材制造技术和复合材料的应用上，推动了高端装备制造的智能化和可持续发展。

2.4.3 江浙主导协同创新，计算机与工程交叉互补

本小节统计江苏省和浙江省在高端装备制造领域的协同创新特征。结果显示，江苏省和浙江省位于长江经济带合作网络的核心位置，主导高端装备制造领域的协同创新；从学科交叉来看，浙江省集中在计算机科学与工程学的交叉，江苏省的学科交叉均匀体现在自动化、计算机科学、化学等领域。

以长江经济带中的江苏省、浙江省为例，对高端装备制造领域的科学创新合作模式进行分析，如图 2–25 所示。江苏省、浙江省在科研领域的整体论文合作趋势相似，但江苏省合作论文总量高于浙江省，表明江苏省在高端装备制造领域的合作性相对更高。此外，江苏省除了省内合作，在域内、跨域和国际合作之中，国际合作占比最多，跨域合作最少；而对于浙江省来说，虽然国际

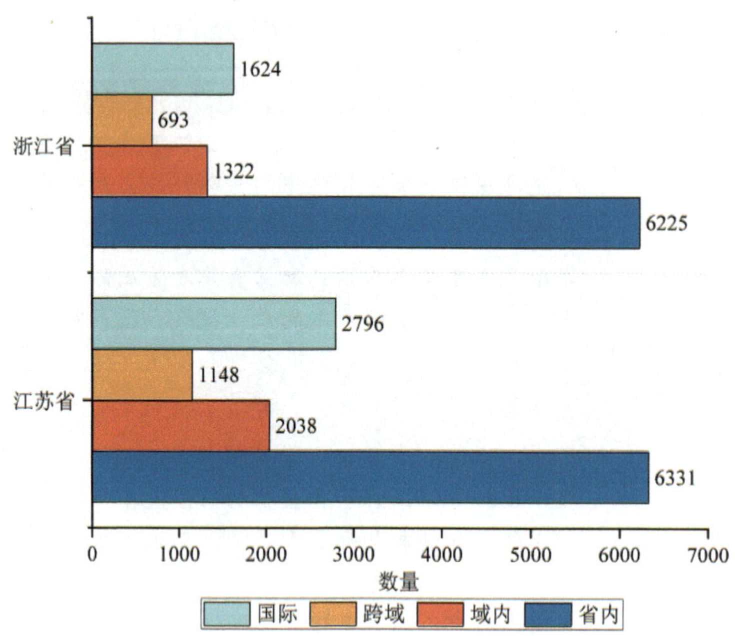

图 2-25　江浙高端装备制造产业论文区域合作模式

合作仍然是这三者之间的最高，但是国际合作与域内合作之间没有显著差距。

江苏省和浙江省作为中国长江经济带的代表性省份，在科学创新合作方面展现出了各自的特色和优势。江苏省在高端装备制造领域的合作模式表现出较高的全面性，除省内合作外，其国际合作的占比最多，显示出国际化视野和较强的开放性，这与江苏省的经济实力、制造业基础以及对外开放程度有关。而浙江省的合作模式则更为均衡，国际合作与域内合作之间的差距不明显，这表明在全球化背景下，浙江省在高端装备制造领域的合作策略更为多元化，能够平衡国内外资源和市场。

在高端装备制造领域，美国以其深厚的工业基础和创新能力在全球范围内占据领先地位。美国的研究机构和企业在智能制造、自动化技术和新材料等方面取得了显著成就，为全球工业发展树立了标杆。中国的江苏省和浙江省在高端装备制造领域的合作模式各有侧重，但同样展现出了推动产业升级和技术创新的决心。

通过加强与美国等国家的科研合作和经验交流，江苏省和浙江省不仅可以引入先进的制造技术和管理经验，还可以在全球市场上寻求更广阔的发展空间。此外，中美两国在高端装备制造领域的合作，有助于共同应对全球制造业面临的挑战，促进产业的可持续发展。

在高端装备制造领域，技术密集和创新驱动的特点使得跨省市合作显得尤为重要。这种合作不仅促进了技术知识的传播和应用，还有助于形成产业集群，加速区域经济的发展。通过构建合作关系网络，可以直观地识别出合作的强度和关键参与者，从而对不同地区的合作状态进行评估。图 2-26 展现了江苏省和浙江省在高端装备制造领域合作关系网络。浙江省和江苏省因其在高端装备制造领域的深厚基础、先进的制造技术和强大的研发能力，成为合作网络中的核心节点，并呈现出紧密的合作关系。

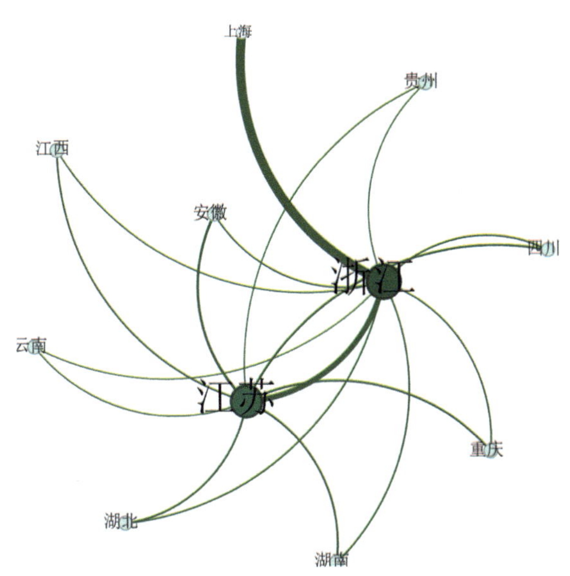

图 2-26　江浙高端装备制造产业合作关系网络

图中连接线的数量和粗细表明了合作的强度，较多和较粗的连线反映出浙江省和江苏省不仅在数量上拥有更多的合作伙伴，而且在合作的深度和质量上也占据优势，这意味着这两个省份在高端装备制造领域拥有更多的项目合作、技术交流和资源共享。此外，上海市作为一个特殊的节点，在合作网络中的作用不容忽视。上海市在高端装备制造领域具有独特的地缘优势和行业影响力，与浙江省紧密合作，带来了资金、技术和市场等多方面的资源，促进了整个行业的协同发展。

基于高端装备制造领域合作网络的分析，可以优化和加强各地区的合作。首先，可加强浙江省和江苏省等核心省份的引领作用，通过技术创新和产业升级带动整个行业的协同发展。其次，可建立跨省市的合作平台，促进信息共享和技术交流，降低合作成本，提高效率。再次，政府可出台更多支持性政策，包括税收优惠、资金扶持和人才培养等方面，以营造有利的合作环境。此外，政府可鼓励产业链整合和创新技术升级，以提高产业链的竞争力和适应市场变化的能力。同时，重视人才培养和引进，与高校和研究机构合作，为行业输送专业人才。提高合作透明度和建立合作风险评估机制，以增强合作各方的信任并保障合作的稳定性。最后，积极拓展国际合作，引进国外先进技术和管理经验，提升国内高端装备制造的国际竞争力。通过这些措施，可以推动高端装备制造领域的合作网络更加紧密、高效和可持续发展，促进行业的整体健康发展。

对浙江省和江苏省在高端装备制造产业的论文所属学科领域进行交叉统计分析，识别出频繁出现交叉的学科组合，如图 2-27 所示。浙江省的研究集中在化学科学与技术领域，特别是“化学—科学与技术”这一关键词的高频出现，凸显了该省在化学材料和化学工艺研究方面的显著兴趣。此外，浙江省计算机科学与工程领域的论文数量同样突出，表明其在智能制造和信息技术融合方面的积极探索。而江苏省的研究重点则体现在自动化与控制系统领域，尤其是“自动化与控制系统—计算机科学”“自动化与控制系统—工程”的关键词组合，显示该省在自动化技术及其在高端装备制造中的应用的深入研究。“化学—工程”是江苏省的另一研

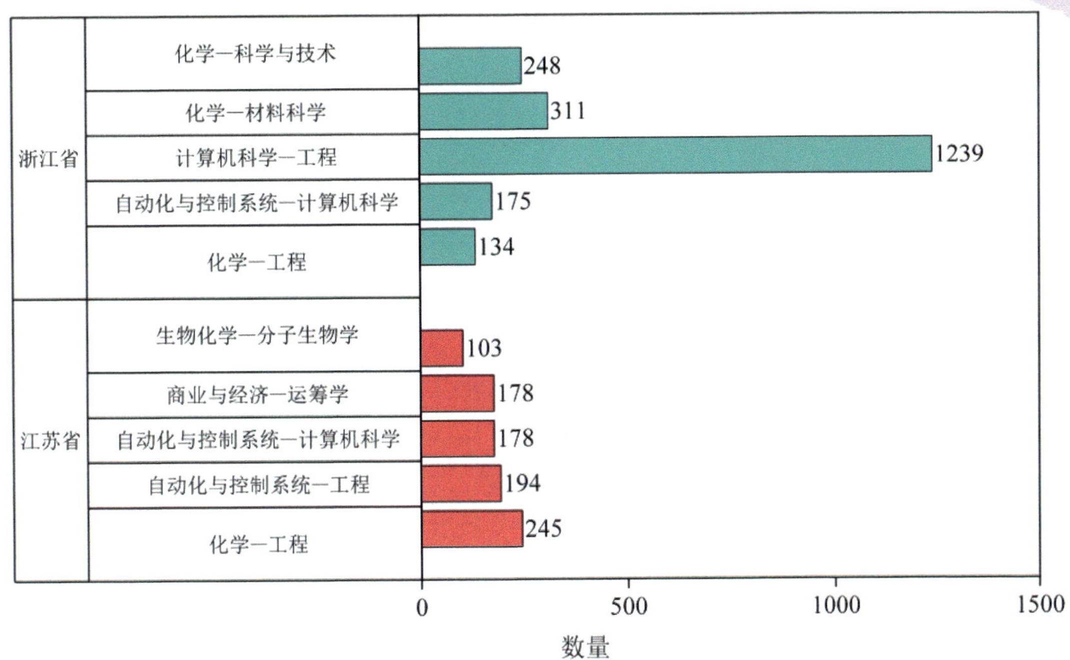

图 2-27　江浙高端装备制造产业学科交叉模式

究重点，反映了江苏省在化学加工和材料合成技术方面的强大实力。在未来，浙江省和江苏省可以在高端装备制造领域达成更多合作。

浙江省和江苏省在高端制造装备领域的合作可以优先考虑智能制造系统、新材料研发、精密制造技术、工业机器人、增材制造、能源装备制造、智能物流与供应链管理、环保装备与技术、新能源汽车与关键零部件，以及工业互联网平台等方向。这些领域不仅能够充分发挥两省的技术优势，促进产业升级和技术创新，而且有助于形成互补的产业链，推动区域经济协同发展，共同应对全球制造业的挑战和机遇。

第三章 科技创新政策驱动战略性新兴产业发展

科技创新政策通过优化创新环境、激励技术研发和促进成果转化，推动战略性新兴产业的发展与升级。围绕科技创新政策发展，本章系统梳理我国新能源汽车产业、高端装备制造产业、节能环保产业、新材料产业的科技创新政策文本，采用主题模型、内容分析等方法，挖掘各省市重点战略性新兴产业科技创新政策的演变特征、主题特征和协同特征，旨在揭示科技创新政策如何推进长江经济带战略性新兴产业发展，进而提升新质生产力。其中，政策演变特征体现出产业政策制定的活跃度以及核心政策的时序变迁，政策主题特征揭示了产业政策的核心内容和产业特征，政策协同特征衡量了央地以及各个优势省市部门之间的协同效应。研究结论如下：

（1）在新能源汽车产业领域，上海市、湖北省、重庆市的规划类政策稳定增长，上海市和重庆市的经济和信息化委员会（经信委）成为政策发文主体中心，支持力度较大，区域内政策主体分工明确。此外，相关政策逐渐从推广补贴转向技术突破，重视智能网联汽车制造。

（2）在节能环保产业领域，进入“十四五”时期以后，中央环境战略理念进一步升级，节能环保产业政策逐渐转到以降碳为重点战略方向，推动减污降碳协同增效，促进全面绿色转型。产业政策手段逐渐从行政执法向司法、经济手段等综合运用转变，政策手段日趋多元。其中，安徽省和湖南省政策功能性较强，促进了产业平稳健康发展。

（3）在新材料产业领域，中央政策重点旨在提升新材料的基础支撑能力，努力实现我国从材料大国到材料强国的转变。贵州省和四川省的政策则注重“突破核心重点领域”，江西省的政策注重“瞄准未来市场”和“围绕高端需求”。

（4）在高端装备制造产业领域，江苏省和浙江省在中央重大政策出台之前已开始对装备制造业的现代化转型升级进行政策前瞻部署，这种超前布局使得江浙在政策实施过程中具有明显的先发优势。同时，江浙两省的政策细化程度高，政策迭代优化现象明显。

3.1 新能源汽车产业政策分析

3.1.1 规划类政策稳定增长，沪渝经信委大力支持

新能源汽车作为未来汽车产业的发展方向，一直以来受到党中央和国务院的高度重视。2009 年 2 月 17 日，财政部等多个国家部委联合召开节能与新能源汽车示范推广试点工作会议，对节能和新能源汽车示范推广工作进行部署，新能源汽车产业发展拉开序幕。2009—2023 年，中国新能源汽车产业伴随国家政策的不断演变迅速推进。

1. 政策数量分析

出台政策的数量能够反映一个国家或地区政府对于某一领域的关注与重视程度，以及政府在该领域的建设完善程度。研究统计了 2000—2023 年中央、上海市、湖北省、重庆市与新能源汽车产业相关的政策数量与累计变化趋势，如图 3-1 所示。可以发现，上海市作为新能源汽车产业的龙头城市，自“十五”规划期间就奠定了新能源汽车技术积累和人才团队等优势，颁布了多项政策

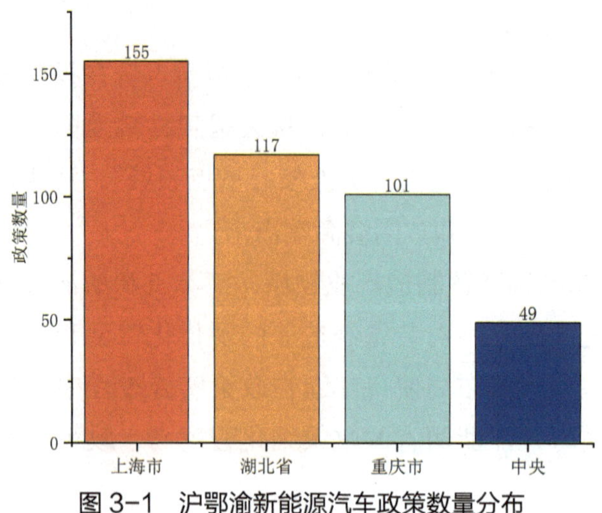

图 3-1 沪鄂渝新能源汽车政策数量分布

促进上海市新能源汽车产业的发展，截止到 2023 年 12 月，上海市颁布相关政策 155 条，无论是科技创新还是政策扶持，上海市都走在新能源汽车发展的前列。汽车产业是湖北的第一大支柱产业，新能源汽车是湖北省立足自身产业优势，突破性发展的五大优势产业之一。2009—2023 年，湖北省颁布实施了多项产业政策促进新能源汽车产业发展。重庆市作为全国新能源汽车发展领先城市，“十一五”规划以来，颁布了多项行动方案促进新能源汽车的发展。“十四五”时期，成渝地区双城经济圈建设加快推进，为重庆市新能源汽车产业高质量发展注入了新的动力。上述三个省市作为老牌汽车产业重镇，对新能源汽车产业都非常重视，不断丰富和完善新能源汽车应用、加氢及充换电相关标准等的政策体系。上海市作为一线城市，对于新能源汽车发布的产业政策较多。

结合图 3-2 的政策出台时间分析可以发现，新能源汽车产业政策于 2000—2008 年经历了初始萌芽期，在 2009 年国家开展节能与新能源汽车示范推广试点工作以后，上海市、湖北省、重庆市作为第一批试点省市，新能源汽车产业伴随国家政策的不断演变迅速推进，相关产业政策数量也呈现出不断上升的趋势。特别是在“十三五”规划、“十四五”规划期间，新能源汽车产业领域

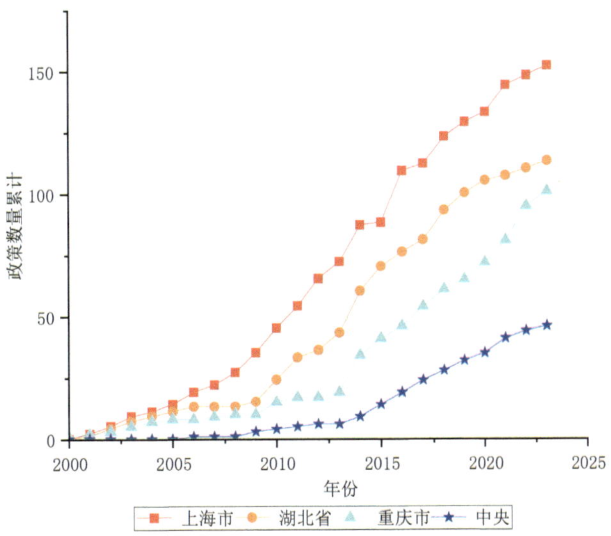

图 3-2　沪鄂渝新能源汽车政策累计数量变化趋势

的国家政策以及上海市、湖北省、重庆市的地方政策数量都呈现急剧增长态势。

2. 政策密度分析

政策密度通常用来描述在一定时间内，政府出台政策的数量和频率，反映了政策制定的活跃程度和对特定领域或问题的关注程度。本部分研究通过计算特定省市政策数量占长江经济带所有省市政策总量的比值，衡量政府对新能源产业发展的支持。如图 3-3 所示，上海市在新能源汽车产业的政策密度变化整体呈现“波动—平稳”特征。从 2015 年至今，政策密度保持在 20% 左右，政策发布数量多。与其他省份相比，上海市对新能源汽车的政策扶持与

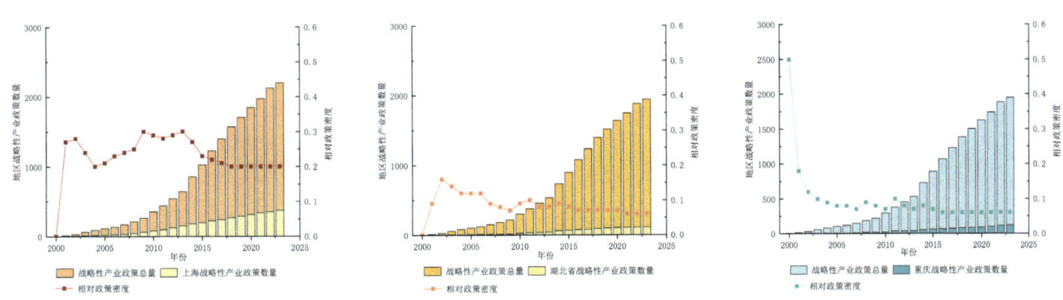

图 3-3　沪鄂渝新能源汽车产业政策密度

规划力度大。湖北省和重庆市则呈现“波动下降—平稳”的趋势，整体密度均维持在 7% 左右。

3. 政策协同程度分析

基于新能源汽车产业优势省市引用的政策文件，进一步探究中央政策与各优势省市的协同程度。总体而言，新能源汽车产业政策协同情况较好，央地协同主要体现在规划引导与基础建设方面。在新能源汽车产业政策引用关系中，发展规划、推广与应用方面的中央政策文件被引量较高（表 3–1）。《新能源汽车产业发展规划（2021—2035）》《节能与新能源汽车产业发展规划（2012—2020 年）》等规划类文件受到了地方的较高关注，在国家整体规划方针的引领下，优势省市对新能源汽车产业进行区域内的细分规划，高度重视中央与地方的政策协同与上下联动。同时，新能源汽车作为新兴产业，中央政策奠定“财政补贴支持新能源汽车推广应用”的整体基调，地方政府则出台配套政策细化补贴类型、方式。

表3-1　新能源汽车产业优势省市引用最多的政策文件

政策文件	被引次数
《上海市鼓励购买和使用新能源汽车实施办法》政策文件（包括暂行办法、实施办法、修订等）	10
《上海市公共汽车和电车客运管理条例》	4
《上海市新能源汽车推广应用行动计划与实施方案》政策文件（包括行动计划、实施方案）	5
《新能源汽车产业发展规划（2021—2035）》	3
《节能与新能源汽车产业发展规划（2012—2020年）》	3
《上海市电动汽车充电设施建设管理暂行规定》	3
《上海市城市道路管理条例》	3

表 3–2 显示优势省市在政策制定时重点关注国务院、工业和信息化部、国家发展和改革委员会、财政部、科技部等与新能源汽车产业发展规划、财政补贴、科技发展密切相关的部门。这类部门作为新能源汽车产业发展战略、技术创新、财政税收的国家政策制定主体，为新能源汽车产业国家层面的发展提供了政策支持和保障，同时引导了地方政策的制定，形成了央地协同推进产业发展的局面。

表3-2　新能源汽车产业优势省市引用最多的政府部门

政策文件	被引次数
上海市发展和改革委员会	12
国务院	11
工业和信息化部	10
国家发展和改革委员会	10
科学技术部	8
财政部	8

为探究各优势省市在省市内的协同特征，构建优势省市联合发文占比表格（表 3–3 和表 3–4），可以发现，上海市、重庆市的区域内联合发文占比高，联合发文中心度最高部门均为当地的经信委，该发文主体为工业和信息化部在省一级政府的对应职能机构，职责包括：提出新型工业化发展战略和政策，拟订并组织实施工业、通信业、信息化的发展规划，推进产业结构战略性调整和优化升级，指导行业技术创新和技术进步。上海市和重庆市的经信委成为政策发文主体中心，体现出区域内政策主体分工明确。湖北省联合发文占比相对较低，联合发文中心度最高的部门为湖北省住房和城乡建设厅，则体现出湖北省高度重视居民区电动汽车充电配套基础设施建设、城市建设等与新能源汽车发展配套的产业建设。

表3-3　新能源汽车产业优势省市联合发文占比

统计项	上海	湖北	重庆
政策发文量	155	101	117
独立发文量	139	95	106
联合发文量	16	6	11
联合发文量占比	10.32%	5.94%	9.40%

注：其他产业联合发文量占比在5%左右

表3-4　新能源汽车产业优势省市联合发文中心度最高的部门

上海市	湖北省	重庆市
上海市经济和信息化委员会	湖北省住房和城乡建设厅	重庆市经济和信息化委员会

通过构建上海市、湖北省、重庆市的发文主体共现网络，探究各优势省市在发展新能源汽车产业时的政策机构协同关系。从上海市发文主体共现网络可以发现，上海市整体呈现“前瞻布局+分工明确”的特征。上海市新能源汽车产业发展以市经信委为核心，市人民政府、市发展改革委、市交通委员会等政府机关辅助开展（图 3–4）。上海市经信委作为上海实施国家新能源汽车发展战略的政策排头兵，其发布的政策类别多种多样，包括规划类、补贴类、技术类、合作类等。《上海市燃料电池汽车产业创新发展实施计划》《上海市鼓励购买和使用新能源汽车实施办法》等重要政策文件都出自该部门。值得一提的是，在 2007 年前，上海市就前瞻布局了新能源汽车产业专门领导小组办公室，连贯支持新能源汽车产业发展，展现出政策的高度前瞻性。

从湖北省发文主体共现网络可以发现，相对于上海市和重庆市，湖北省主体共现网络相对分散，整体呈现出以省住房城乡建设厅为核心，省交通运输厅、科学技术厅等政府机关辅助的协同格局（图 3–5）。省级政策主体在网络中占比较大，湖北省地级市

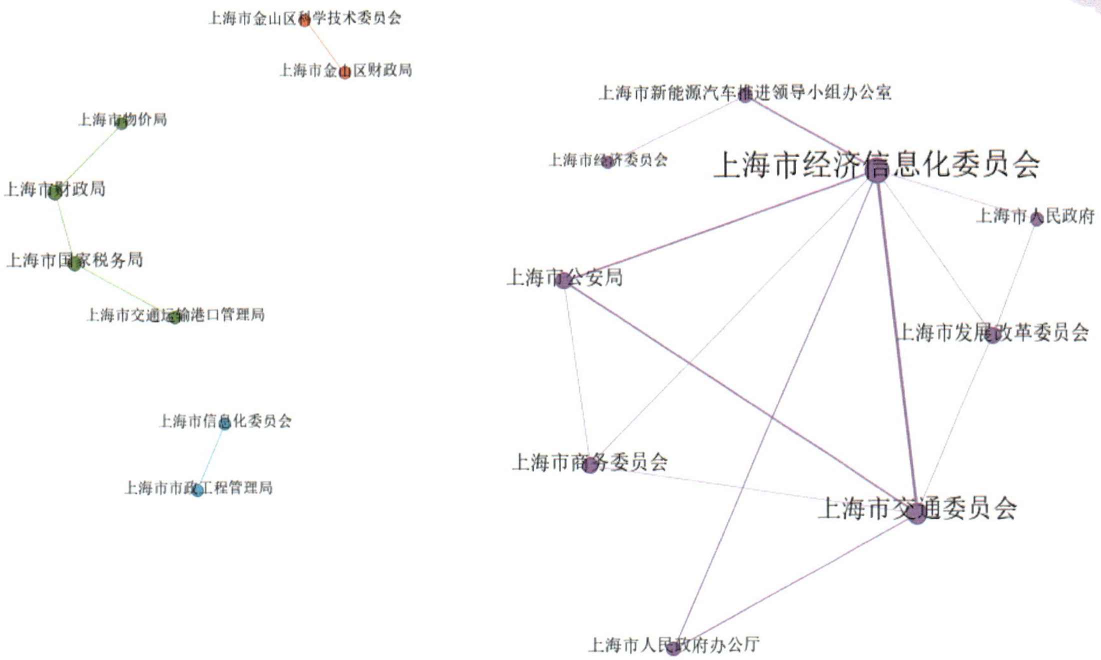

图 3-4　上海市发文主体共现网络

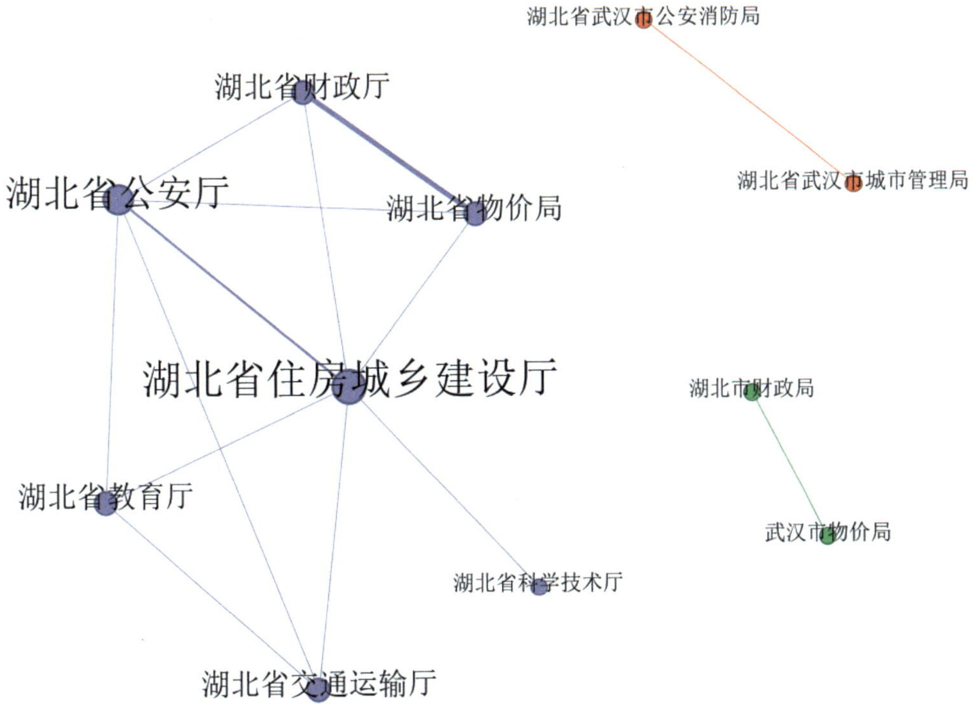

图 3-5　湖北省发文主体共现网络

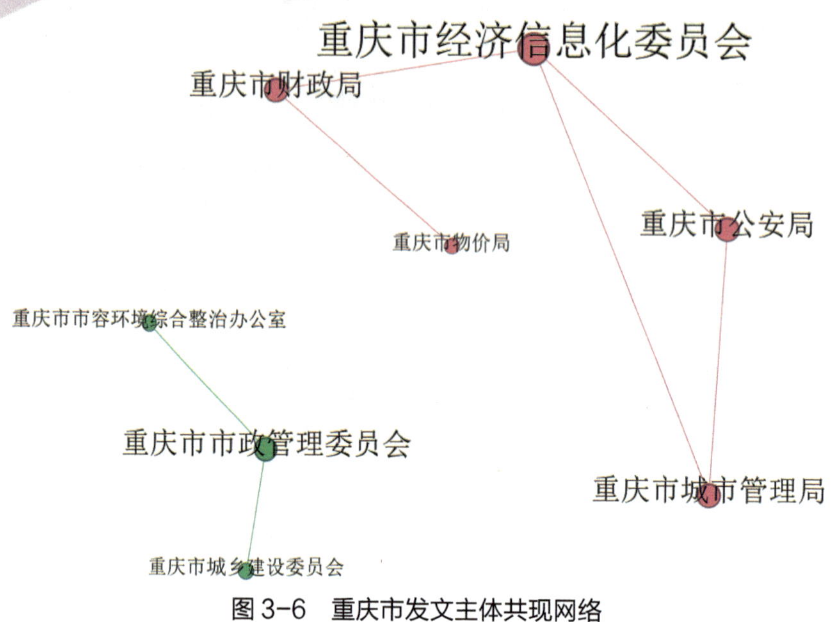

图 3–6　重庆市发文主体共现网络

的相关政策发文主体在网络中出现次数少，说明其对道路基础设施建设方面的政策协同较为重视。

从重庆市发文主体共现网络可以发现，重庆市整体呈现出以市经信委为核心，市公安局、市财政局等政府机关辅助的协同格局，同时，重庆市市政管理委员会、重庆市住房和城乡建设委员会形成了小网络（图 3–6）。与上海经信委类似，重庆市经信委是重庆市实施国家新能源汽车发展战略的排头兵，其发布的政策类别包括规划类、补贴类等。而重庆市市政管理委员会、住房和城乡建设委员会的网络，则体现出重庆市重视新能源汽车基础设施建设，涉及该市市政部门的职责所在。

3.1.2 传统优势引导下的技术布局，重庆后发优势显著

研究通过综合归纳中央、优势省市政策时间线，重点梳理与新能源汽车产业发展相关的政策，包括规划类、技术规范类、基础设施类、政策补贴类等政策。研究发现，长江经济带优势省市新能源汽车产业呈现出多元政策共同引领、护航产业发展特征。

具体而言，长江经济带新能源汽车产业优势城市均具有传统的造车优势，各省市发展时间布局各有特色。

1. 中央政策时间线分析

中央的规划性文件中多次提到新能源汽车技术创新与产业能力提升，从顶层设计上奠定了技术引领产业发展的政策基调，提出了“三纵三横”的技术研发布局，以纯电动汽车、插电式混合动力（含增程式）汽车、燃料电池汽车为“三纵”，布局整车技术创新链；“三横”则是以动力电池与管理系统、驱动电机与电力电子、网联化与智能化技术为核心提升产业能力，这一点也与科技创新成果分析中关于新能源汽车技术、科学关注重点相吻合。

图 3–7 展现了新能源汽车产业中央政策时间轴。党中央关于新能源汽车的政策呈现从宏观调控到精细布局的特点：在“十一五”“十二五”规划期间（2009—2015 年），注重宏观性产业规划、技术规范与政策补贴布局；“十三五”“十四五”规划期间（2016—2023 年），产业规划布局逐渐精细化，开始更新细分产业

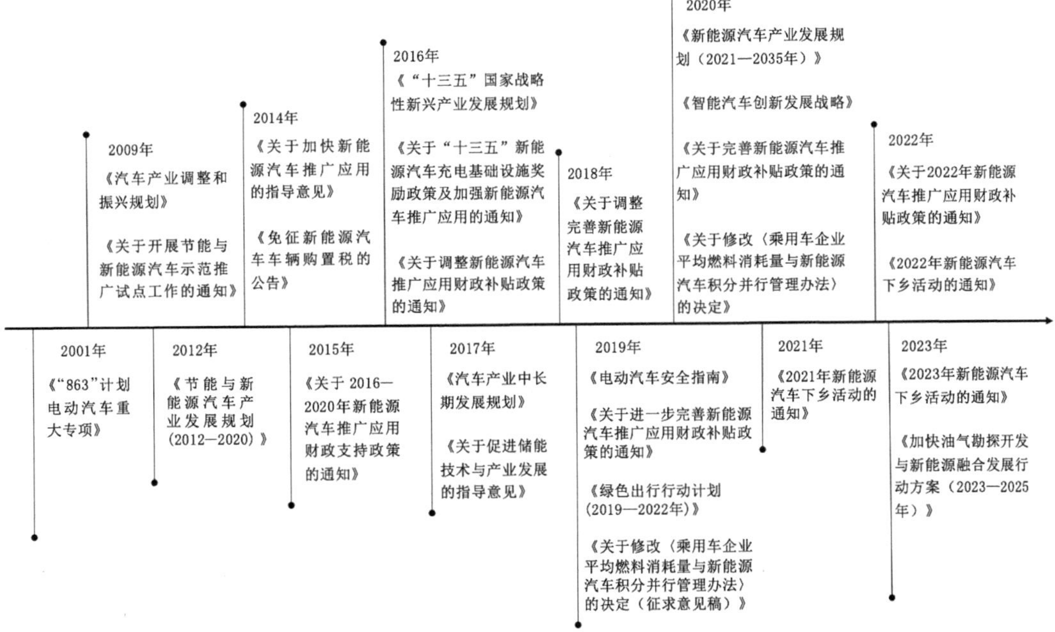

图 3–7　中央新能源汽车政策时间线

标准；同时推动“新能源汽车下乡”，以促进农村地区新能源汽车推广应用，引导农村居民绿色出行，助力乡村振兴。变中也有不变，自 2009 年来，中央关于新能源汽车产业始终关注两个核心：“新能源汽车推广应用”与“财政支持补贴”，整体呈现为“政策连续性强，紧贴技术发展脉搏”。工业和信息化部自 2009 年至今，连续 16 年更新《节能与新能源汽车示范推广应用工程推荐车型目录》，以适应新能源汽车市场的发展和变化。财政部自 2014 年起，通过免征购置税、调整新能源汽车推广应用财政补贴等方式，根据新能源汽车产业发展现状，不断更新相应的财政措施，推动产业发展。

2. 优势省市政策时间线分析

对上海市、湖北省、重庆市三大新能源汽车产业优势省市进行政策时间轴梳理，针对各省份政策发布的特点归纳各优势省市在引领新能源汽车产业科技转型的政策效用。研究发现，三地在发展新能源汽车产业前，在汽车技术研发上均有深厚历史：上海市背靠汽车龙头企业上汽集团，在新能源汽车产业政策布局上抢占先机；2003 年，东风本田落户武汉，推动了湖北省汽车产业发展；重庆市通过推动长安、赛力斯两家龙头企业转型升级，破圈新能源汽车产业。

通过梳理时间轴可以发现，上海市在新能源汽车产业政策布局上，呈现“金融支持 + 人才引进 + 技术创新生态”的三维引领科技发展的特征。依托自身科技发展和对外开放的深厚历史，2005 年，上海市政府发布的《新能源汽车推进项目指南（2006—2008）》开启了上海市在新能源汽车产业的深耕，为 2010 年后新能源汽车产业崛起奠定基础。具体政策发展时间轴如图 3-8 所示。

在金融支持上，上海市政府、上海市发展改革委等高度重视通过税收、财政补贴等方式促进新能源汽车销售，同时加大政府对新能源汽车的采购力度，补贴政策呈现连续性强、逐年细化的特点。在规划类文件中，上海市政府、市发展改革委自 2009 年开始就以 3—5 年为一个周期对科技创新进行前瞻性布局，这与科技

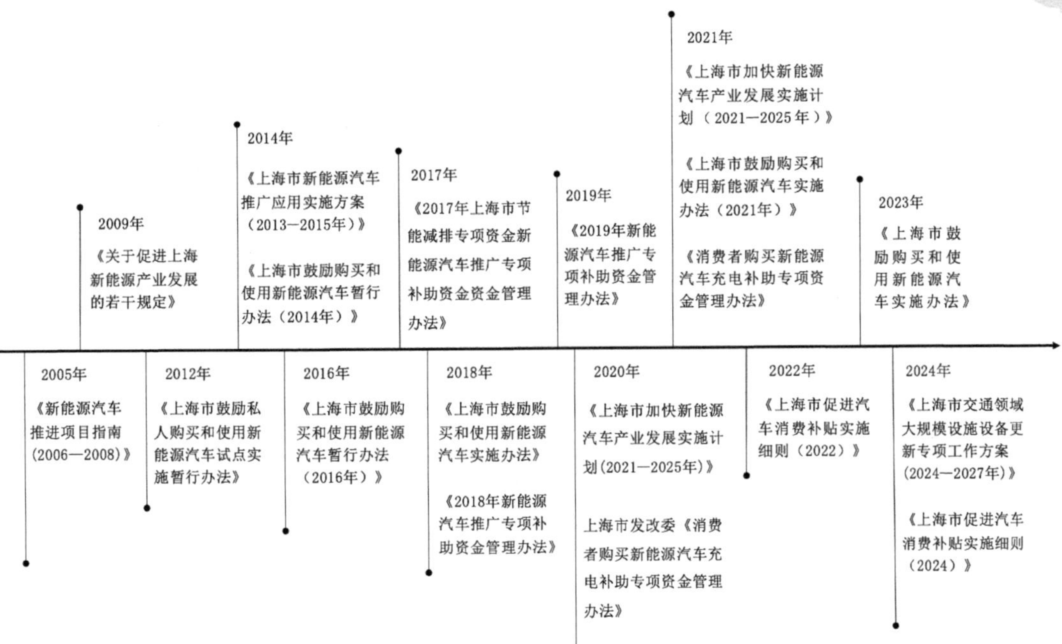

图 3-8　上海市新能源汽车政策时间线

创新成果中的上海创新规模与影响力趋势变化不谋而合。上海市政府以及新能源汽车推进领导小组办公室重视政产学研联动，自2001 年开始，到 2021 年《上海市加快新能源汽车产业发展实施计划（2021—2025 年）》的出台，一直不断强调政府牵头、龙头企业与高校院所合作，形成新能源汽车完整产业链条，整体呈现出“政府牵头，龙头企业带动，科研机构护航”的科技支撑格局。

湖北省新能源汽车产业政策推动技术发展整体呈现出“重视产学研技术创新”与“促进产业转型”并重的特色，时间轴如图 3-9 所示。2013 年，全国公布首批新能源汽车推广应用城市，湖北省武汉市、襄阳市榜上有名。与章节 2.1.2 中湖北省专利发展趋势相符。2013 年以后，湖北省规模性开启新能源汽车发展。在早期，与其他优势省市相同，湖北省新能源汽车产业政策整体表现出通过财政补贴的方式加快新能源汽车的推广应用；2020 年以后，政

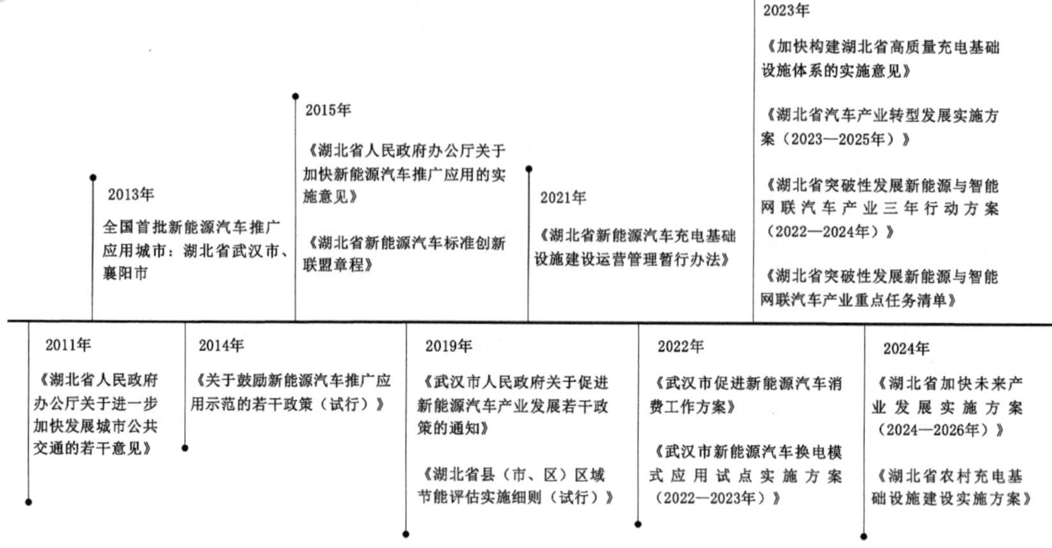

图 3-9　湖北省新能源汽车政策时间线

策重点逐渐转移到促进产业转型与产学研创新上，并以三年为周期进行布局规划。相比其他省份，湖北省新能源汽车产业政策更加关注集聚省内优质产学研资源，政府引领，提高技术门槛，促进产业向高质量发展转型。整个湖北省形成了“城市集聚，优势互补，共同突破”的发展态势，将产业核心从传统的汽车制造转移至以智能网联、动力电池为核心的技术型产业上，重视关键核心技术自主可控能力，在新能源汽车科技创新成果分析中，湖北省的论文关键词也从侧面验证了政策促进产业转型在基础科学研究上的作用。

重庆市新能源汽车产业政策整体特点为重视产业规划、布局细分技术、实现弯道超越，如图 3-10 所示。作为传统制造业城市，相对上海市、湖北省，重庆市在新能源汽车产业起步较晚，但城市造车底蕴同样深厚。2018 年以后，重庆市新能源汽车产业的规划类、基础设施类政策文件数量飞速上升，具有明显的后发优势。2022 年，重庆市共有 34 条新能源汽车相关政策公布。在产业层面，

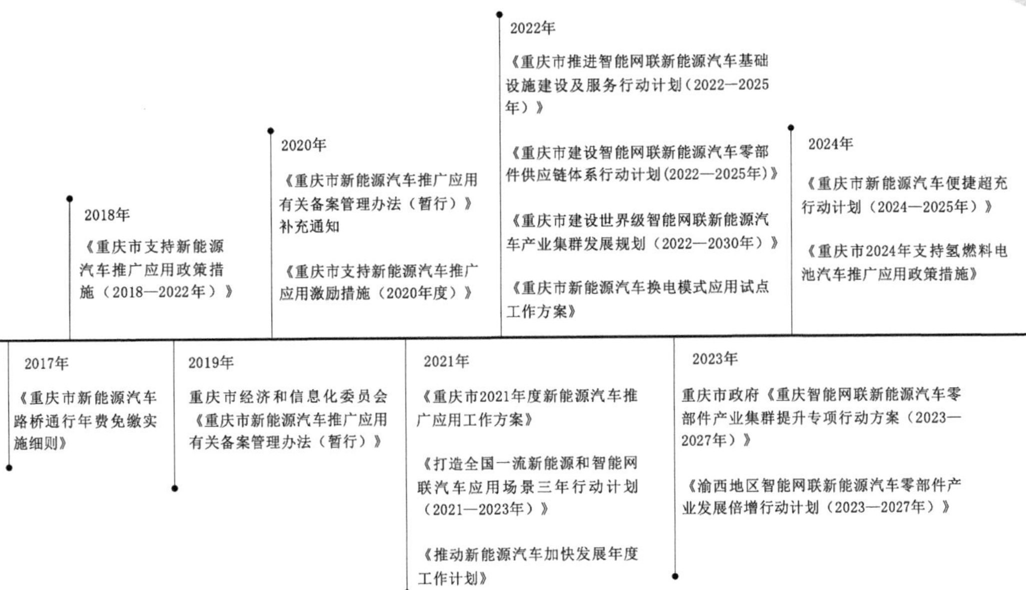

图 3-10　重庆市新能源汽车政策时间线

通过推动长安、赛力斯两家龙头企业转型升级，率先破圈，呈现出“企业深度合作 + 细分技术深耕”的特征。相对于其他优势省市，重庆市围绕具体的细分产业，如智能网联汽车应用、汽车便捷超充等，制定了多份规划类政策，包括 8 年长期规划以及 4—5 年中期规划。在关注内容上，重庆市政策关注重点逐渐从新能源汽车泛化推广转移至高精尖技术突破，“便捷超充” + “智能网联”成为重庆市新能源汽车发展的政策着重关注点。近年来，重庆市把发展智能网联新能源汽车和充电技术及相关基础设施突破作为培育新质生产力的重要抓手，不断推进产业链、创新链融合发展，加速布局世界级智能网联新能源汽车产业集群。

3.1.3 推广补贴转向技术突破，重视智能网联汽车制造

在本部分，研究使用主题分析的方法，获得中央、优势省市在新能源汽车领域的政策主题，以及政策主题强度变化趋势，结合新能源汽车产业发展政策内容进行综合分析。研究发现，长江经济带优势省市新能源汽车产业从一开始的政策主题偏向补贴、

财政激励，转向注重技术优势巩固与技术重点突破。政策主题分布中，智能网联、充电技术等关键词出现频次较多。

1. 中央政策主题分析

中央政策关注点包括“新能源汽车免征购置税”和“工业标准建设”，这表明中央政府关注新能源车辆购置税的免征政策（图3-11）。结合政策文本与主题演进来看，财政部自2014年起通过免征购置税等财政措施，鼓励消费者购买新能源车辆，促进环保

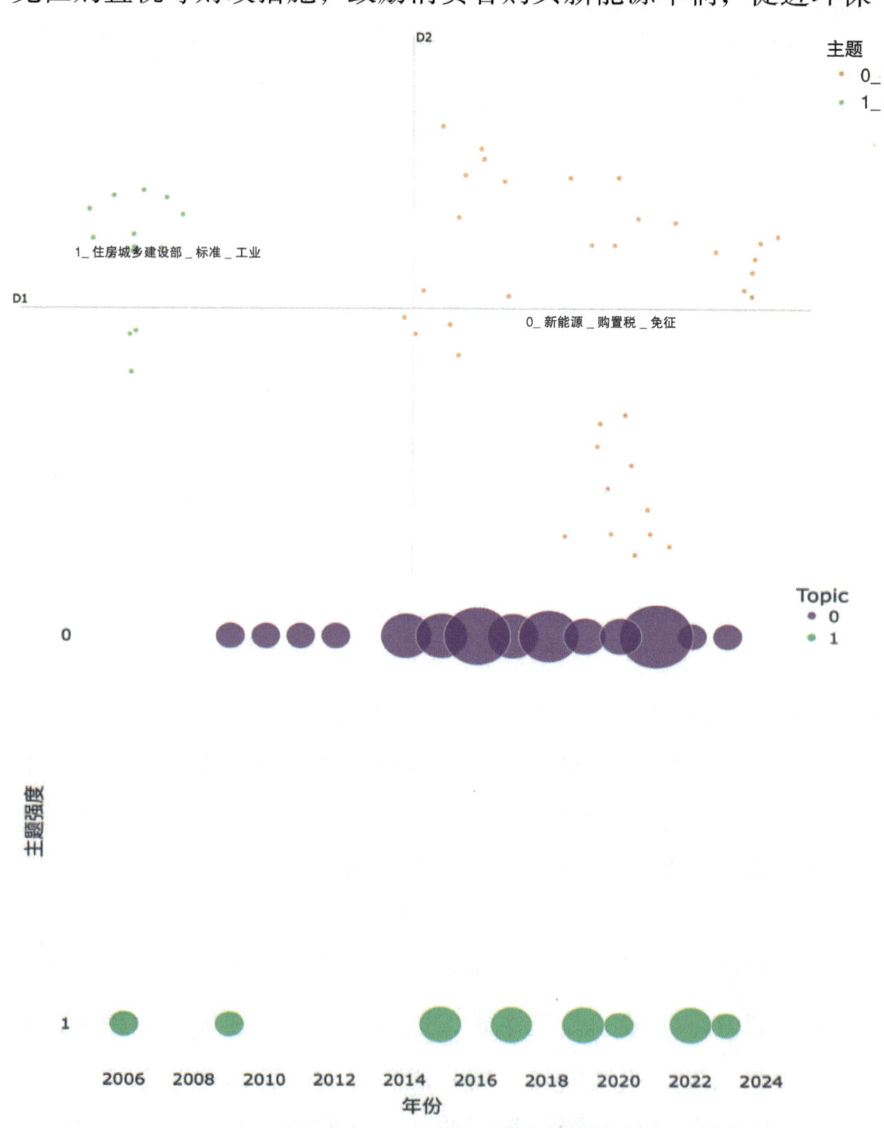

图 3-11　中央新能源汽车产业政策主题分布与演进

和可持续发展。而“工业标准建设”这一主题表明，中央政策关注建设部门在工业领域设定的与新能源技术或产品生产、使用的标准或规范。相对而言，“工业标准建设”这一主题的主题强度适中，主题演化相对不连续，这与建设标准制定的阶段性有关。2010年后，随着新能源汽车产业化、市场化进程加快，国家开始重视对细分领域相关技术的标准制定，包括对新能源汽车的技术要求、充电基础设施建设、能源管理等方面，以保障新能源汽车技术的不断突破发展。

与中国在新能源汽车领域的财政补贴政策类似，美国、日本在推动电动汽车发展上，也出台了一系列税收抵免等鼓励政策，积极推动电动汽车的普及。相对于中美，日本国土面积小，资源匮乏，因此日本政府高度重视新能源汽车发展。作为老牌汽车产业强国，日本政府对于新能源汽车的扶持属于技术引导性，通过新能源产业技术综合开发机构建立“All Japan”官民一体化协作体制，推动日本车企进行联合研发，跨越企业壁垒，攻克新能源汽车前沿技术难题。

2. 优势省市政策主题分析

图3–12显示，上海市新能源汽车的政策主题包括“城市道路建设”“新能源信息化应用”“新能源汽车智能网”“新能源汽车充电基础设施”“新能源汽车公共交通”五个主题。与其他优势省市一致，上海市新能源汽车政策同样关注城市交通及道路建设、基础设施配置，且主题连续性高。科技竞争态势日趋激烈，新能源汽车技术智能化、信息化的特点促使上海政策更加关注新能源汽车技术发展。上海市政策主题高度关注技术创新，涉及的技术领域多元协调。根据政策文本及政策主题关键词可以发现，上海市在新能源汽车技术方面的创新主要体现在固态电池技术、智能底盘技术、动力电池技术等方面，政策发展与章节2.1.2中的科技主题变迁契合。

湖北省新能源汽车产业政策的主题包括“新能源汽车推广应

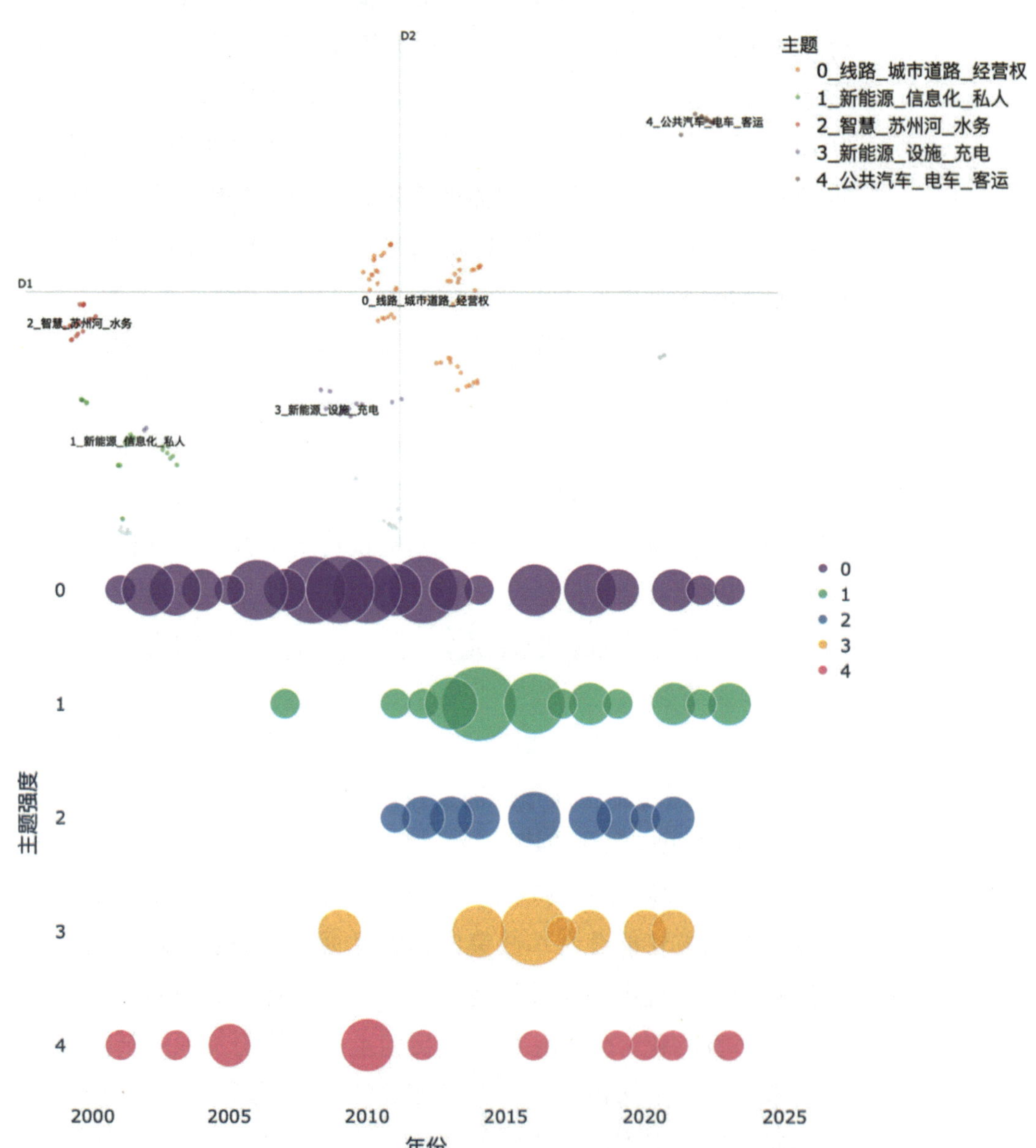

图 3-12　上海市新能源汽车产业政策主题分布与演进

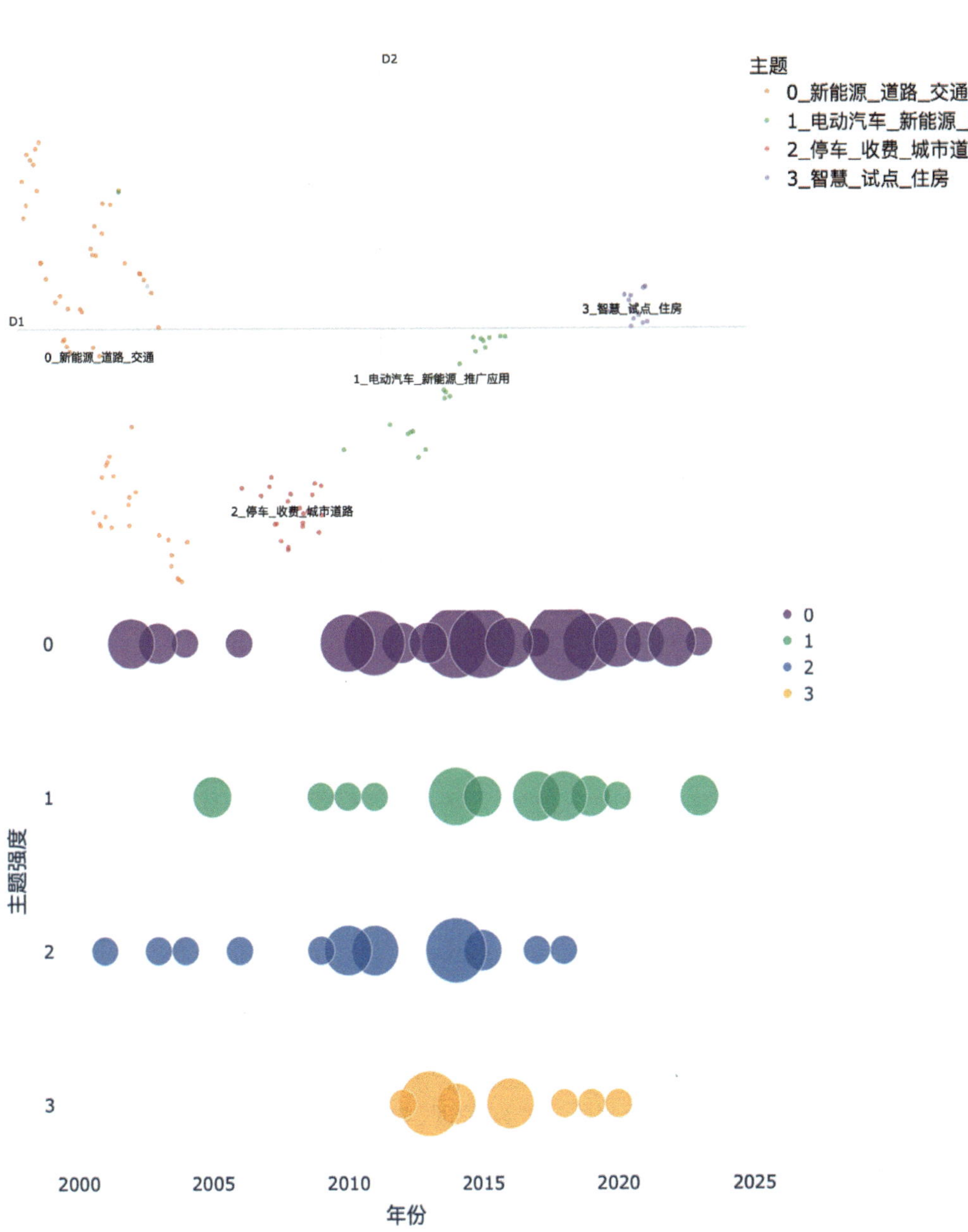

图 3-13　湖北省新能源汽车产业政策主题分布与演进

用”“新能源汽车智联网”“城市道路、交通建设”（图 3-13）。与中央及上海市、重庆市关注主题一致，湖北省关于新能源汽车的产业政策同样关注新能源汽车的推广应用和智能网建设。同时，城市交通网络的建设与道路维护也受到湖北省政策的重点关注。从主题演化来看，湖北省在基础设施建设上的政策支持自 2000 年开始一以贯之；而新能源汽车相关补贴政策主题则是从 2005 年开始出现，2015—2020 年政策主题逐渐转向智能网、道路交通等技术创新上。通过深入分析湖北省新能源汽车政策主题关键词可以发现，主题关键词演变呈现两个特点，一是包含城市名称的关键词较多，这体现出湖北省依托省域优势，协同多个城市，一致多样发展新能源汽车；二是在对产业发展的规划上，“新能源汽车全产业链”“产业链”等关键词词频高，说明其重视产业链发展。

重庆市新能源汽车的政策主题包括“新能源推广应用补助”“城市道路”和“新能源汽车智慧技术应用”。图 3-14 表明，重庆市新能源汽车产业政策关注推广新能源应用的财政补助或激励措施。分析“城市道路”主题的关键词可知，重庆市产业政策重视城市基础设施的建设和管理，如城市停车、新能源汽车充电。从主题演化上看，该主题在 2000—2015 年主题强度高，为新能源汽车推广与技术创新奠定基础。“智慧技术应用”主题则表明重庆市在智慧道路建设、新能源智能网系统上着力发展。该主题在 2010 年初次出现，主题强度逐步增大，未来发展趋势向好，体现出重庆市逐步从完善基础设施建设，对新能源汽车进行推广补贴，逐步转向围绕技术进行政策的规划引领。研究发现，2021—2023 年，重庆市连续出台 6 项政策，推动智能网联新能源汽车整车制造产业发展。

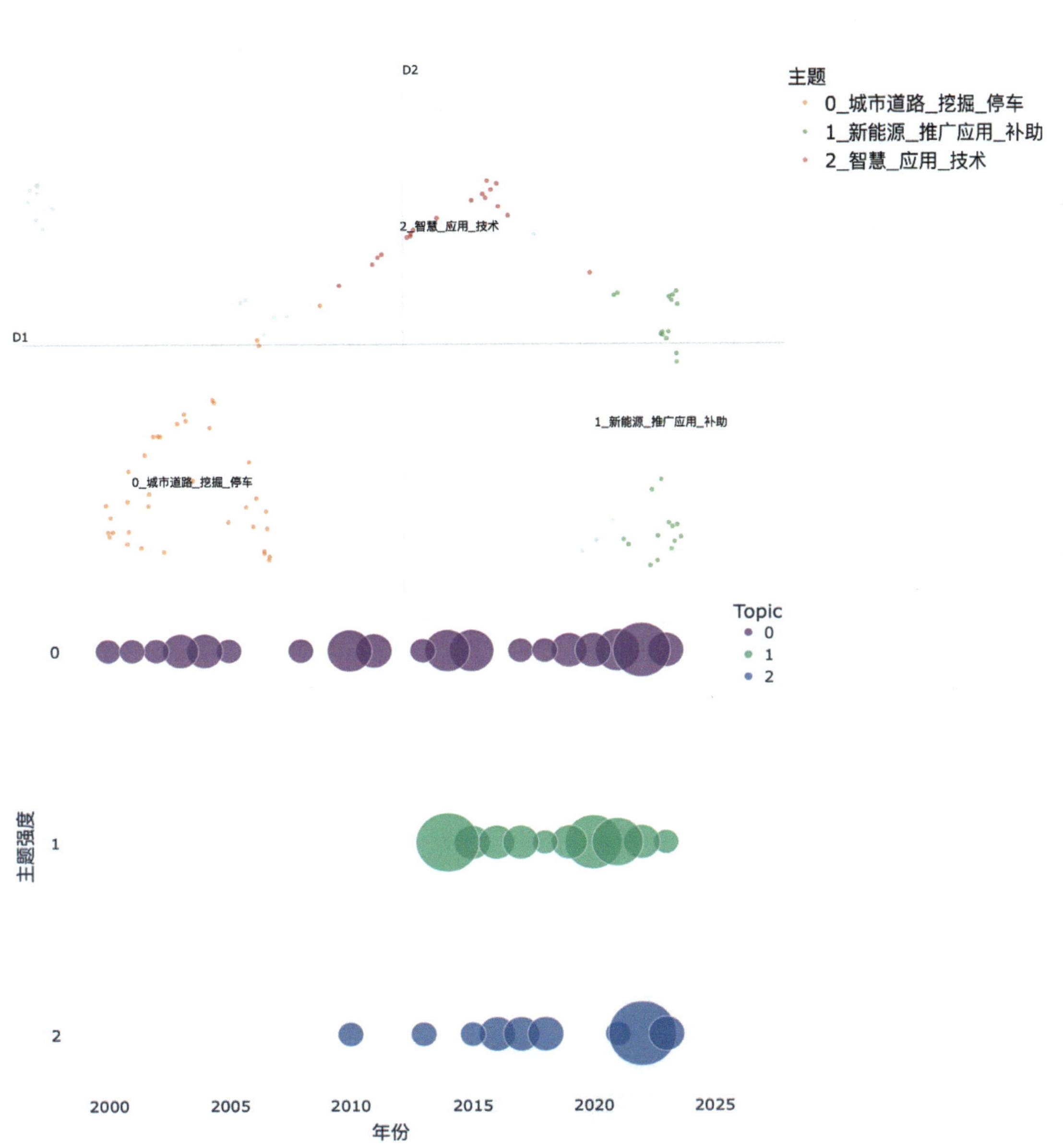

图 3-14　重庆市新能源汽车产业政策主题分布及演化

3.2 节能环保产业政策分析

3.2.1 皖湘滇政策赋能增动力，生态环境、财政等部门协同齐发力

节能环保产业作为一个涉及生态环境保护、节能产品开发等多领域的综合性产业，在推动经济高质量发展和科技创新等方面发挥着重要作用。我国高度重视节能环保产业的发展，节能环保治理之路至今已走过40余年，也出台了一系列政策支持。2000—2023年，中国节能环保产业随着国家政策的升级不断推进，已构建了较为完整的体系架构。

1. 政策数量分析

图3-15展现了2000—2023年我国节能环保产业政策数量，以及云南省、安徽省、湖南省的节能环保产业政策。可以发现中央政策数量为2181条，云南省、安徽省、湖南省的节能环保产业政策数量分别为2794条、6141条、3979条。总体上看，三个省份都紧随国家环境政策，重视节能环保产业发展。安徽省的节能环保产业政策“断崖式”领先，出台政策数量非常多，说明安徽省非常重视节能环保产业政策的驱动作用。

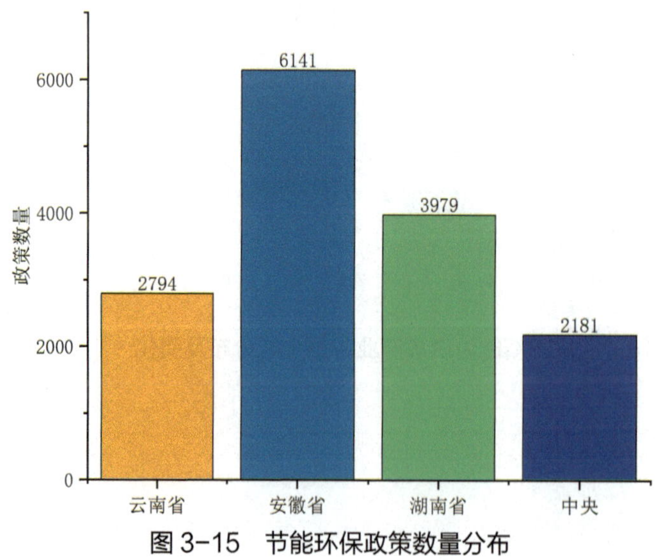

图3-15　节能环保政策数量分布

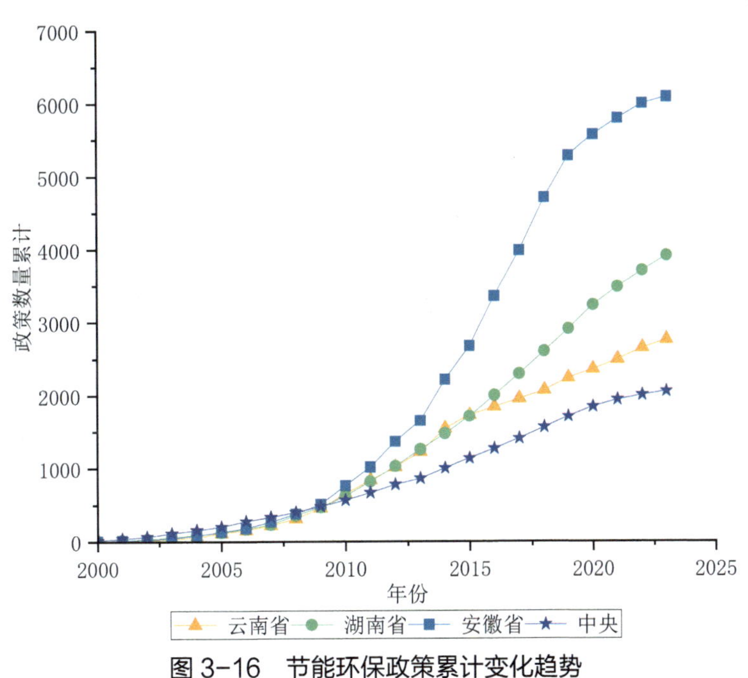

图 3-16 节能环保政策累计变化趋势

统计 2000—2023 年中央、云南省、安徽省与湖南省节能环保产业相关的政策累计变化趋势，结果如图 3-16 所示。结合政策出台时间可以发现，2000—2010 年，三个省份的节能环保政策数量呈现出相同的增长趋势，且与中央政策累计变化较为重合。在 2010 年以后，特别是在“十二五”期间，国家环境政策持续加码，进一步修订了相关法律法规、环境标准，加大了节能环保力度。三个省份的政策累计变化出现了分化趋势，其中，安徽省的节能环保政策数量随着时间推移，增长速度最快，其次是湖南省，最后是云南省。安徽省对节能环保产业的关注较早，在 2013 年，安徽省人民政府办公厅印发了《安徽省节能环保产业发展规划》，明确了节能环保产业的发展方向和重点领域，包括节能产业、环保产业和资源循环利用产业等。这一规划的出台，标志着安徽省节能环保产业政策开始具体化、系统化。2013 年以后，安徽省作为长江经济带承东启西的重要节点省份，坚决扛起“生态优先、绿色发展”的政治责任，相继发布了多项产业政策，政策体系不断丰富完善。湖南省在“十四五”期间，发布了《湖南省新能源与节能产业“十四五”发展规划》，节能环保产业规模不断壮大，相关产业政策数量也急剧增加。云南省由于节能环保产业起步较晚、底子较薄，相比于安徽省、湖南省，其政策累计增长较为缓慢。

2. 政策密度分析

图 3-17 展现 2000—2023 年我国安徽省、湖南省、云南省的节能环保产业政策相对政策密度。可以发现在 2013 年以前，三地的节能环保产业政策密度变化幅度较大，结合各省的核心政策出台时间，说明在节能环保产业的提升发展阶段，三省都在不断探索和创新政策工具,出台的政策也具有周期性。而在 2013 年以后，三个省份的节能环保产业政策密度都逐渐趋于稳定，且相对政策密度均较高，说明三省均鼓励和支持节能环保关键技术的创新研究，对节能环保产业发展给予了高度重视。此外，湖南省的政策密度呈现出增长态势，说明湖南省政府更加注重节能环保产业政策的长期规划和战略布局。

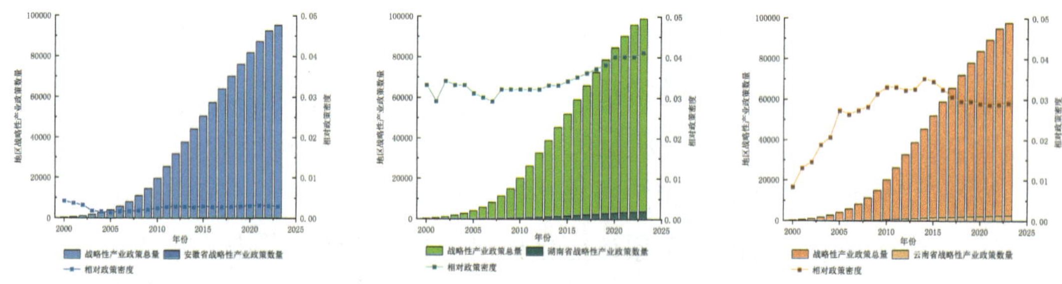

图 3-17　优势省市节能环保产业政策密度

3. 政策协同程度分析

结合节能环保产业优势省市引用的政策文件，探究中央政策与各优势省市的协同程度。总体上看，中央和地方在节能环保产业政策协同程度较高，重点表现在治理污染环境方面。在节能环保产业政策引用关系中，《中华人民共和国固体废物污染环境防治法》《中华人民共和国环境保护法》《中华人民共和国大气污染防治法》等相关的中央政策文件被引量较高（表 3–5）。表 3–6 展示了优势省市在政策制定时，重点关注国务院及各相关部委等与节能环保产业发展密切相关的部门。

表3-5　节能环保产业优势省市引用最多的政策文件

文件	被引次数
《中华人民共和国固体废物污染环境防治法》	78
《中华人民共和国环境保护法》	57
《中华人民共和国大气污染防治法》	47
《中华人民共和国环境影响评价法》	37

表3-6　节能环保产业优势省市引用最多的政府部门

部门	被引次数
国务院	291
环境保护部（2018撤销）	237
安徽省生态环境厅	167
生态环境部	165
住房和城乡建设部	101
安徽省人民政府	101

构建安徽省、湖南省、云南省的发文主体共现网络，探究各优势省市在节能环保产业的政策机构协同关系（图 3–18），可以发现安徽省大致呈现“省级政府机关中心引领，各地级市积极响应、联动协同”的模式。安徽省生态环境厅作为节能环保产业发展的核心部门，其在主体网络中的占比较大，省发展改革委、财政厅等政府机关积极协作，对全省节能环保工作进行指导。其中，安徽省财政厅在主体网络中出现的频率较高，说明其在财政补贴、税收优惠、价格优惠等方面的政策驱动，对节能环保产业发展起

图 3-18　安徽省发文主体共现网络图

到了扶持作用。

图 3-19 展示了湖南省节能环保产业发文主体共现网络，可以发现与安徽省相比，湖南省主体共现网络更为密集，整体呈现出以省生态环境厅、财政厅、发展改革委为核心，其他政府机关联同协作的局面。此外，湖南省下辖地级市各部门之间的协同程度也较强，如长沙市、张家界市，所涉及的部门包括科技局、住房城乡建设局、税务局等，说明湖南省比较重视节能环保产业政策统筹协同。

图 3-20 展示了云南省节能环保产业发文主体共现网络，可以发现，与安徽省、湖南省相比，云南省节能环保政策数量相对较少，其主体共现网络较为分散，整体呈现出以省生态环境厅为核心，

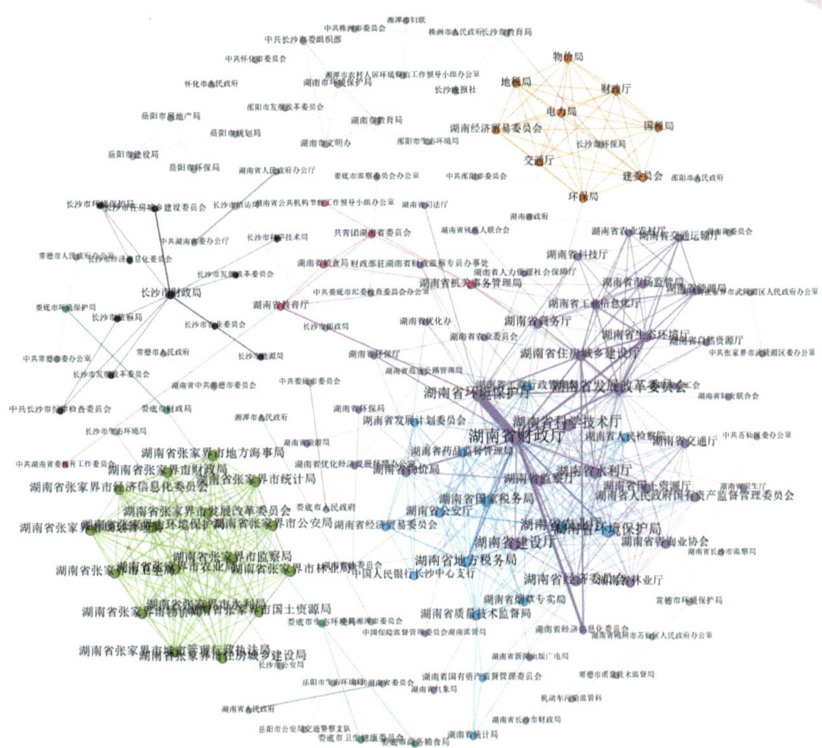

图 3-19　湖南省发文主体共现网络

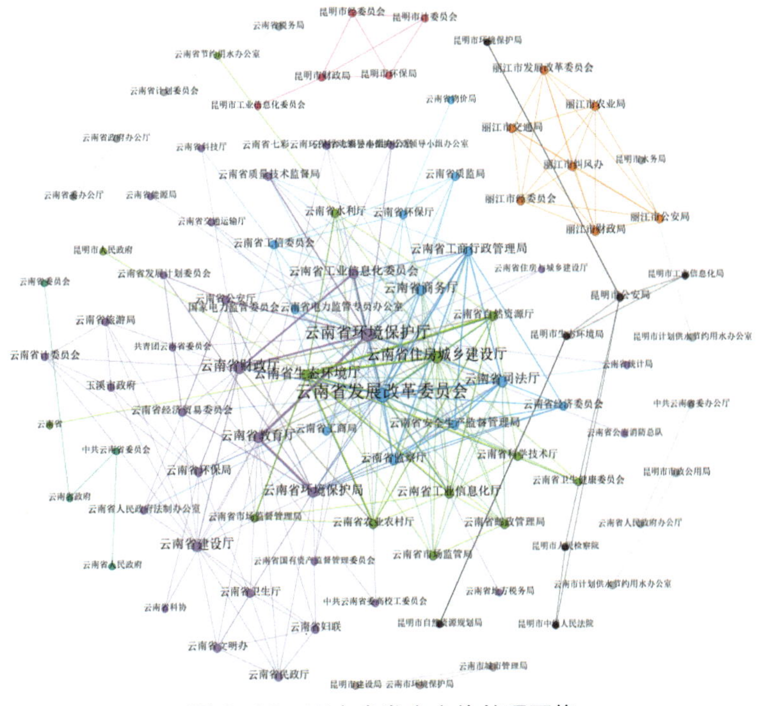

图 3-20　云南省发文主体共现网络

省财政厅、发展改革委、住房城乡建设厅等各政府机关联同协作的局面。此外，云南省下辖地级市各部门之间的协同程度也较强，实现多层次、全方位的协同局面，确保节能环保产业政策稳步推进。

3.2.2 新理念新手段促进绿色转型，皖湘政策功能性较强

本部分系统梳理了中央、优势省市政策时间线，研究发现中央环境战略理念进一步升级，节能环保产业发展重点、根本动力、有效路径正在发生前所未有的变化，产业政策手段日趋多元。具体而言，各优势省份的产业政策发展围绕中央政策理念进行制定，其战略理念、政策导向、政策手段等都随着中央政策的升级而变化。

1. 中央政策时间线分析

2000—2023 年，我国节能环保产业的深入发展得益于中央政策的不断推进和完善。从国家层面上，在不同的"五年规划"中均重点关注了节能环保产业，并出台了相应的政策予以引导（图 3-21）。具体而言，大致可分为提升发展阶段（2000—2012 年）、改革突破阶段（2013—2020 年）和高质量发展阶段（2020—今）

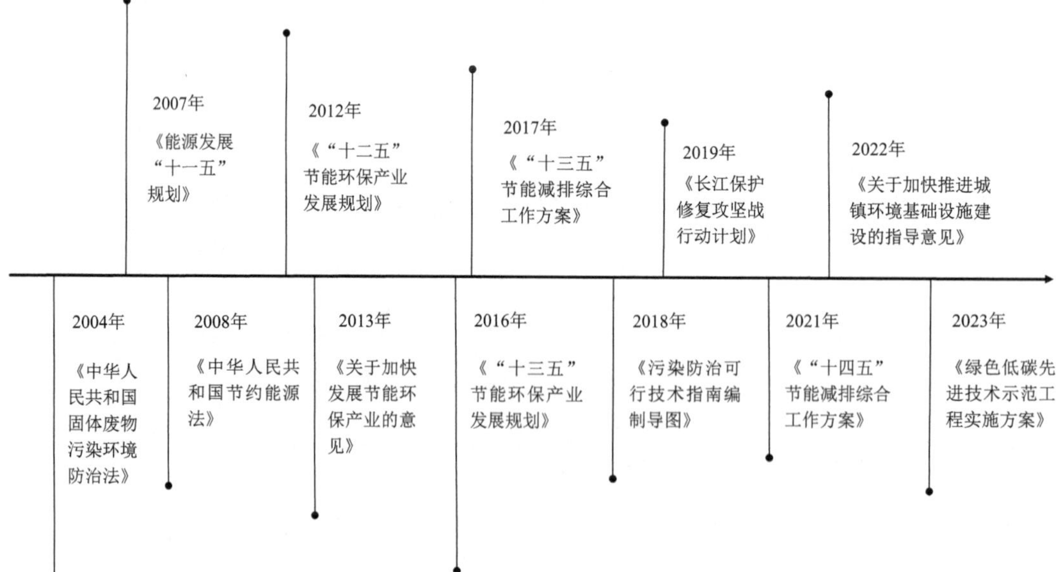

图 3-21　中央节能环保产业政策时间线

这三个阶段。在“十五”期间（2001—2005年），中央颁布了《国家环境保护“十五”计划》，重在强调对煤炭、电力、冶金、化工、轻工等重点行业的污染防治，提出大力发展环保产业。在“十一五”期间（2006—2010年），国务院发布《国家环境保护“十一五”规划》，强调把主要环境污染物节能减排列入约束性指标，将节能环保产业列为战略性新兴产业。“十二五”时期（2011—2015年）是节能环保的改革发展机遇期，《“十二五”节能环保产业发展规划》重点关注节能产业、环保产业的关键技术发展，并强调政策机制驱动节能环保产业。在“十三五”期间（2016—2020年），国家发布了《“十三五”节能减排综合工作方案》《“十三五”节能环保产业发展规划》等重点政策，突出强调节能环保领域必须以科技创新为核心，坚持对重点问题进行突破，加强技术研发。在“十四五”以后，中央环境战略理念进一步升级，推动绿色低碳技术创新，强化环保产业的系统性、智能化发展，倡导可持续发展理念，推动资源节约、环境保护与经济高质量发展深度融合，全面推进绿色转型，为实现“双碳”目标提供坚实支撑。

2. 优势省市政策时间线分析

在中央政策的顶层指导下，安徽省、湖南省、云南省2000—2023年针对节能环保产业发展相继出台一系列政策。安徽省针对节能环保产业出台了一系列核心政策，如图3-22所示。2013年之前，安徽省节能环保产业政策主题主要关注水资源、矿产资源、农林资源、建筑废弃物等的资源化利用，以及水污染、大气污染、土壤污染防治等方面。而在2013年以后，安徽省根据《国务院关于印发“十二五”节能环保产业发展规划的通知》《中共安徽省委安徽省人民政府关于印发〈生态强省建设实施纲要〉的通知》的有关要求，在继续发展资源循环利用产业的基础上，坚持科技引领，强化科技成果转化机制，全面推动绿色园区、绿色工厂、绿色产业链等转型发展。这与安徽省节能环保科技创新主题相吻合，安徽省科技创新主题也关注资源优化、污水处理和废水管理。

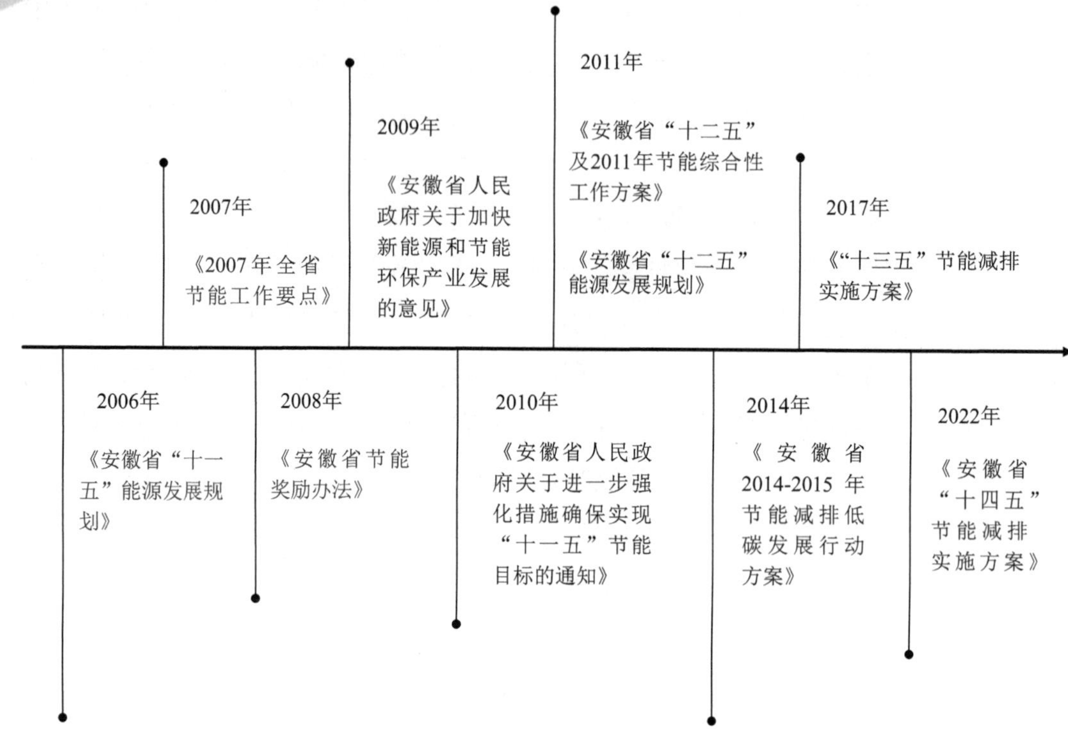

图 3–22　安徽省节能环保产业政策时间线

"十四五"以后，安徽省出台了《安徽省"十四五"生态环境保护规划》《安徽省"十四五"节能减排实施方案》《支持节能环保产业发展若干政策》等，进一步强调了产业集群和重点园区这两大抓手的重要性。

湖南省针对节能环保产业出台了一系列核心政策，如图 3–23 所示。可以发现，在 2007 年之前，湖南省的节能环保产业政策还处于萌芽期，尚未明确出台与节能环保产业发展相关的政策。在 2007 年以后，随着国家"十一五"规划的出台，湖南省认识到节能环保产业发展的重要性，因此为全面开展节能工作，建设资源节约型和环境友好型社会，湖南省出台《湖南省"十一五"节能规划》，指出本省在节能技术、节能激励机制、节能基础管理工作这三个方面的问题，并强调在电力、钢铁、有色金属、石油、建材等重点领域进行技术创新。自"十二五"规划以后，湖南省

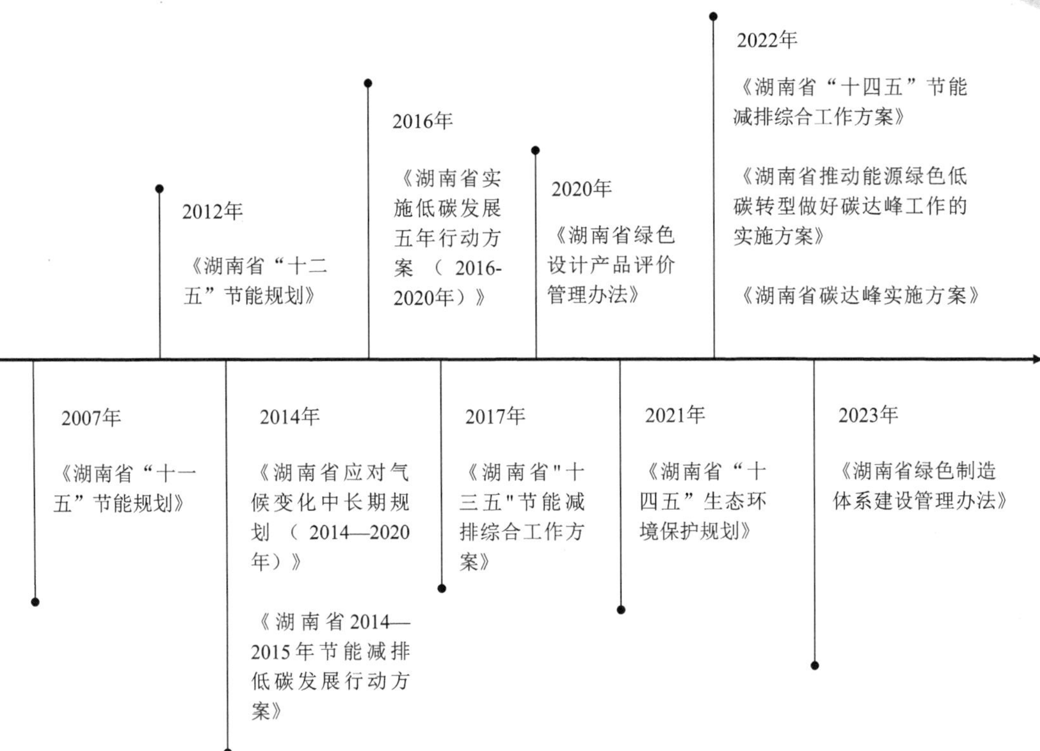

图 3-23　湖南省节能环保产业政策时间线

相继出台了《湖南省“十二五”节能减排综合性工作方案》《湖南省“十三五”节能减排综合工作方案》，重点关注了关键节能环保技术装备产品的研发。而在“十四五”期间，湖南省全面开展对节能环保这一支柱产业的政策支持，出台了《湖南省新能源与节能产业“十四五”发展规划》《湖南省碳达峰实施方案》《湖南省“十四五”节能减排综合工作实施方案》《2024 年全省节能与综合利用工作要点》等。可以发现，湖南省节能环保产业政策在关注水气土环境污染治理、尾矿资源化及工业废渣利用等影响可持续发展的突出主题以外，更加关注节能环保产业的集群发展、科技创新等主题。

云南省针对节能环保产业出台了一系列核心政策，如图 3-24 所示。可以发现，云南省节能环保产业相对起步晚、底子薄，但在“十三五”规划以后，云南省积极响应国家政策，根据《国务

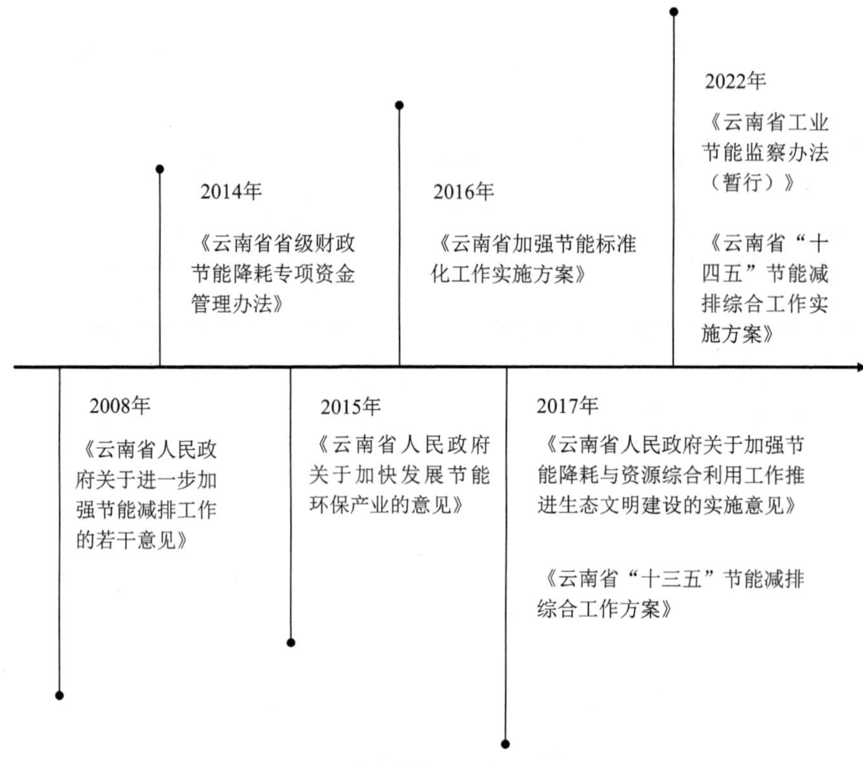

图 3-24　云南省节能环保产业政策时间线

院关于加快发展节能环保产业的意见》，也开始加快推进节能环保产业政策发展，相继出台了《中共云南省委云南省人民政府关于加快构建现代化产业体系的决定》和《云南省人民政府关于印发产业发展“双百”工程实施方案的通知》，确定了大力发展节能环保产业的任务目标，相关政策也更关注高效节能产业、资源循环利用产业等。而在“十四五”规划期间，云南省发布《云南省“十四五”环保产业发展规划》，结合自身优势，进一步关注节能环保特色优势领域，以减污降碳为抓手，打造了特色优势产业链，特别关注稀贵金属及有色金属回收利用、节能环保装备制造、九大高原湖泊和重点流域水环境保护治理、硅铝磷产业废气资源化及温室气体协同减排、土壤污染治理和生态修复、大宗固体废物综合利用等方面，形成契合云南省绿色低碳发展的现代环保产业体系。

3.2.3 皖湘滇政策稳定性较强，坚持问题导向和技术攻关并举

本部分使用 BERTopic 算法对节能环保产业的中央政策以及地方政策进行主题演化和聚类分析，进一步揭示出中央与地方在节能环保战略目标的稳定性和长远规划的一致性。各优势省份的节能环保政策较为连续、稳定，都以重点问题为导向，强调对节能环保核心技术的攻关，较好地支撑了产业发展。

1. 中央政策主题分析

图 3-25 展示了中央节能环保产业政策的主题分布，根据 BERTopic 主题聚类结果可以发现，中央政策较为关注“生态环境保护”“节能”“水污染”“绿色低碳”等主题。研究发现，2000—2023 年，我国节能环保产业政策主题主要以环境保护为目标，相关政策措施也不断细化。结合一些核心政策文本，研究发现中央节能环保产业政策主题特征大致呈现了从节能环保技术专项化、差异化到系统化、智能化发展。具体而言，Topic1 主要涉及对水资源的节水技术开发，如 2016 年《“十三五”节能环保产业发展规划》中就提出开发雨水高效回收利用、民用净水设备浓水利用、水质分级梯级利用技术、高钙高 COD 废水处理回用技术等节水技术。Topic4 涉及与工程相关的矿产资源、固体废物综合利用等方面，相关政策提出对含钴镍废弃物的循环再生和微粉化技术、建筑废物分选及资源化技术等关键技术进行开发。而在 2020 年以后，中央政策强调要加快建立健全绿色低碳循环发展经济体系，推进经济社会发展全面绿色转型，努力推动实现碳达峰碳中和目标，在《“十四五”节能减排综合工作方案》《绿色低碳先进技术示范工程实施方案》等政策中，重点关注了绿色低碳先进技术在节能减排方面的开发和利用。

中央节能环保产业政策各主题的连续性较强，说明我国长期重视节能环保产业的发展，也可以反映出国家节能环保战略目标的稳定性和长远规划的一致性。国家节能环保产业政策向更加系统化、市场化和国际化的方向发展，以适应绿色低碳转型的需求。

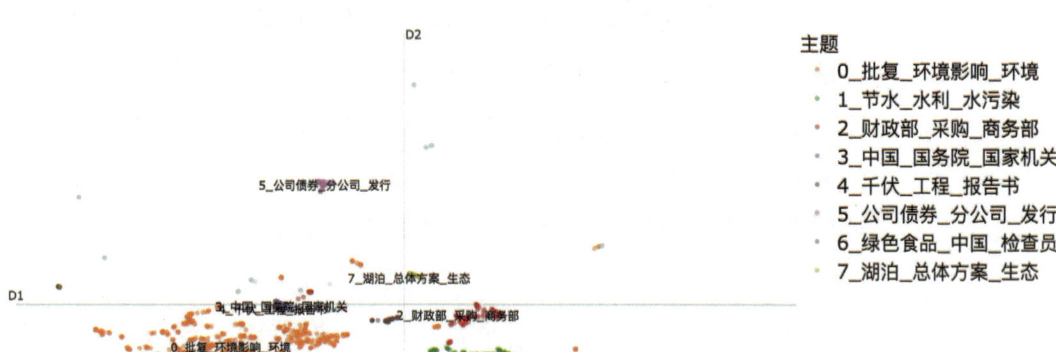

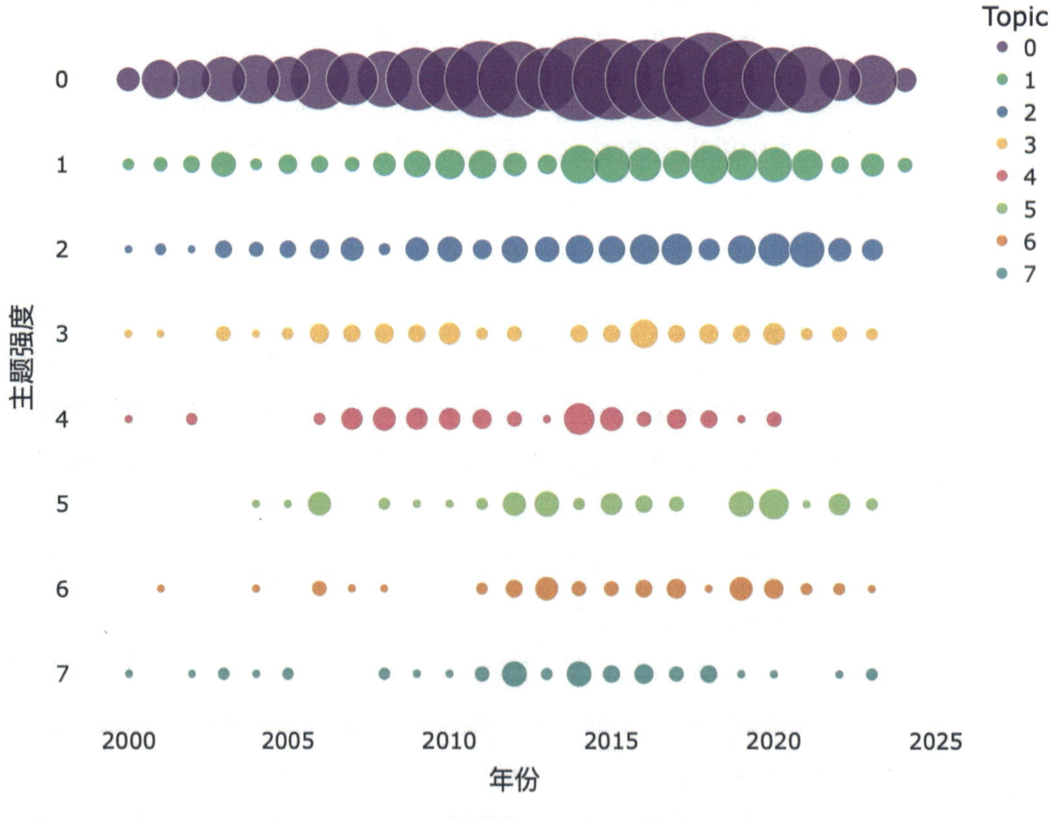

图 3-25　中央节能环保产业政策主题分布及演进

从国际上看，欧盟在节能环保方面也采取了较为全面的措施，推出了“Fit for 55”一揽子计划，旨在将净零排放气候目标转化为具体行动，并通过立法和财政激励来促进能源效率提升和可再生能源的使用，同时实施碳排放权交易体系优化市场资源配置。综合来看，各国的共同点在于注重政府的引导，并关注可再生能源推广、碳定价机制等核心议题。

2. 优势省市政策主题分析

图 3-26 展示了安徽省节能环保产业政策的主题分布，根据 BERTopic 主题聚类结果可以发现，安徽省相关政策较为关注“生态环境保护”“节水”“节能”“绿色食品”等主题。通过各主题分布，可以发现安徽省各地级市也非常关注节能环保产业发展，如合肥市、滁州市、黄山市等均出台了一系列文件。本图还展示了安徽省节能环保产业政策主题演变，总体上看，节能环保产业政策各主题的连续性较强，说明安徽省长期以来都关注到节能环保产业的发展。在 2010 年以后，各主题的连续性和一致性较强，可以反映出安徽省的节能环保产业的任务目标具备稳定性。如图所示，安徽省节能环保产业政策主题 Topic0 的连续性最强，可以说明作为安徽省的省会，合肥市一直以来高度关注本市的生态环境保护建设，在本省起到了示范带头作用。Topic2、Topic3 则代表了滁州市、黄山市的节能环保产业政策，可以发现安徽省其他地级市的政策连续性也较强。

图 3-27 展示了湖南省节能环保产业政策的主题分布，根据 BERTopic 主题聚类结果可以发现，湖南省节能环保产业政策主题比较关注“生态环境保护”“土地污染治理”“绿色环保”“河流污染整治”等重点问题。如图所示，Topic0、Topic1 代表环境保护和绿色环保制度的完善，该主题的政策文本分布占比较为显著；Topic4 整治流域污染问题和 Topic6 土壤污染治理，也得到了政策文本的关注。本图还展示了湖南省节能环保产业政策主题演变，总体上看，相较于安徽省、云南省，湖南省节能环保产业政

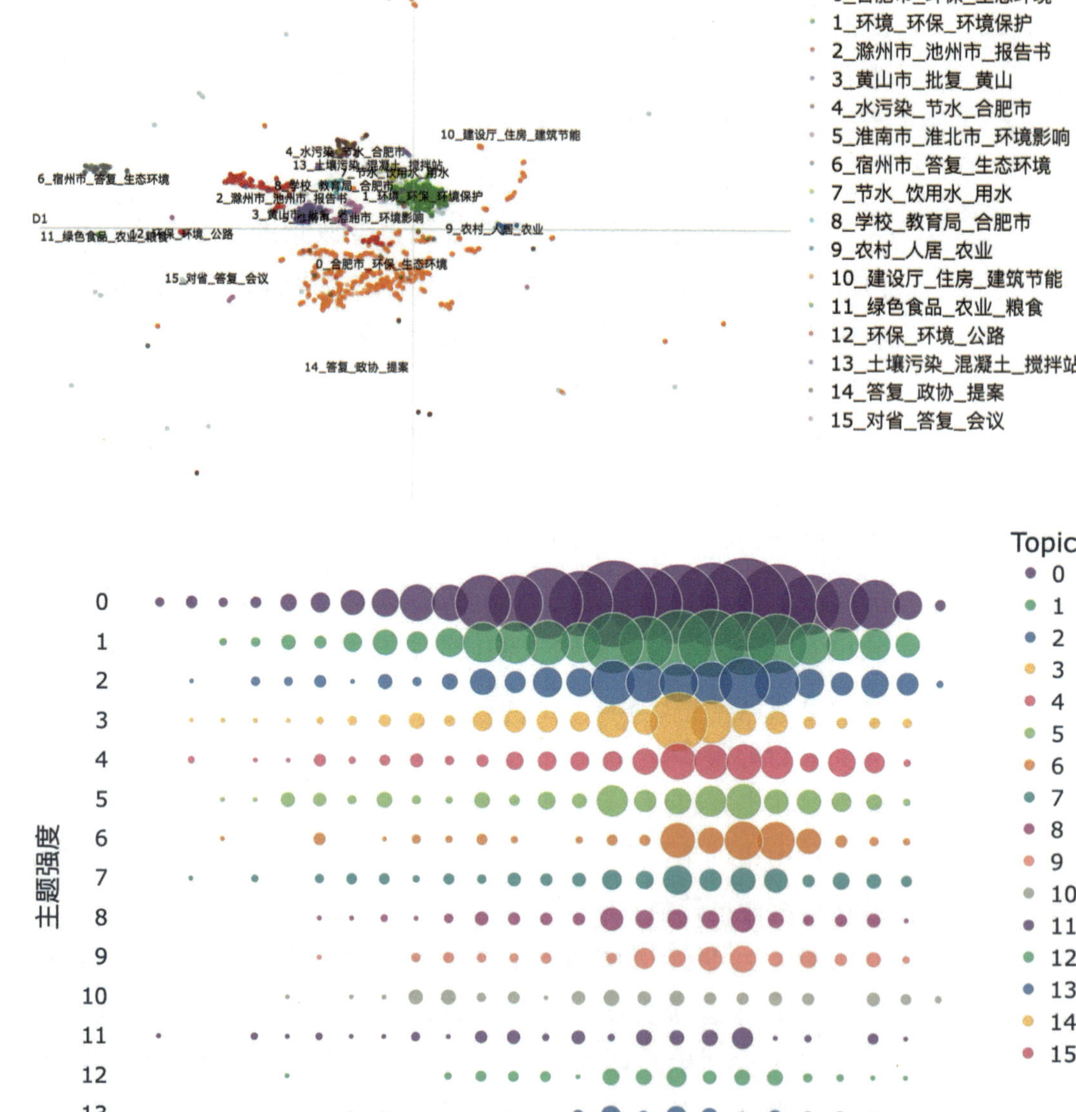

图 3-26 安徽省节能环保产业政策主题分布与演进

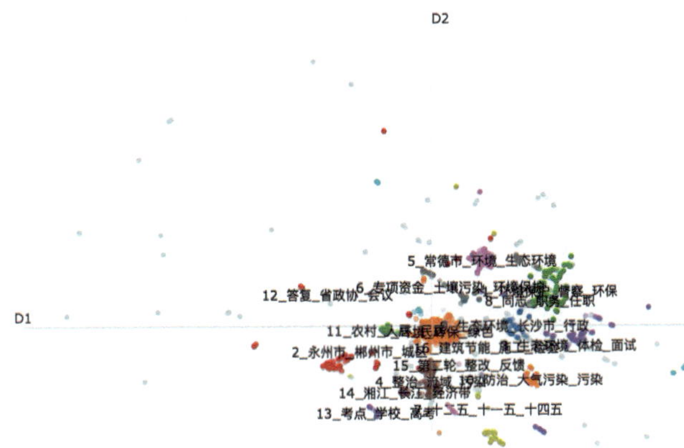

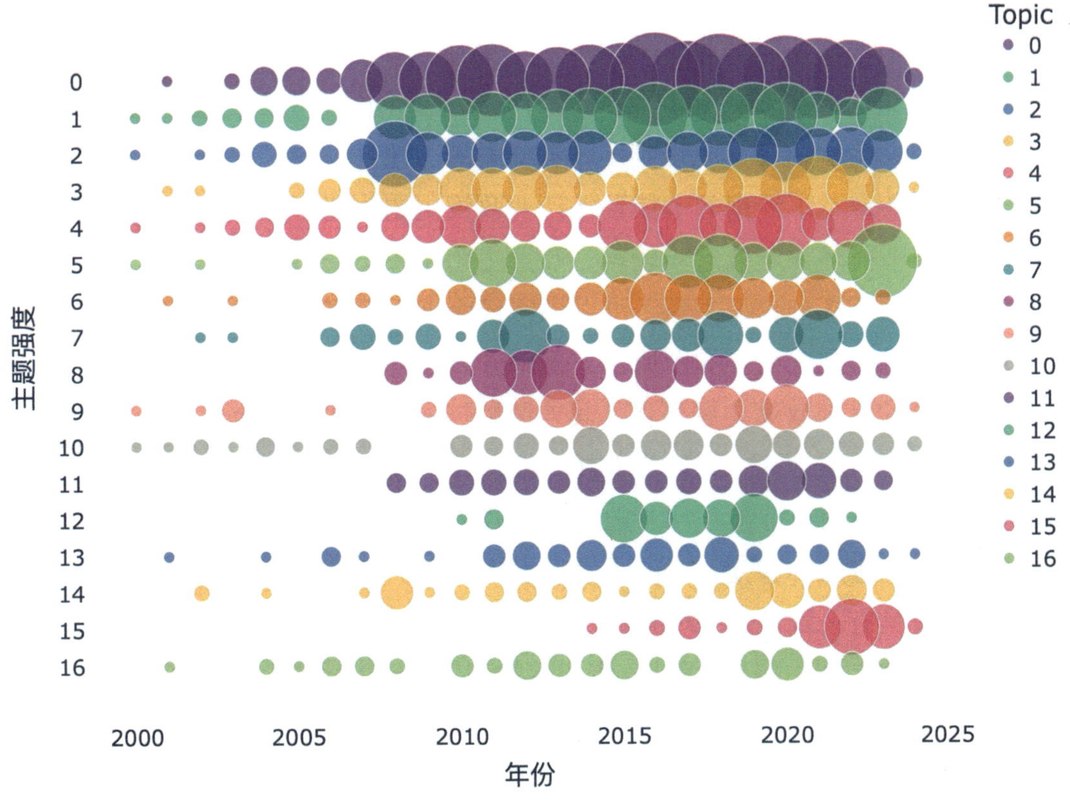

图 3-27　湖南省节能环保产业政策主题分布与演进

策各主题的连续性较强，说明节能环保产业发展一直是湖南省及各地级市所关注的产业。如图所示，2007 年以后，各主题的连续性和一致性较强，可以反映出湖南省一直在大力推动节能环保产业发展方面的全面规划和战略部署。湖南省节能环保产业政策主题 Topic0、Topic1 的连续性很强，可以说明湖南省较为关注绿色生态保护。结合 Topic2、Topic5、Topic9，也可以发现湖南省下辖的长沙市、永州市、常德市高度关注本市的节能环保产业建设。Topic4、Topic6、Topic10 则反映出湖南省在河流污染整治、土壤污染治理、大气污染防治等方面的产业政策具有连续性和稳定性，比较关注这些突出的环境问题。

图 3-28 展示了云南省节能环保产业政策的主题分布，根据 BERTopic 主题聚类结果可以发现，云南省节能环保产业政策主题比较关注“生态环境保护”“环境影响”“节水用水”“绿色环保”等几个方面。如图所示，Topic0 代表云南省昆明市环境保护制度，该主题的政策文本分布占比非常显著；Topic1 昆明市的环保产业发展和 Topic2 节水治理，也得到了政策文本的关注，形成了主题集聚。该图还展示了云南省节能环保产业政策主题演变，总体上看，云南省节能环保产业起步较晚，政策主题相较于安徽省、湖南省较少，共有 7 个政策主题，可以说明云南省的节能环保产业一直处于提升发展之中。如图所示，云南省节能环保产业政策主题 Topic0 相比其他政策主题而言，其连续性较强，说明昆明市作为云南省的省会城市，一直较为关注节能环保产业发展，在全省独树一帜。与昆明市节能环保产业相关的政策也具备较高的连续性，其政策演进较为稳定。Topic2 代表水资源保护利用，该主题的政策演进具有一致性，说明拥有“六大水系”的云南省，其节能环保产业政策主题也较多关注水资源保护利用方面。

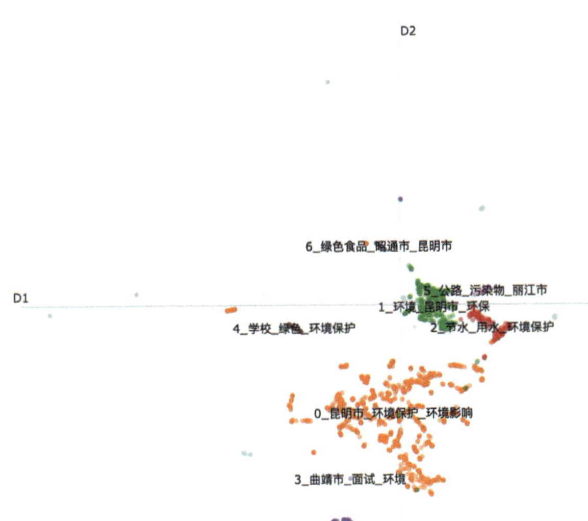

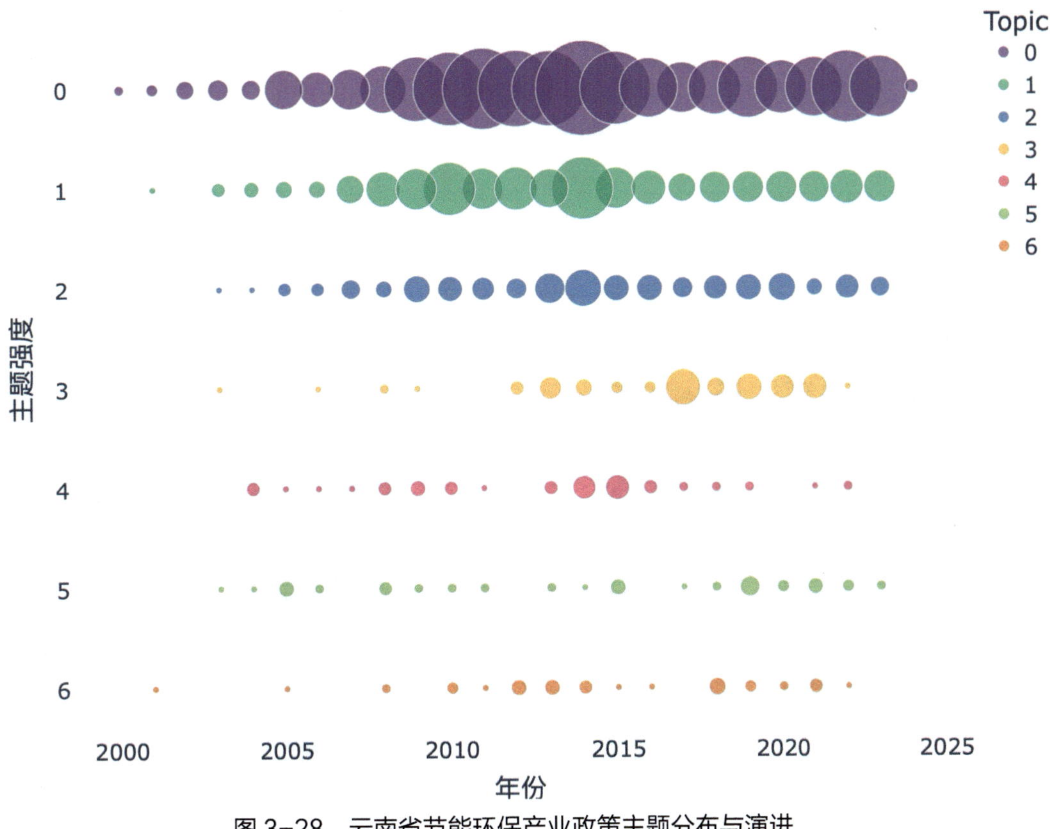

图 3-28　云南省节能环保产业政策主题分布与演进

3.3 新材料产业政策分析

3.3.1 中央定方向，多部门协调保障

我国高度重视新材料产业的发展，先后将其列入国家高新技术产业、重点战略性新兴产业，并制定了多个规划和政策大力推动新材料产业发展，新材料产业的战略地位持续提升。

1. 政策数量分析

图 3-29 反映了 2000—2023 年我国新材料产业中央以及四川省、江西省、贵州省的政策数量。可以发现，中央政策数量为 346 条，四川省、江西省、贵州省的新材料产业政策数量分别为 489 条、572 条、307 条。不同地区在新材料产业政策上的投入存在差异，这可能与各自的产业发展基础、科技创新能力、市场需求等因素有关。总体上看，三个省份都紧随国家环境政策，关注新材料产业发展。

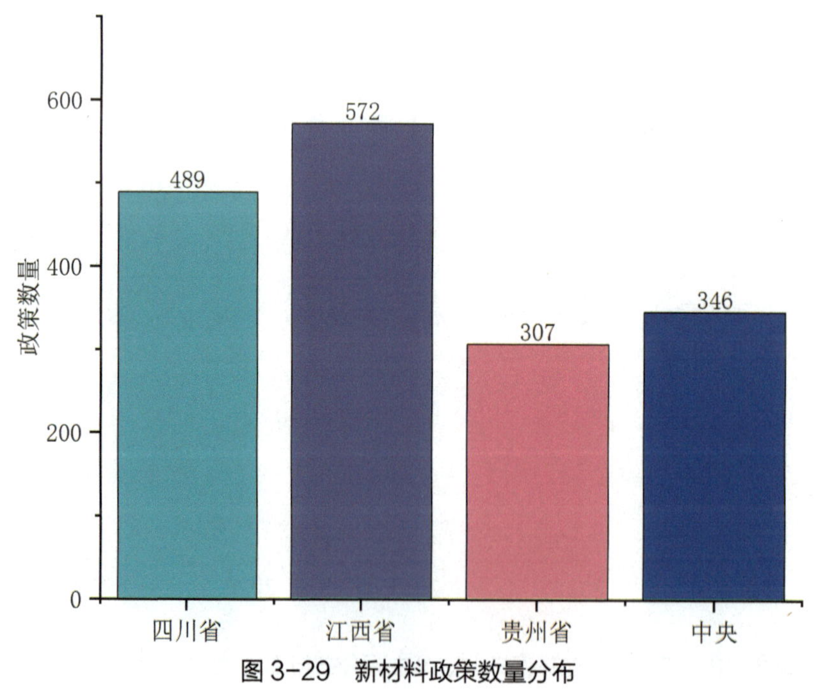

图 3-29　新材料政策数量分布

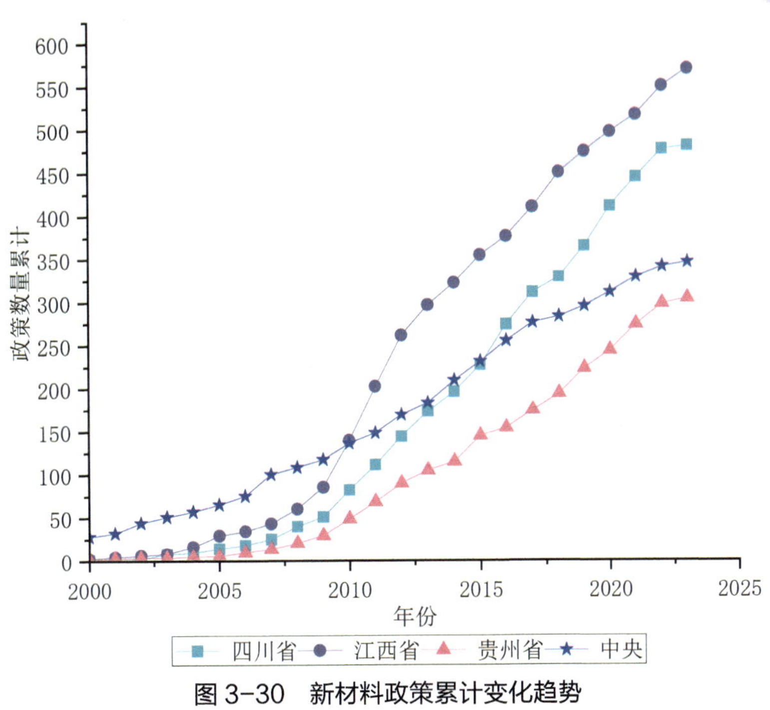

图 3-30　新材料政策累计变化趋势

从图 3-30 政策数量累计变化趋势图可以发现，2000—2010 年，中央出台的新材料产业政策居多，政策处于培育发展阶段。在“十一五”和“十二五”规划时期，国务院发布了《国家中长期科学和技术发展规划纲要（2006—2020 年）》，将新材料列为重点发展领域之一，相关新材料产业政策进一步明确。贵州省、江西省以及四川省的政策数量累计增长速度较为平缓，各省出台的政策数量并不多，且都少于中央政策数量。江西省、四川省的新材料产业相关政策数量先后于 2010 年、2015 年超过了中央发布的政策数量，而在 2015 年以后，四川省、江西省、贵州省的新材料产业政策呈现逐年增长趋势，说明三个省份开始重点关注新材料产业的发展。

2. 政策密度分析

如图 3-31 所示，各省的新材料产业相对政策密度均呈现出“先波动后稳定”的特点，其中，四川省作为西部地区的重要省份，

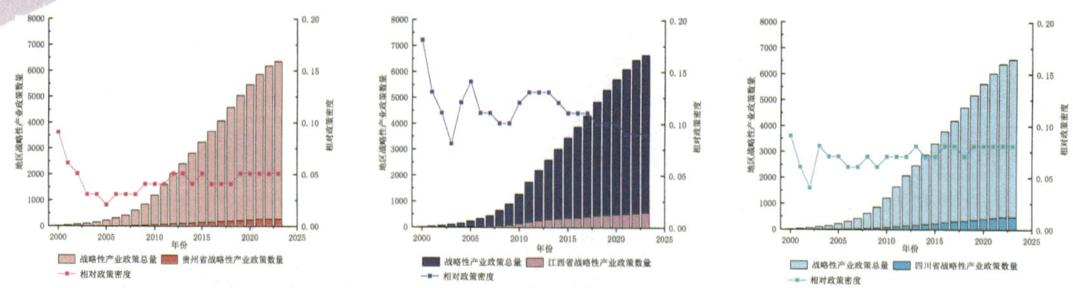

图 3-31　优势省市新材料产业政策相对密度

其新材料产业相对政策密度达到了 8%，这反映了四川省对新材料产业发展的高度重视，总体上说明了四川省在新材料产业方面有着较为完善的政策体系。江西省相对政策密度均较高，说明在新材料产业政策方面，江西省的投入和关注度在全国范围内处于较高水平，这有助于该省在新材料产业领域形成竞争优势，推动产业快速发展。贵州省的政策数量和相对政策密度相对较低，但政策数量保持着稳定增长态势，相对政策密度保持在 5% 左右，说明贵州省对新材料产业的重视程度在稳步提升。

3. 政策协同程度分析

政策协同部分，在中央政策的引导下，各省市结合本地实际情况积极响应并出台了相应的政策措施（表 3-7）。“四川省建设项目环境影响评价文件审批”系列政策文件因其广泛的适用性和严格的管理要求，获得了最高的被引次数，对于新材料产业项目的落地和实施具有重要影响，反映了四川省在建设项目环境管理方面的严格要求和广泛实践。而针对新型墙体材料的认定和管理办法则因直接关联到新材料产业的细分领域而获得了相对较高的被引次数，该政策文件在新材料产业，特别是与建筑材料相关的新材料的发展中，起到一定的指导作用。《贵州省人民政府关于推进墙体材料革新和建筑节能工作的意见》强调了墙体材料的革新和节能建筑的重要性，这为新材料的研发和应用提供了市场和政策导向。

表3-7　新材料产业优势省市引用最多的政策文件

政策文件	被引次数
“四川省建设项目环境影响评价文件审批”系列政策文件	24
《贵州省新型墙体材料认定管理办法》	7
《贵州省人民政府关于推进墙体材料革新和建筑节能工作的意见》	4
《江西省新型墙体材料产品认定管理办法》	4
《关于进一步做好新型墙体材料产品认定与预拌混凝土和预拌砂浆生产企业及产品目录申报工作的通知》	4

从被引用的政府部门来看，涉及国家税务总局、国家发展改革委、财政部等中央级部门，以及贵州省住房城乡建设厅、四川省经信委等地方级部门（表 3–8）。作为国家的最高行政机关，国务院在新材料产业的政策制定、方向引导和资源配置上起到了关键作用，被引用 18 次，显示了其在新材料产业发展中的权威性和影响力。在新材料产业优势省市中，贵州省住房城乡建设厅被引用的次数最多,达到 21 次。这表明在贵州省的新材料产业发展中，住房城乡建设厅扮演着非常重要的角色，可能涉及了新材料在建筑、基础设施等方面的应用和推广。这反映出我国新材料产业的发展受到了从中央到地方的多层次政策支持。这种“战略引领，创新布局”的央地上下联动的新材料产业政策协同模式，使得中央能够综合考虑全国范围内的产业发展现状和趋势，确保政策的宏观指导性和前瞻性。而地方政府及相关部门结合本地实际情况，制定了更具针对性的创新激励政策，鼓励企业和科研机构加大研发投入，推动新技术、新工艺和新产品的不断涌现，总体上有助于形成既符合全国大局又体现地方特色的政策体系，提高政策的科学性和有效性。

表3-8　新材料产业优势省市引用最多的政府部门

政府部门	被引次数
贵州省住房和城乡建设厅	21
国务院	18
国家税务总局	11
国家发展和改革委员会	7
四川省经济和信息化厅	9
财政部	9

从图 3–32 可以看出，贵州省工业和信息化厅作为中心部门，在制定和执行新材料产业政策时，与贵州省发展改革委等宏观经济管理部门保持高度协同。这种协同确保了政策制定过程中的一致性和连贯性，避免了政策之间的冲突和重复，提高了政策执行的效率和效果。各部门之间通过协作实现了资源互补和共享，贵州省自然资源厅负责矿产资源的勘查、开发和利用，为新材料产业提供了重要的原材料保障；贵州省财政厅则通过财政资金的投

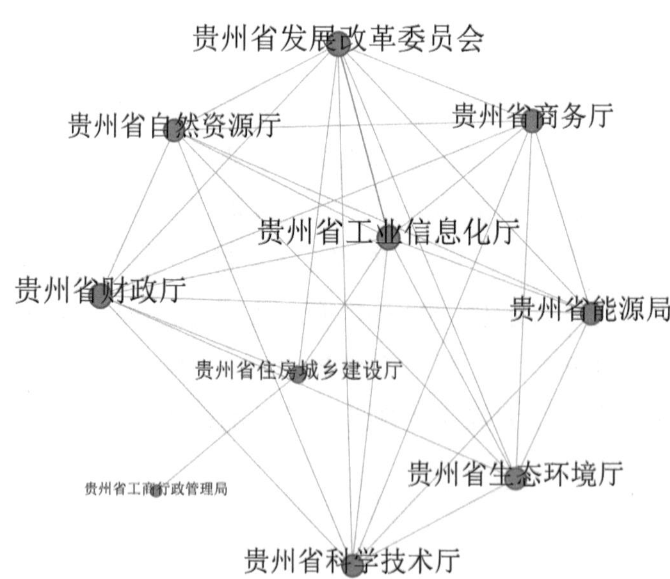

图 3–32　贵州省发文主体共现网络

入，为新材料产业的研发、生产和市场推广提供了必要的资金支持；贵州省能源局则确保了能源的稳定供应，为新材料产业的生产提供了可靠的能源保障。各部门之间的资源共享和互补，降低了新材料产业发展的成本，提高了资源利用效率，为产业的可持续发展奠定了坚实基础。各部门的协作关系紧密而复杂，共同推动了新材料产业的持续、健康、快速发展。

江西省政策主体共现网络图反映了该省在新材料产业发展方面的政策布局和协同合作机制，支撑新材料产业的发展需求。在图 3-33 中，可以观察到多个部门共同参与和协作，如科技、财政、环保部门等，但其中最为核心和突出的部门是江西省工业信息化厅。该部门需要与其他相关部门进行紧密协作，共同推动新材料产业的发展。因此，在共现网络图中，江西省工业信息化厅成为连接其他部门的中心节点。各部门在资源方面各有优势，通过协作可以实现资源共享和优势互补，这种协作机制有助于形成政策协同、资源共享和市场联动的良好局面，为新材料产业的快速发展提供了有力保障。

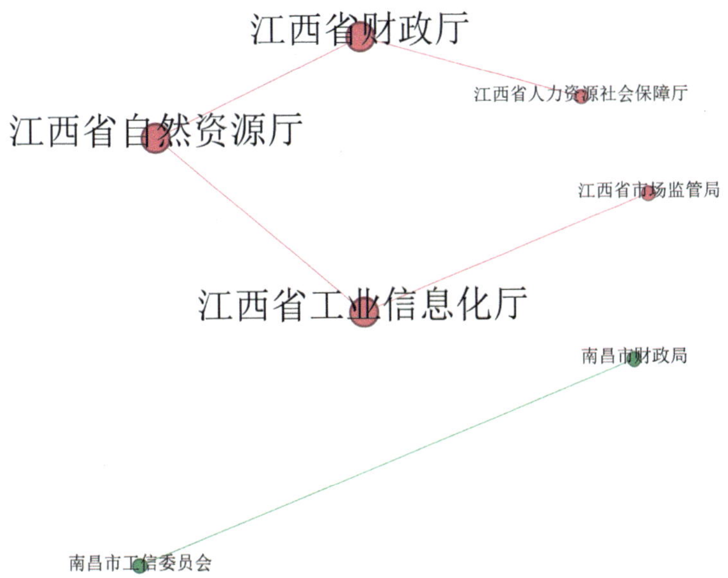

图 3-33　江西省发文主体共现网络

图 3-34　四川省发文主体共现网络

图 3-34 展示了四川省省内参与新材料产业政策发布的多个组织机构及它们之间的联系或合作。网络形成了四川省发展改革委、四川省市场监督管理局、国家能源局四川监管办公室、四川省经济和信息化厅等多部门联合规划、监督、执法的闭环模式，以及其他组织和机构的多方合作协调模式，这有助于整合资源，优化政策方案，提高政策执行效率，为四川省新材料产业的快速发展提供有力支持。

3.3.2 川黔主攻重点领域突破，江西省瞄准未来市场

通过综合归纳中央、优势省市的核心政策发现，中央政策重点旨在提升新材料的基础支撑能力，努力实现我国从材料大国到材料强国的转变；贵州省和四川省的政策支持展现出了“突破核心重点领域”的特征，注重支持开展前沿技术研发和关键核心技术攻关；江西省则呈现出“瞄准未来市场”和“围绕高端需求”

并重的特色，按照“需求引领、特色发展、集约集聚”的原则，打造“一轴、双核、两翼、多点”的产业发展格局。

1. 中央政策时间线分析

为促进新材料产业发展更上一层楼，我国新材料产业相关政策频频加码。如图 3-35 所示，一方面，作为我国首个针对材料产业发布的产业发展指南，2017 年 1 月工业和信息化部等四部委发布的《新材料产业发展指南》是“十三五期间”指导新材料产业发展的核心纲领性文件，同时将我国新材料主要分为先进基础材料、关键战略材料、前沿新材料三大类，为新材料产业的长期发展提供了总体方向和指导，明确了产业发展的重点领域和重点任务；另一方面，国务院及下属各部委制定的新材料相关领域的“十三五”规划则明确了新材料中长期发展愿景以及其在“十三五”期间的发展任务和目标。2018 年发布的《国家新材料生产应用示范平台建设方案》旨在通过建设示范平台，有力推动我国新材料产业的协同发展，推动新材料技术的创新与应用，加速科技成果的转化。2021 年由工业和信息化部、科学技术部、自然资源部等部委联合编制的《“十四五”原材料工业发展规划》要

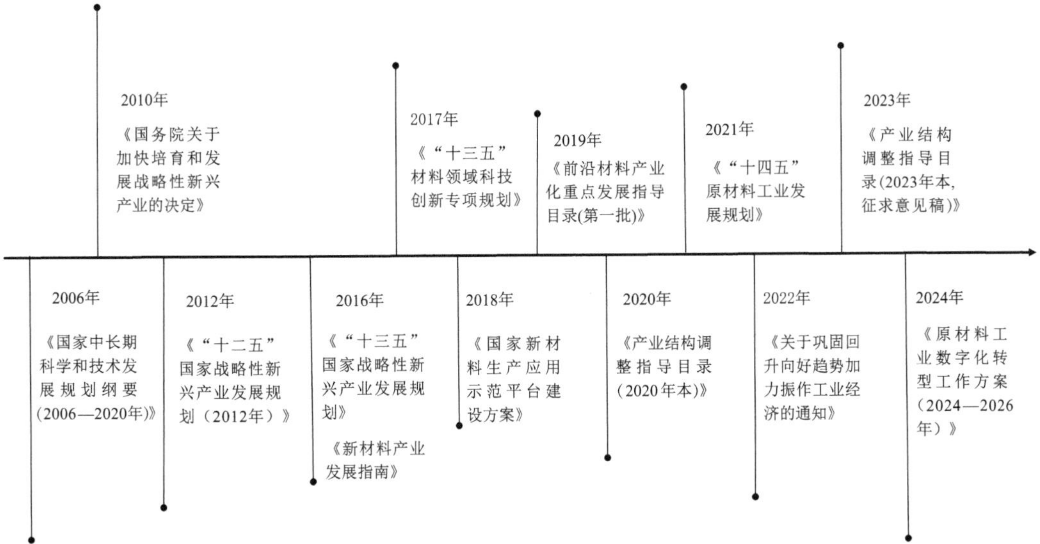

图 3-35　中央新材料产业政策时间轴

求，到 2025 年，新材料产业规模持续提升，占原材料工业比重明显提高；初步形成更高质量、更好效益、更优布局、更加绿色、更为安全的产业发展格局。总体来看，国家发展新材料产业的核心目标是提升新材料的基础支撑能力，实现我国从材料大国到材料强国的转变。

2. 优势省市政策时间线分析

发展新材料产业，贵州省占有得天独厚的地理优势。由图 3–36 可知，贵州省人民政府于 2006 年以来一直致力于推动新型建材产业做强做优，以节能环保低碳为导向，加快建材行业升级改造步伐。经过十多年来的政策扶持，贵州加气混凝土已作为主要新型墙体材料被广泛应用，成为贵州省建筑节能和墙体材料革新的重要力量。在“十四五”开局，贵州省出台了《关于推进锂电池材料产业高质量发展的指导意见》，成为全国首个从省级层面对新材料产业明确扶持政策的省份。政府更加注重支持企业开展前沿技术研发和关键核心技术攻关，推动新材料产业向高端化、智能化、绿色化方向发展。同时，政策也关注到了产业链上下游的协同发

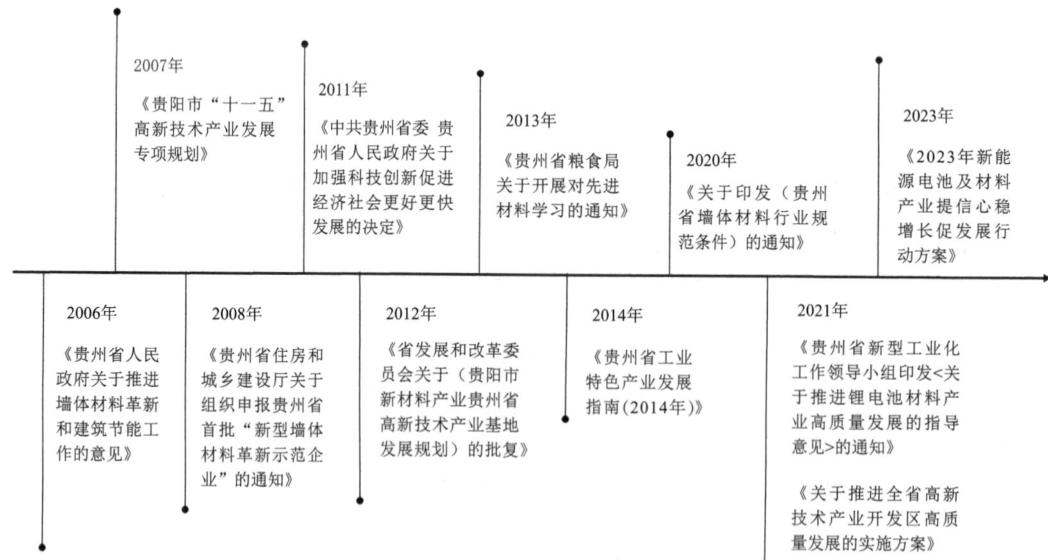

图 3–36 贵州省新材料政策时间轴

展，推动形成具有竞争力的新材料产业集群。通过建设产业园区、完善配套设施、优化营商环境等措施，吸引更多企业和人才投身新材料产业领域。宁德时代、中科电气等一批行业龙头企业布局的电池生产制造项目落户贵州，着力构建“一核两区”的发展格局，打造“电动贵州”新名片。

江西省新材料产业政策推动产业发展整体呈现出“瞄准未来市场”和“围绕高端需求”并重的特色，时间轴如图3–37所示，大致可以分为成长期、成熟期、升级期三个阶段。在成长期（2015年以前），江西省先后发布了江西省十大战略性新兴产业金属新材料与非金属新材料的发展规划，明确依托产业基础和比较优势，重点发展高精铜材、优特钢材、硬质合金、稀土深加工产品、锂、镍钴、铅锌、铝合金、其他稀贵金属等十类金属新材料，培育壮大汽车等十大下游产业，重点发展高技术工业陶瓷、建筑陶瓷、有机硅等多类化工产品。在成熟期（2016—2020年），政策比较关注新材料产品的应用以及科技成果的转换，强化科技、财政、投资、税收、人才、产业、金融、政府采购、军民融合、知识产权等政

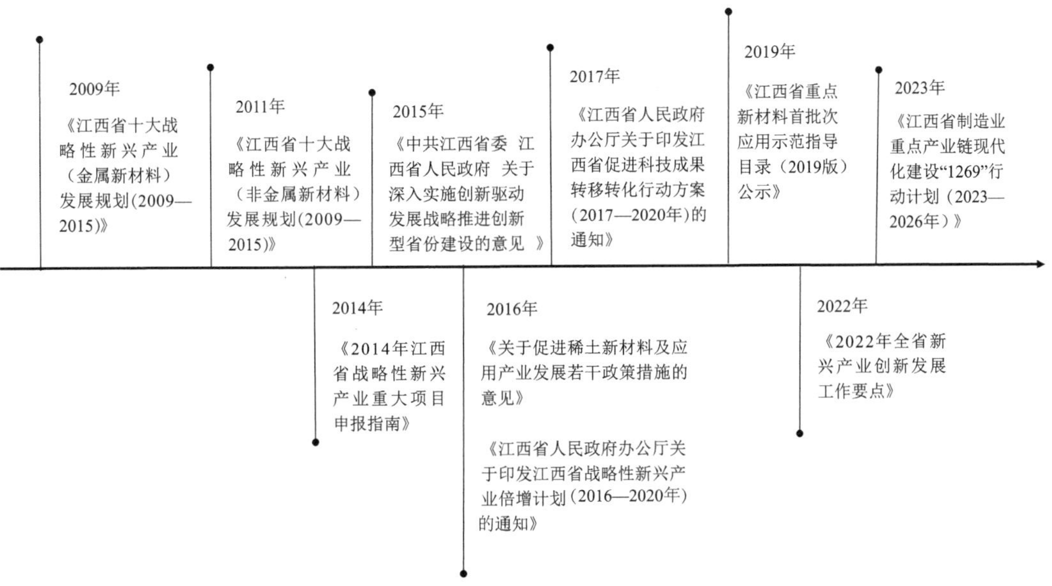

图3–37　江西省新材料产业政策时间轴

策协同，促进产学研协同科技成果转移转化，优化科技成果信息共享服务机制。在升级期（2021 年—今），再次强调了稀土新材料及应用产业的发展，显示出江西省在这一领域的持续关注和政策支持，2023 年《江西省制造业重点产业链现代化建设“1269”行动计划（2023—2026）》中指出，根据全省新材料产业发展目标和方向，结合各地科技人才条件、市场需求、资源优势和环境承载能力，要按照“需求引领、特色发展、集约集聚”的原则，打造“一轴、双核、两翼、多点”的产业发展格局。重点谋划布局一批前沿领域新材料，不断延伸产业发展链条，优化产品品种结构，扩大高端应用，构筑全省高质量转型发展的新优势新引擎。

四川省新材料产业政策整体呈现“基础奠定 + 重点突破 + 深化改革”的特征。如图 3-38 所示，2015 年以前属于基础奠定期，2007 年四川省政府出台了《四川省新材料产业发展实施方案》，对新材料产业领域做出了战略部署和整体规划。2011 年，四川省编制了《四川省“十二五”战略性新兴产业发展规划》，化学新材料、硅材料等被列为最重要、最具发展潜力、予以重点支持产业。2016—2020 年属于重点突破期，四川省政府印发了《战略性新兴

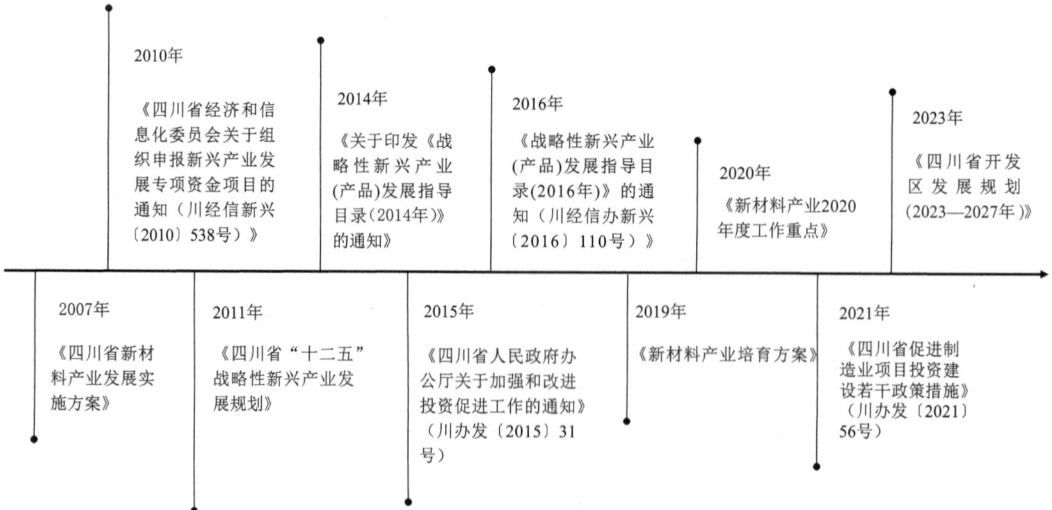

图 3-38　四川省新材料政策时间轴

产业（产品）发展指导目录（2016 年）》，明确指出在新材料领域要“优化新材料产业化及应用环境，提升新材料应用水平和基础支撑能力，推进新材料融入高端制造供应链，将我省建成国家重要的新材料产业基地”。2020 年，《新材料产业 2020 年度工作重点》明确了以着力培育的钒钛、锂电、晶硅光伏、稀土、铝基等 5 大领域材料为重点工作，加快四川省先进材料产业转型升级，深化产业补链延链强链。2021 年之后，属于深化改革时期，四川省发布了《四川省开发区发展规划（2023—2027 年）》，提出新型材料产业聚焦发展“四大优势材料 + 四大特色材料”，以技术驱动、场景驱动和需求驱动为核心，打造国际一流、特色突出、国内领先的绿色、低碳、循环的新型材料产业高地。

3.3.3 政策主题覆盖多领域，依托资源优势布局产业重心

我国在全球新材料产业领域已被确立为第二梯队的重要力量，新材料产业正处于蓬勃发展的黄金时期。为加速这一进程，中央政府采取了一系列广泛而多元的政策措施，从技术创新、市场开拓、资金扶持、质量控制、环保要求及数字化转型等多个维度全方位推动新材料产业的快速发展。各地省份在遵循国家宏观政策导向的同时，充分结合自身地域特色与资源优势，在政策制定上既保持了高度的协同性，又体现了差异化与针对性。

1. 中央政策主题分析

中央对于新材料新兴产业的政策主题聚焦于“重点材料的出口”“信息化”“发行股票”“检验”“审计”“收购”等（图 3–39）。自我国的新材料产业发展以来，中央一直高度关注新材料的出口问题，鼓励中国新材料企业积极参与国际标准和规则的制定，不仅旨在促进产品质量与国际接轨，还有意识加强我国在全球新材料产业链中的影响力和议价能力。这一战略部署，不仅有助于打破国际贸易壁垒，拓宽国际市场，更为我国新材料产业的长远发展奠定了坚实的国际基础。与此同时，中央高度重视与国际先进

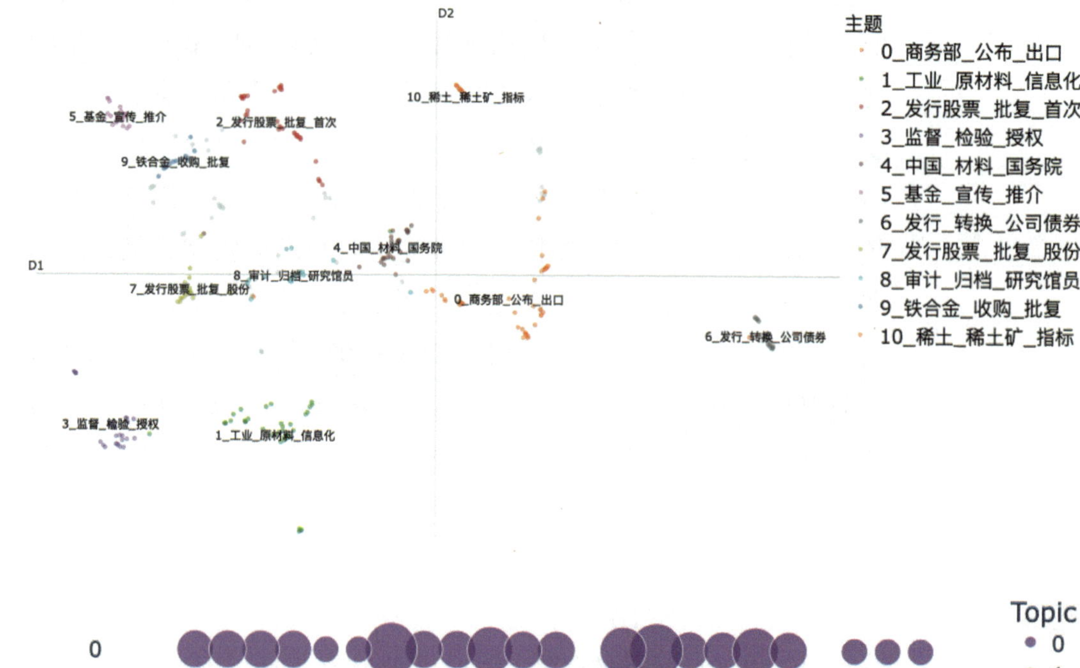

图 3-39　中央新材料产业政策主题分布与演进

企业和研究机构的合作与交流，通过搭建国际合作平台、共享科研成果、联合研发项目等方式，加速技术引进与消化吸收再创新，推动我国新材料产业技术水平的快速提升。2010 年以后国家开始鼓励金融机构加大支持力度，通过发行股票、债券等多种方式，为新材料企业提供更加便捷、高效的融资渠道；同时还加强了工业原材料的信息化建设，通过构建完善的信息系统、加强数据采集与分析能力，实现了对原材料生产、流通、消费等全链条的精准管理。

2. 优势省市政策主题分析

从图 3–40 可以看出，贵州省的新材料产业政策主题分布广泛，涵盖了“新型墙体材料的发展”“日产材料的监管”“市场抽查”“学校材料设施清洁咨询服务”等多个方面。这些政策主题通过不同部门和单位的协作实施，共同推动了贵州省新材料产业的发展和升级。贵州省从 2010 年开始持续关注新型墙体材料的生产发展以及应用，同时，贵州省政府及相关部门在市场抽查与监管方面展现出了高度的责任感与执行力。自 2019 年起，政策实施的重点明显向强化市场监督与抽查倾斜，这一举措不仅有效遏制了不合格产品的流通，维护了消费者权益，更促进了整个新材料产业链的优胜劣汰，为优质企业提供了更加公平、透明的竞争环境。相较于其他优势省市而言，贵州省的政策主体更加关注墙体材料这一先进基础材料产业，这彰显了贵州省在新材料产业发展路径上的精准定位与前瞻布局。通过集中资源与政策优势，贵州省正逐步构建起以墙体材料为核心，辐射带动其他新材料领域协同发展的产业格局，为全省乃至全国的新材料产业转型升级贡献着重要力量。

从图 3–41 可以看出，江西省的新材料产业政策主题分布广泛且多元化，从强化规划引导、优化产品结构、严格项目准入、加强绿色化改造、加快数字化转型等方面出台了一系列政策举措，涵盖了“专业产业材料”“稀土产业”“能源与环保”“教育”等多

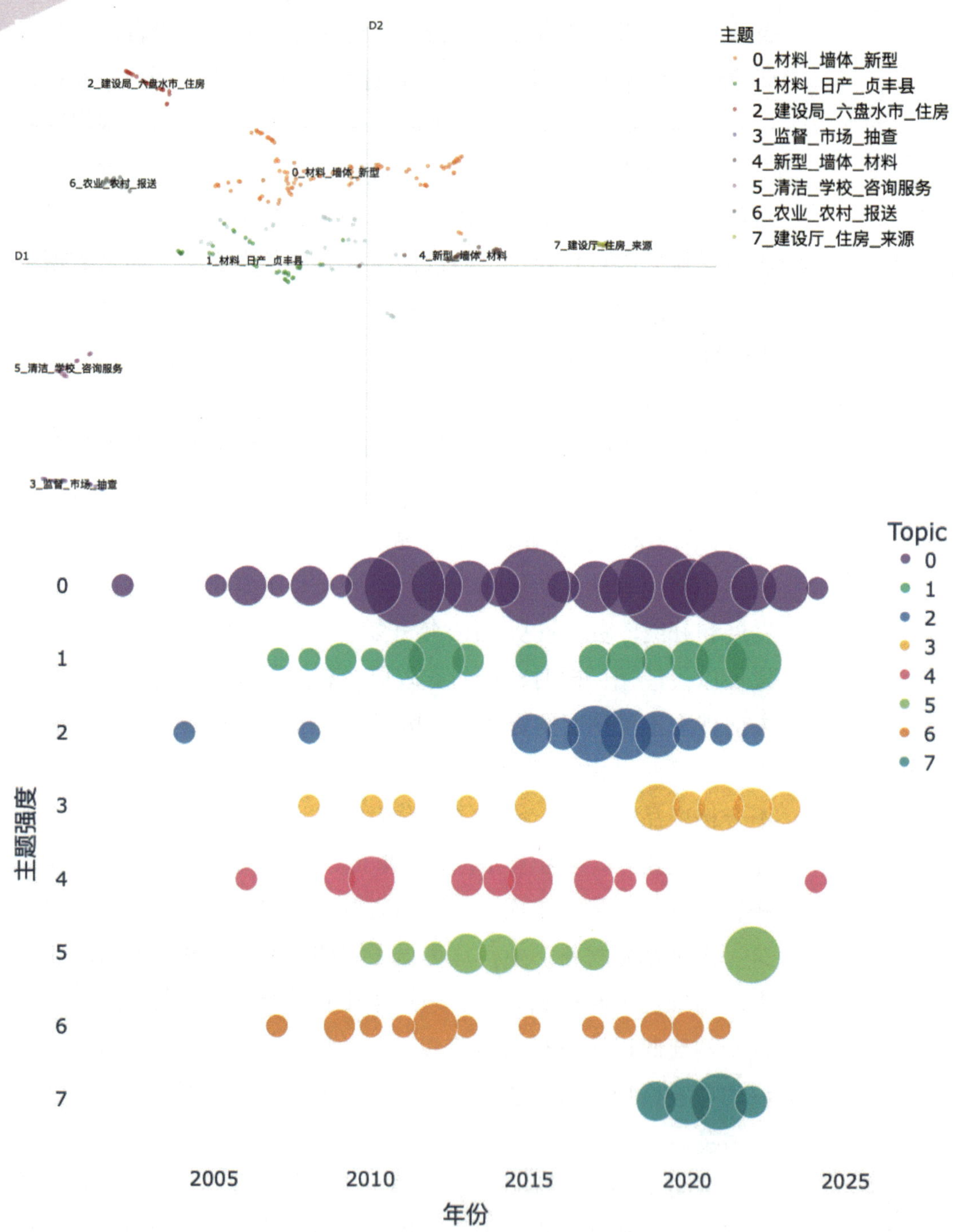

图 3-40　贵州省新材料产业政策主题分布与演进

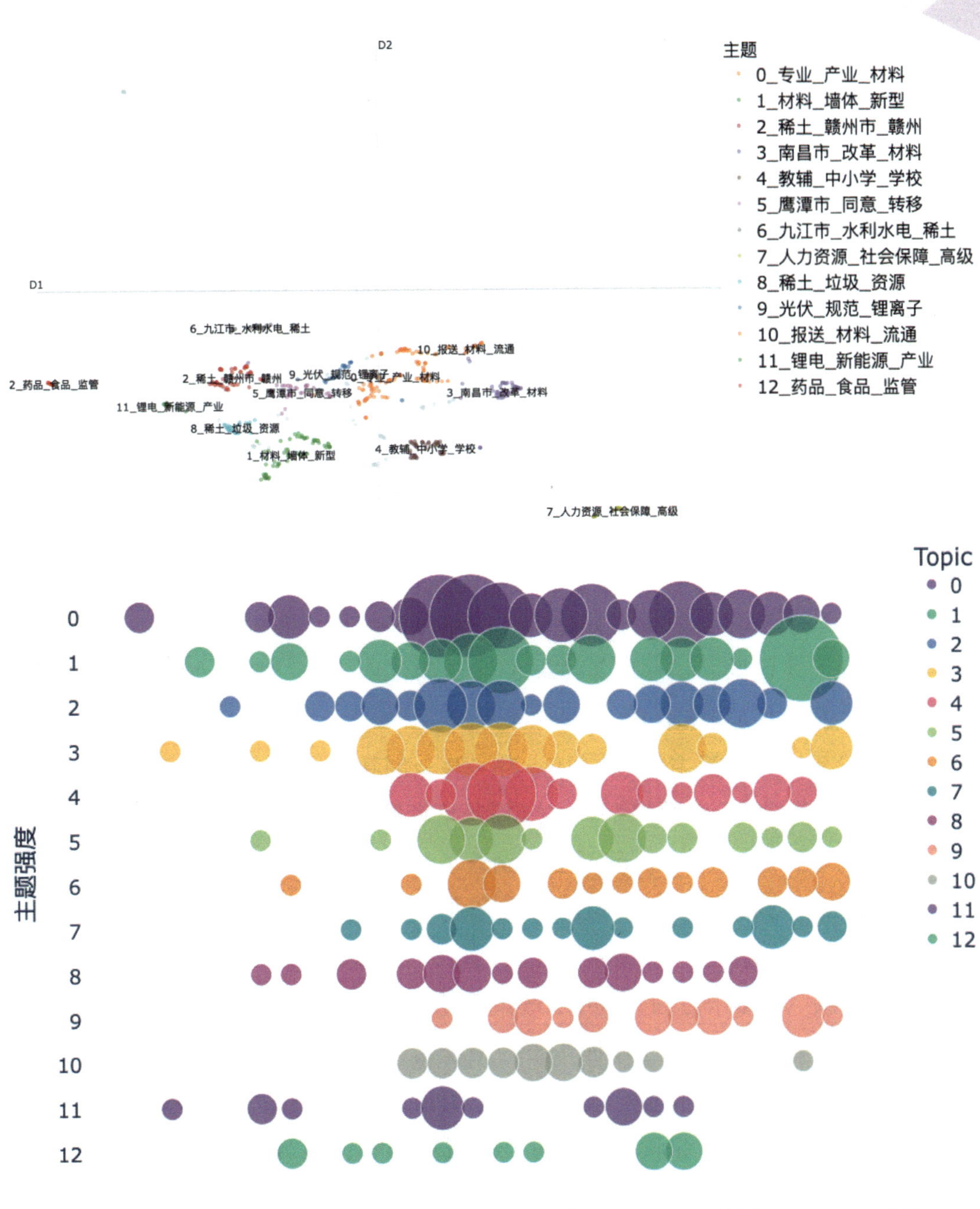

图 3-41 江西省新材料产业政策主题分布与演进

个领域。政策制定充分考虑了地域特色和资源优势，如“2_稀土_赣州市_赣州”“6_九江市_水利水电_稀土”。政策中的主题并非孤立存在，而是相互关联、相互促进的。例如，稀土资源的开发利用与新能源新材料产业的发展紧密相关。从2010年开始，政策中多次提到稀土，如“2_稀土_赣州市_赣州”“6_九江市_水利水电_稀土”“8_稀土_垃圾_资源”，这表明江西省在新材料政策中特别重视稀土资源的开发利用和环保处理，努力打造稀土新材料产业集群，以“中国稀金谷”一核两区（赣州高新区、赣州经开区、龙南经开区）为重点平台，建设以赣州为核心的稀土功能材料及其应用产业区域。2010年以后政策中还间断地提及了“4_教辅_中小学_学校”和“7_人力资源_社会保障_高级”，这意味着江西省在新材料产业的发展中，也注重教育资源的配套，以及加强对本土新材料领域多元化人才的培养、使用、激励，形成可持续的人才供给。这些政策主题的设定为江西省新材料产业的发展提供了有力支撑和保障。

四川省新材料政策主题总体上分为“健全创新机制，有效激发产学研用内生动力”以及“完善人才机制，培育高精尖人才队伍”两个方向，如图3-42所示，政策主题涵盖了“材料报送与建筑节能”“科学技术与服务平台”“地区特色产业（如成都市的玻璃纤维、攀枝花市的磁铁矿）”“教育资源（教辅材料）”“环境保护”“商务与市场信息”等多个方面。其中，政策主题多聚焦于节能科技、教育等方面，这与章节2.4.1中四川省在新材料领域的发文累计数量稳步提升相吻合。“0_材料_报送_建筑节能”主题分布广而宽，表明四川省在新材料产业政策中，对节能减排和绿色建筑的高度重视。从2010年开始，政策主题开始向多元化发展，其中“市场”“宣传”“价格”“环境”等主题表现出规律性间断性分布特征。这些政策主题的设定和实施，旨在推动四川省新材料产业的快速发展，促进产业升级和转型，同时注重环境保护和可持续发展。

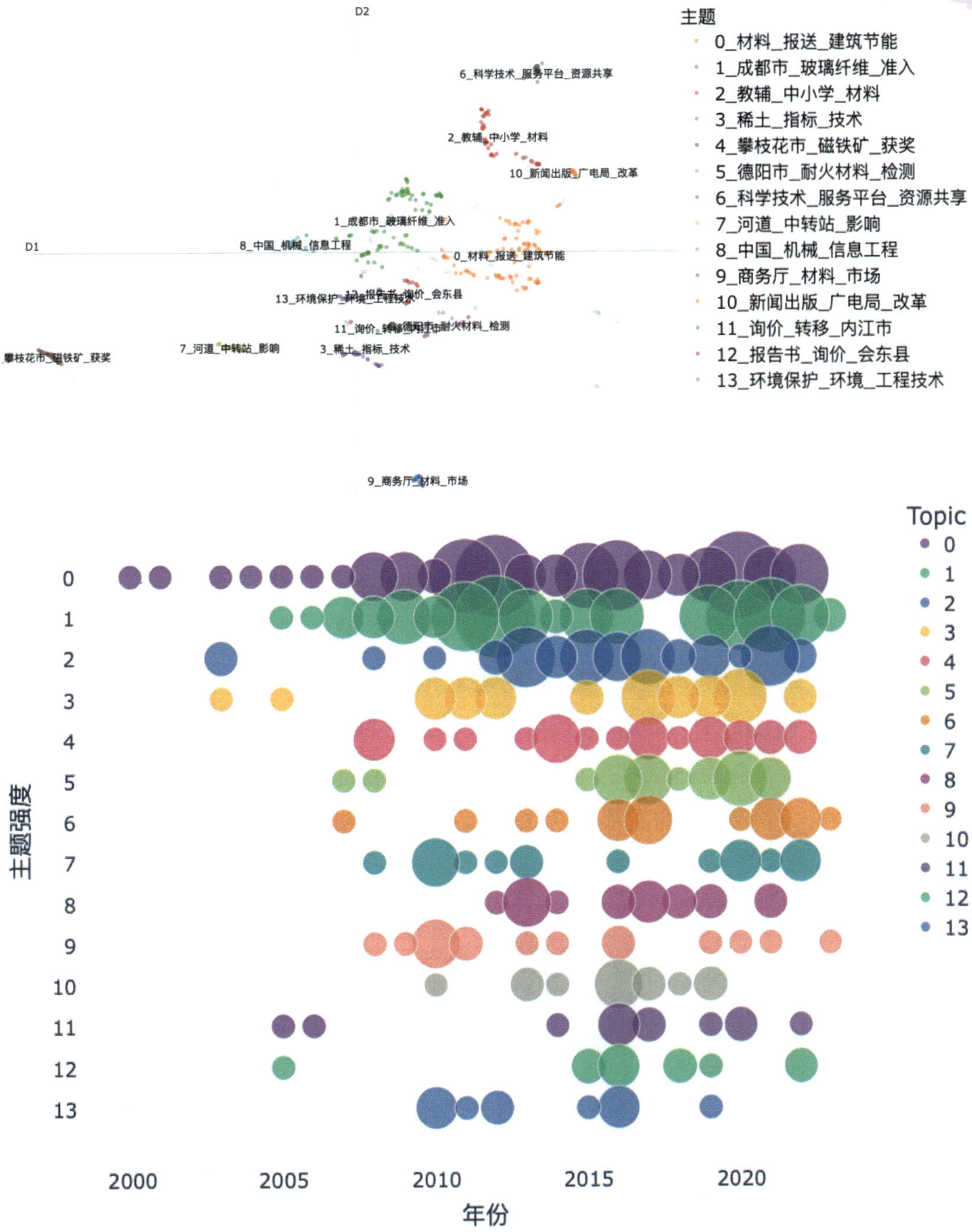

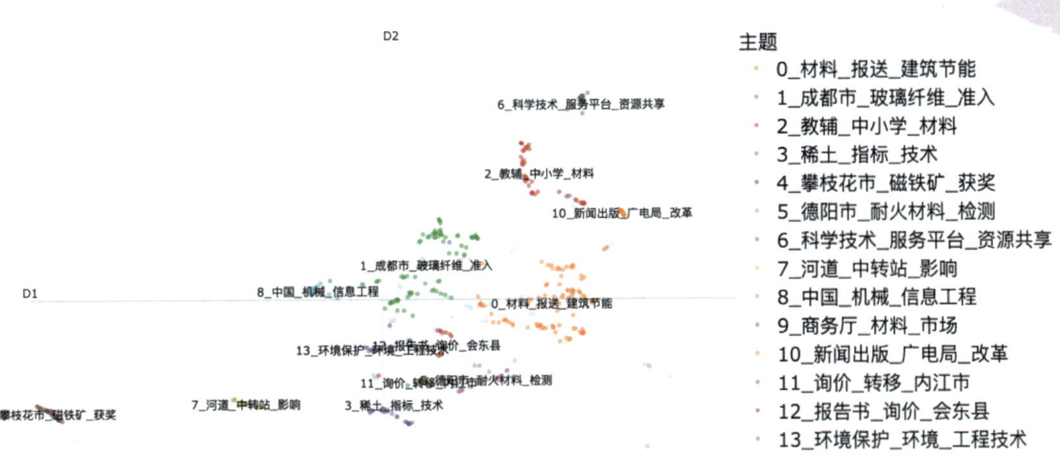

图 3-42　四川省新材料产业政策主题分布与演进

3.4 高端装备制造产业政策分析

3.4.1 财政厅联动多部门促进政策协同，浙江省政策密集出台

高端装备制造业处于价值链高端和产业链核心环节，具有极强的产业拉动性，其技术进步和产业升级是形成新质生产力的关键一环。2010 年，国务院发布《关于加快培育和发展战略性新兴产业的决定》，将高端装备制造业列为七大战略性新兴产业之一。2015 年国务院重点提到了高端装备制造业的发展，要求实现制造业升级。之后，国家制定了一系列的规划、行动计划和具体的政策措施，推动装备制造重点行业和领域的发展，加快建设制造强国。

1. 政策数量分析

2000—2023 年中央、江苏省与浙江省的高端装备制造产业相关政策数量如图 3-43 所示。可以发现，截止到 2023 年 12 月，江苏省和浙江省的高端装备制造产业政策数量分别为 480 条、696 条。江浙两省相比，浙江的政策数量分布较多。江苏省和浙江省拥有较为完备的制造业基础和产业集群，而装备制造产业作为“制造业的脊梁”，对于两省的发展尤为关键，同时两省的制造业基础

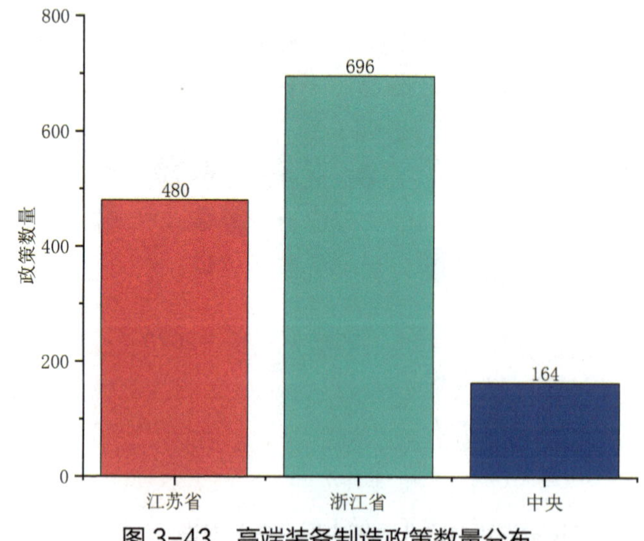

图 3-43 高端装备制造政策数量分布

也为装备制造业高端化、智能化发展提供了较好的土壤。江苏省和浙江省高度重视高端装备制造产业的政策投入，积极响应中央政策，结合各自产业基础制定了一系列省级、市级规划，并配套推出行动方案和实施意见。两省共同强调通过培育和发展高端装备制造业的集群，促进资源整合和协同创新。江苏省由于重工业的产业基础比较深厚，对高端装备制造产业提供了长期、稳定的政策支持和政策引导，集群培育工作起步较早、进展快、成效明显。浙江省则在近年来推出了较多侧重产业数字智能化转型方面的行动方案，显示其在数字经济领域的前瞻性和引领性。

“十二五”期间，国务院出台并印发《工业转型升级规划（2011—2015 年）》，旨在推进中国特色新型工业化，进一步调整和优化经济结构、促进工业转型升级，也强调发展先进装备制造业。在此背景下，高端装备制造产业政策从 2010 年以后整体政策数量呈现不断上升趋势，如图 3-44 所示。江苏省和浙江省位于长江经济带的下游长三角地区，经济发展活跃、创新能力强，在高

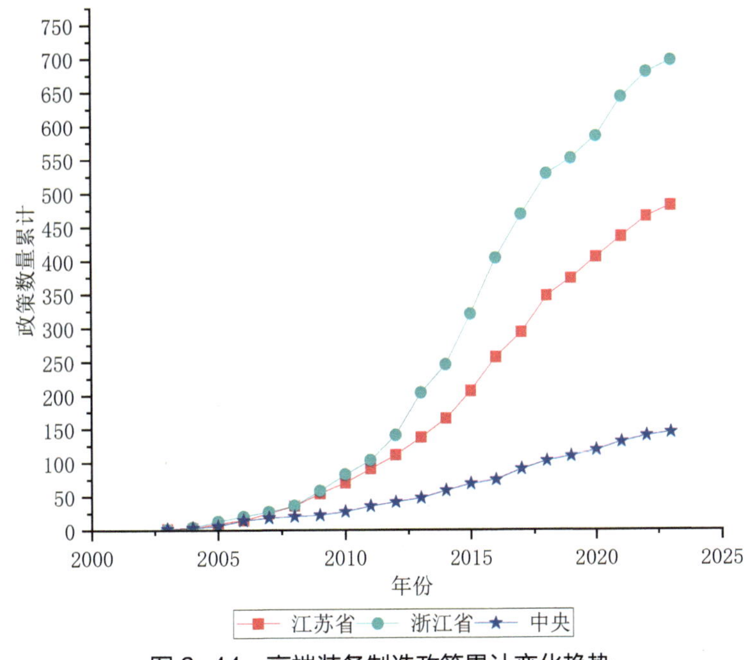

图 3-44　高端装备制造政策累计变化趋势

端装备制造产业也处于较成熟的发展阶段。自 2010 年开始，两个省份高端装备制造产业的政策数量都呈现急剧增长态势。在 2015 年以后，国家层面颁布了《制造业信息化和工业化深度融合行动计划》等战略性指导意见，提出大力发展高端装备制造业，加强国家高端装备制造产业创新中心建设。随后，各省市相继出台相关政策，可以发现浙江省和江苏省从 2015 年以后，政策数量增长态势更加明显，浙江省的政策数量增长幅度相较于江苏省更大。

2. 政策密度分析

江苏省在新能源汽车产业的政策密度变化如图 3–45 所示，整体呈现“快速增长—平稳”特征。从 2015 年至今，政策密度保持在 16% 左右。与全国其他省份相比，江苏政策发布数量相对较多且较稳定，说明了江苏省在政策上对高端装备产业的高度重视和持续关注。浙江的政策密度则呈现“快速增长—稳定增长—平稳”的趋势，2015 年后政策密度稳定在 23% 左右，说明了浙江省近几年在高端装备产业政策上的投入密集。

3. 政策协同程度分析

研究基于高端装备制造产业优势省市引用的政策文件，探究优势省市的政策与中央政策的协同程度。同时，通过构建江苏省、

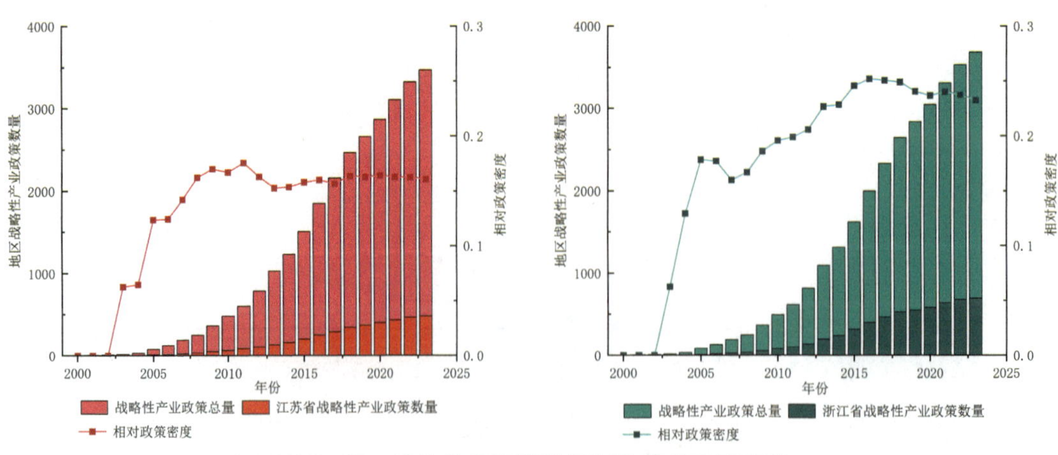

图 3–45 优势省市高端装备制造产业政策密度

浙江省的发文主体共现网络，探究各优势省市在发展高端装备制造产业时的政策机构协同关系。

高端装备制造业政策呈现“中央政策速响应、地方政策强扩散”的协同特征，如表 3–9 所示。江浙两省引用最多的政策文件均为地方政策，这些地方政策大多为响应中央战略所推出的相应的地方行动计划。表 3–10 中也对应反映了如上特征，江浙两省在政策制定时重点关注国务院、下属各部委以及工业和信息化厅等省内部门。

表3-9　高端装备制造产业优势省市引用最多的政策文件

政策文件	被引次数
《杭州市国内首台（套）重大技术装备及关键零部件产品认定办法（试行）》	7
《浙江省高端装备制造业发展规划》	6
《宁波市制造业企业智能化技术大改造行动计划》	6

表3-10　高端装备制造产业优势省市引用最多的政府部门

政府部门	被引次数
江苏省工业和信息化厅	33
浙江省经济和信息化厅	30
工业和信息化部	20
浙江省人民政府	17
国务院	15
宁波市人民政府	15

为探究各优势省市在省市内的协同特征，构建优势省市联合发文占比，如表 3–11 所示。研究发现，江浙两省联合发文中心度最高部门均为当地的财政厅（表 3–12），浙江省的区域内联合发文

占比略高于江苏省，说明财政部门在江浙两省的政策协调中起到了关键作用，浙江省多部门政策协同略微更加紧密。

表3-11　高端装备制造产业优势省市联合发文占比

统计项	江苏省	浙江省
政策发文量	480	696
独立发文量	453	645
联合发文量	27	51
联合发文量占比	5.63%	7.33%

表3-12　高端装备制造产业优势省市联合发文中心度最高的部门

江苏省	浙江省
江苏省财政厅	浙江省财政厅

根据江苏省、浙江省的发文主体共现网络（图 3–46和图 3–47），研究发现江浙两省高端装备制造产业政策联合发文涉及的政府部门范围较广，多样性强。以省财政厅为核心，协调税务局、农业机械管理局、科学技术厅等各种单位的相关政策活动，并且到市级层面也有较明显的联合发文现象，实现了多层次、全方位协同发力，确保产业的全面推进和可持续发展。

3.4.2 江浙前瞻布局，政策细化程度高、迭代优化升级快

通过综合归纳中央、优势省市的核心政策发现，在高端装备制造产业，江苏和浙江的政策支持展现出显著的“前瞻统筹、精准施策、迭代优化”的特征，通过前瞻、统筹的发展规划引领产业发展，通过编制行动计划、具体落地方案以及针对细分行业的规划实现精准施策护航产业发展，通过迭代优化专项政策持续助力产业发展。

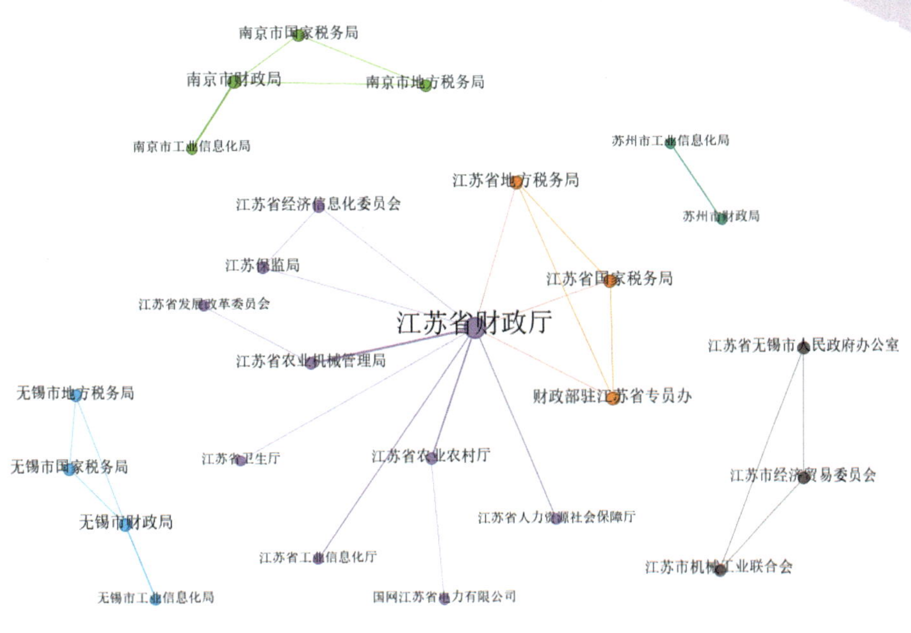

图 3-46　江苏省发文主体共现网络

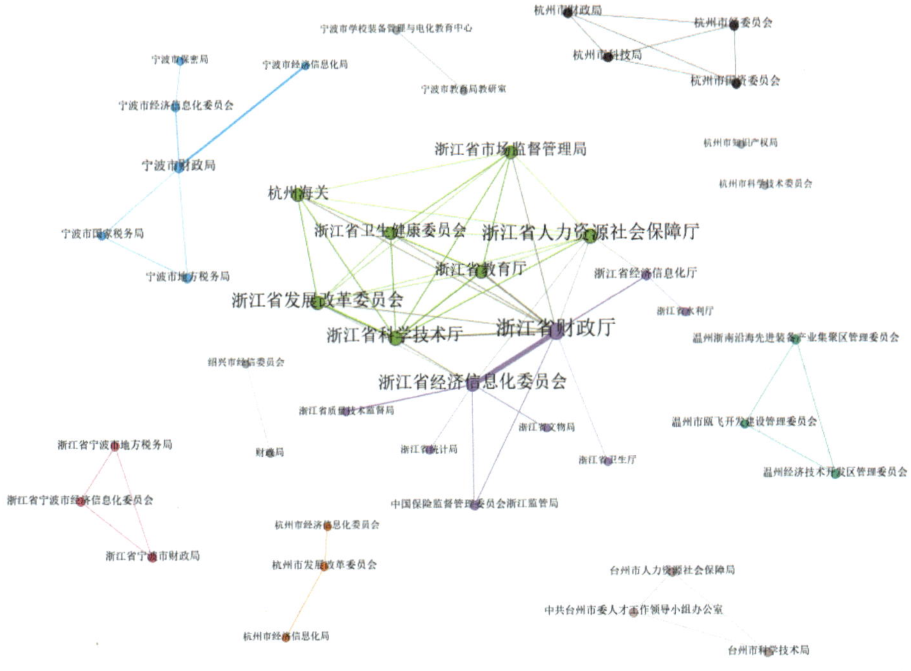

图 3-47　浙江省发文主体共现网络

1. 中央政策时间线分析

高端装备制造产业的中央政策总体呈现“转型升级 + 核心竞争力 + 绿色智能”的发展特征。研究梳理高端装备制造业中央政策时间线，如图 3-48 所示。“十二五”时期（2011—2015 年），政策主要集中在推动工业转型升级的相关规划，提升制造业信息化和工业化的融合水平。此时期政策为高端装备制造业的发展奠定了坚实的基础，引导传统制造业走向提升转变。“十三五”时期（2016—2020 年），政策强调提升装备制造业的核心竞争力，攻克关键核心技术，从宏观规划到具体实施，推动高端装备制造业在技术水平和质量上的全面提升。“十四五”时期（2021—2025 年），政策在之前基础上进一步强调绿色化与智能化，要求信息化与工业化深度融合，全面进行数字化转型。

2. 优势省市政策时间线分析

研究梳理高端装备制造业江浙政策时间线，如图 3-49 和图 3-50 所示。江浙政策共同展现出“前瞻统筹、精准施策、迭代优化”

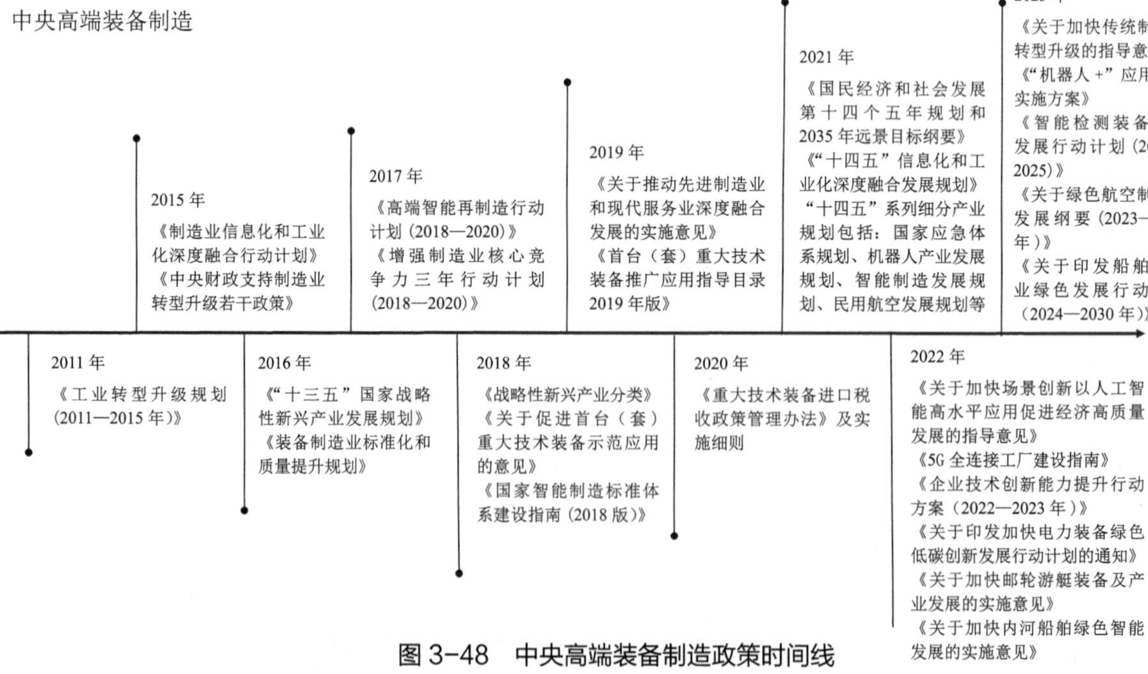

图 3-48　中央高端装备制造政策时间线

江苏高端装备制造

2009年
《江苏省装备制造业调整和振兴规划纲要》

2011年
《转型升级工程推进计划》

2016年
《江苏省“十三五”战略性新兴产业发展规划》
《江苏省装备制造业“十三五”发展规划》
《江苏省政府关于金融支持制造业发展的若干意见》

2017年
《江苏省“十三五”智能制造发展规划》
《关于推进中国制造2025苏南城市群试点示范建设的实施意见》

2018年
《省政府关于加快培育先进制造业集群的指导意见》
《关于进一步加快智能制造发展的意见》
《江苏省高端装备研制赶超工程实施方案(2018年修订)》

2019年
《关于促进首台（套）重大技术装备发展的实施意见》
《关于加快推进农业机械化和农机装备产业转型升级的实施意见》

2020年
《江苏省首台（套）重大装备认定管理实施细则（2020年修订）》
《江苏省加快推进工业互联网创新发展三年行动计划（2021—2023年）》

2021年
《江苏省“十四五”数字经济发展规划》
《江苏省“十四五”制造业高质量发展规划》
《江苏省国家先进制造业集群项目管理细则（试行）》

2023年
《关于推进战略性新兴产业融合集群发展的实施方案》
《江苏省工业领域及重点行业碳达峰实施方案》

图 3-49　江苏省高端装备制造政策时间线

图 3-50　浙江省高端装备制造政策时间线

的特征。在“十一五”时期江苏省就出台了《江苏省装备制造业调整和振兴规划纲要》，侧重从调整和振兴的角度规划本省的装备制造业发展。2011 年江苏省出台《转型升级工程推进计划》，2013 年浙江省出台《推动现代装备制造业加快发展的若干意见》，显示出江浙已开始前瞻规划关于装备制造业的现代化转型升级的政策措施。2015 年作为一个关键时间节点，中央推出一系列旨在推动工业转型升级的规划，江浙两省均迅速响应，推出本省的行动纲要。“十三五”时期，两省结合本省产业基础和政策基础，共同强调了集群发展路径，精准制定了本省的一系列详细规划并配套行动方案、实施意见等，明确产业发展方向与目标，促进规划的落实执行。结合章节 2.2.1 中分析结果——江浙 2011—2015 年科技成果产出和影响力缓慢增长、2015 年后增长速度显著加快，可以发现江浙通过前瞻统筹规划引领产业发展与精准施策，在 2015 年中央的重大战略发布后，基于已有的良好产业基础，迅速助力高端装备制造业的科技创新成果数量快速增长和产业快速发展。“十四五”时期，江浙强调了高端装备产业的集群建设和数字智能化转型，这也与章节 2.2.1 中科技成果主题分析结果吻合。此外，江浙不断迭代优化专项政策，持续助力产业发展。例如推动首台（套）政策持续创新，几乎每年都进行政策迭代优化，使之逐渐覆盖了认定、激励、采购、补偿等多种政策。

江浙两省政策也各有其特色，江苏省关于高端装备制造产业的集群培育工作起步较早，进展迅速且成效明显，展现出稳健领航的态势。浙江省则近年来推出了较多侧重产业数字智能化转型方面的行动方案。词频统计结果显示江苏省更加侧重于互联网技术的应用，而浙江省更加关注管理和系统优化。

总体而言，研究从中央以及优势省市的核心政策时间线分析，主要发现江浙两省在中央重大政策出台之前已开始前瞻规划关于装备制造业的现代化转型升级的政策措施。这种超前布局使得江浙在政策实施过程中具有明显的先发优势，进一步促进了区域内产业的转型升级。同时，江浙两省的政策细化程度高，政策迭代优化现象明显。两省都能够基于中央政策进行地方政策创新，从而细化、落实中央战略，编制行动计划、具体落地方案以及针对细分行业的规划，实现精准施策护航产业发展，通过迭代优化专项政策持续助力产业发展。

3.4.3地级市积极响应且城市特色突出，浙江政策主题丰富多样

依次分析中央、江苏省和浙江省的高端装备制造产业政策的主题分布与演进情况，能够展示出中央与地方在政策制定中的不同思路，同时反映出各地根据自身的经济基础和发展方向所采取的不同措施，帮助理解我国高端装备制造业政策的多样性和层次性。

1. 中央政策主题分析

图 3–51 展示了中央高端装备制造产业政策主题分布，可以发现中央政策较为关注“智能装备制造”“安全保障体系”“技术标准建设”三个主题。智能装备制造方面相关政策较丰富，注重完善标准体系和安全保障体系，关于重大技术装备进口或产品有必要进口的关键部分和原材料，相关政策也多提及进口免征关税等。政策主题演变大致分为三个阶段：“十一五”时期，中央明确要加快发展高端装备制造业，政策开始向关键领域转移；经过“十二五”“十三五”时期的深化，中央政策在“智能装备制造”这一主题上的连续性较强，包括智能制造、航空航天、海洋工程等，并加大了政策支持和资金投入；进入“十四五”时期，相关政策主题强调高质量发展。综合来看，中央层面更为注重发挥顶层指导和引导作用，以指导鼓励性政策为主。

美国作为世界装备制造业大国，采取了以技术进步战略为主，以资金、财税、贸易等相关支持政策为辅的策略，始终将技术作为支持的重点。美国一直持续发布更新《先进制造业国家战略》，近年来还发布了一系列法令法案以提高供应链弹性和生态系统韧

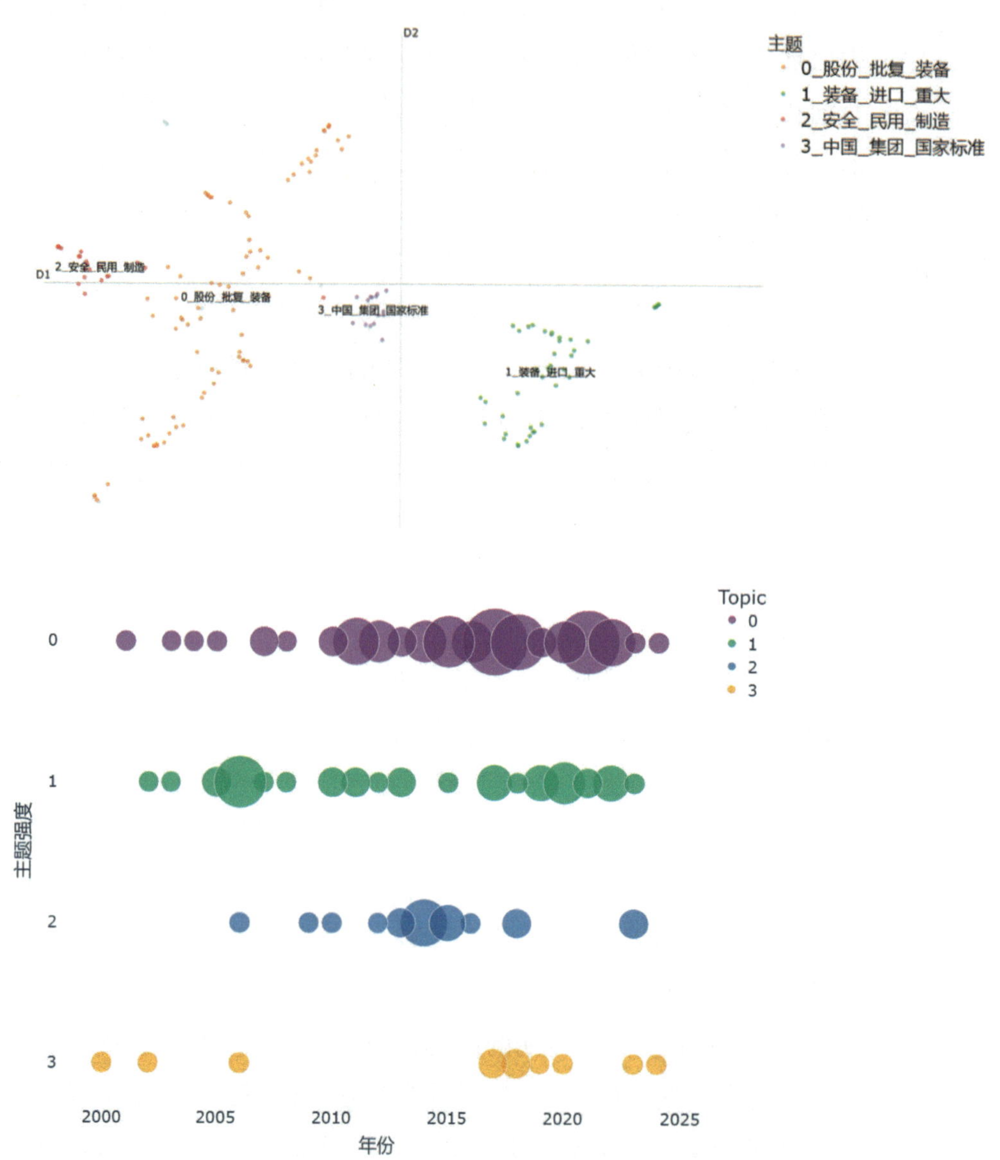

图 3-51　中央高端装备制造产业政策主题分布与演进

性，同时明确强调美国要引领智能制造的未来，比如《芯片法案》《2022 年通胀削减法案》等。我国与美国在高端装备制造产业政策中展现出了相似的战略考量，但美国更注重通过市场驱动、政产学研合作、创新生态建设来保持全球竞争力，是值得借鉴之处。我国目前政策发展趋势也更加重视借助政产学研用良性互动机制，促进形成横向有序竞争、纵向链式协同、大中小企业融通发展的产业创新生态。

2. 优势省市政策主题分析

图 3-52 显示，江苏省的相关政策所关注的主题为“船舶装备制造”“农机智能装备制造”“技术标准建设”“装备采购”等。总的来看，江苏省高端装备制造产业政策主题涉及以下两个方面：第一，通过产业政策，打造智能制造装备产业集群，重点发展海

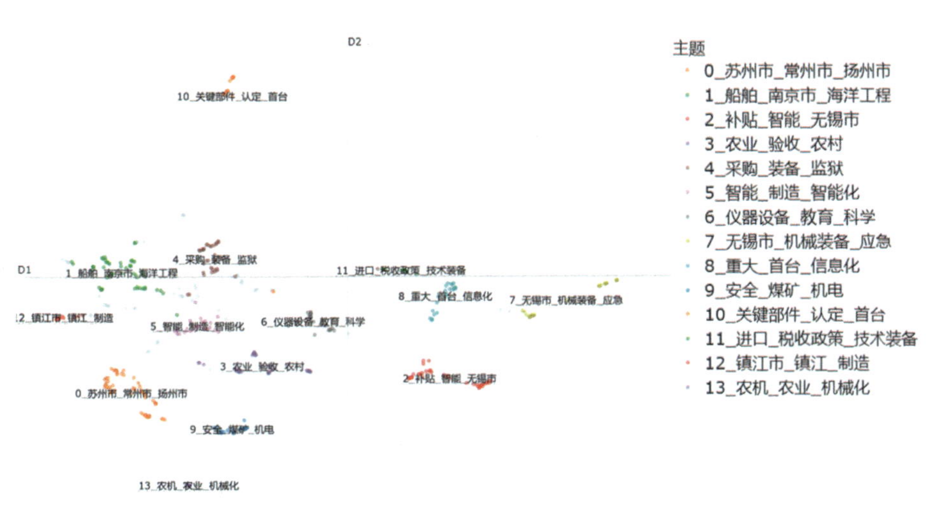

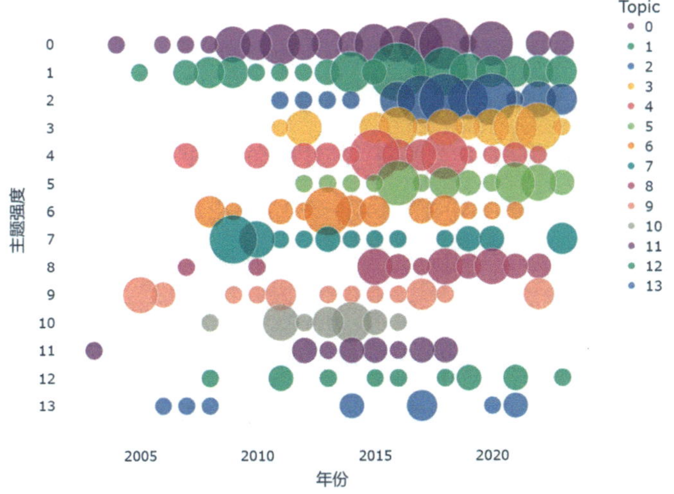

图 3-52　江苏省高端装备制造产业政策主题分布与演进

洋工程装备、高端数控机床、智能农机装备、高端精密仪器等，相关政策侧重于提升精密性、可靠性和节能性等性能；第二，江苏省下辖的各地级市充分发挥政府职能，紧跟中央以及省政府的产业发展规划，形成了区域政策协同，其中苏州市、扬州市以及南京市在高端装备制造产业相关政策数量较多。总的来看，江苏省作为传统的装备制造强省，其智能制造装备产业出台政策数量与产业规模呈正相关，发展前景广阔。在“十一五”规划以后，江苏在“船舶装备制造”“农机智能装备制造”等相关政策主题的连续性较强。

图 3–53 展示了浙江省高端装备制造产业政策主题分布，浙江省相关政策主题关注的是“现代农业装备制造”“培育专业化中小型企业”“首台（套）产品工程化攻关突破”“税收政策优化”等。总的来看，浙江省高端装备制造产业政策主题涉及以下几个方面：第一，结合自身省份发展特点，通过产业政策，大力开发特色专用装备，如新型农业机械装备、工程机械装备等；第二，通过政策优化装备应用生态，推动关注首台（套）产品政策的落地，旨在攻克一批“卡脖子”关键核心技术；第三，通过产业政策，鼓励和支持产学研合作等模式，落实制造业企业加计扣除等税收政策，激励企业加大创新投入。2000—2023 年，浙江省在企业创新主体培育、技术装备改造、资金投入、政策扶持和智能制造试点等主题上的相关政策具有连续性和一致性。第四，浙江省下辖的各地级市也积极响应中央和省级政策，基于城市特色产业进行相关政策布局。

综合来看，江浙两省的高端装备制造产业政策都是围绕“重点城市引领产业集群 + 特色产业发展”开展。江浙的重点地级市能够充分发挥政府职能，积极迅速响应中央和省政府的产业发展规划，基于区域的特色产业集群出台地方政策。此外，从江苏省和浙江省的政策主题分析结果对比来看，江苏省政策凸显了“精准”的特征，以多个重点城市为核心，构建了具有高度竞争力的

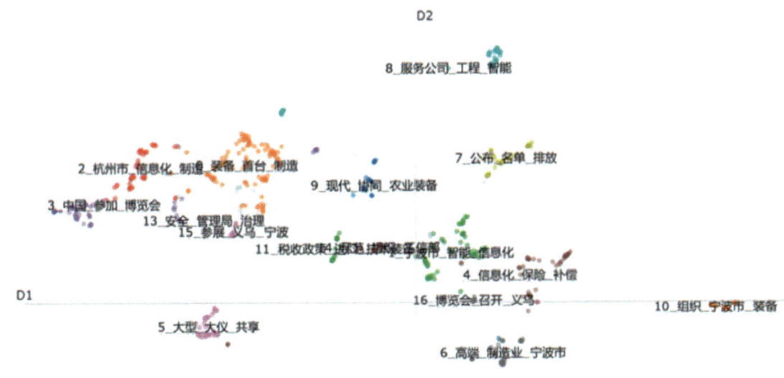

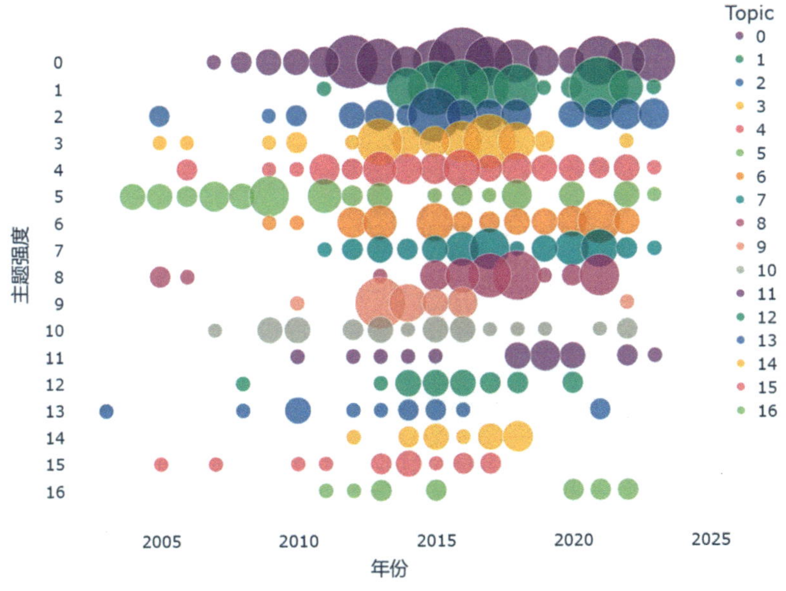

图 3-53 浙江省高端装备制造产业政策主题分布及演进

产业集群，并针对多个细分领域提供精准政策支持。浙江省政策凸显多样化特征，比如首台（套）产品保险补偿机制、大型装备仪器共享平台、积极召开展会博览会以推动企业交流交易等。

第四章

科技创新人才赋能战略性新兴产业发展

科技创新人才通过引领技术创新和推动科研成果转化，成为战略性新兴产业持续发展的关键支撑力量。本部分基于全球权威的学术论文数据库 Web of Science 和专利数据平台壹专利平台，汇总长江经济带战略性新兴产业的科技创新人才及其创新成果，首先分析长江经济带战略性新兴产业的科技创新人才发展态势，重点探讨各产业的人才总量和地区间分布情况。然后，构建人才画像，描绘人才的年龄结构、类型分布和特色研究主题。最后，基于政策与文献的主题分析，评估各产业的重点需求方向和人才供需匹配情况。主要结论如下：

（1）在新能源汽车产业领域，上海市、湖北省、重庆市的人才数量持续稳定增长，呈现出均衡的年龄结构。其中，上海市展现出卓越的人才集聚能力，活跃和顶尖人才数量均位居前列，顶尖人才的研究主题主要集中在锂电池和智能化控制领域。虽然上海市和湖北省的人才供给整体较高，但仍存在部分供需匹配不平衡的情况，而重庆市的人才供给则相对不足。

（2）在节能环保产业领域，云南省、湖南省、安徽省的人才队伍初具规模，且保持着稳定增长的势头。顶尖人才的研究主题聚焦于清洁能源的高效利用。安徽省和湖南省的人才供给整体较为充足，但也存在部分供需不匹配的问题，而云南省的人才供给则普遍不足。

（3）在新材料产业领域，四川省、贵州省、江西省的人才数量呈平稳增长态势，其中四川省保持领先地位，江西省呈现追赶之势。顶尖人才的研究主要集中在高性能材料的研发。四川省的人才供给程度最高，较好地满足了产业需求，而贵州省和江西省的供给整体仍显不足。

（4）在高端装备制造产业领域，在长三角一体化政策的推动下，江苏省和浙江省的人才数量稳步增加，后备人才资源充足。两省的顶尖人才主要关注数字化技术应用领域。江苏省的人才供给相对较好，能够较好地满足产业需求，而浙江省的供给水平则略显不足。

4.1 新能源汽车产业创新人才格局分析

4.1.1 创新人才数量稳定增长，上海虹吸效应显著

本节从宏观上对新能源汽车产业人才数量和结构进行统计分析。根据不同特色产业相关的论文和专利数据，统计长江经济带各省份的科学和技术人才数量，计算各省市科技创新人才在单位人口中的占比（人 / 万人），以及在单位面积上的密度（人 / km2）。为进一步刻画人才画像、洞悉人才结构，统计人才学术年龄、顶尖 / 活跃人才数量等指标。以人才首次发表战略性新兴产业相关论文（专利）的年份为基点，计算其至今（2024 年）所经过的时间，划分为 Senior（大于 10 年）、Mid（5—10 年）和 Junior（5 年以下）三类学术年龄段，以此反映区域内人才成熟度和人才发展潜力；根据论文（专利）的 Web of Science 核心合集中被引数量（专利价值度）进行测算，将位于前 10% 的论文（专利）的人才归为顶尖人才；根据近 5 年人才发表论文（专利）的频次进行测算，将频次超过平均值的人才归纳为活跃人才。本章主要使用论文数据计算以上指标（下同）。

1. 人才数量分析

图 4–1 展现了基于论文和专利数据抽取的上海市、湖北省、重庆市新能源汽车产业科学和技术人才数量。其中，上海市的科学技术人才数量最多，科学和技术人才数量分别为 20574 人和 32177 人；其次是湖北省，科学和技术人才数量分别为 13339 人和 25053 人；最后是重庆市，科学和技术人才数量分别为 6084 人和 13030 人。上海市作为我国的经济核心城市，拥有相当发达的新能源汽车设计制造产业，并在地区内多所著名高等院校的资源加持下，展现出巨大的科研技术人才优势。湖北省和重庆市同样是我国汽车产业的重要基地，也正在积极布局新能源汽车产业，表现为人才的进一步集聚。

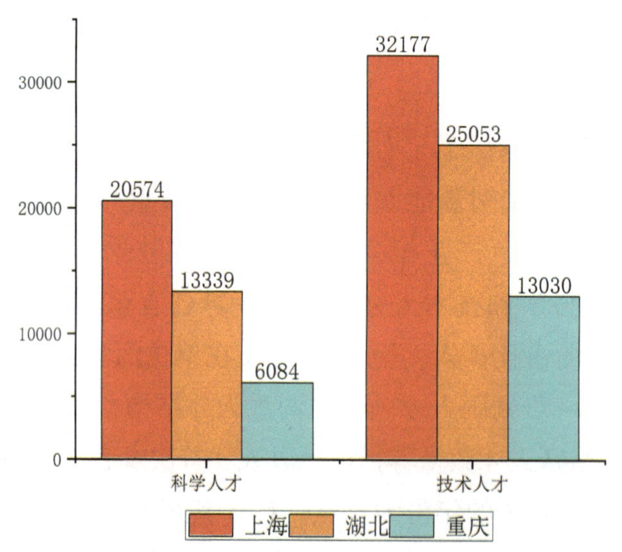

图 4–1　基于论文和专利数据的新能源汽车产业科技人才数量

2. 人才密度分析

地区人才数量会在一定程度上受到省市发展规模（如总人口、面积等）的影响。因此，进一步计算分析人才人口占比和人才空间密度变化。图 4–2 和图 4–3 分别反映上海市、湖北省、重庆市新能源汽车产业人才的人口占比和空间密度的数值变化。考虑到

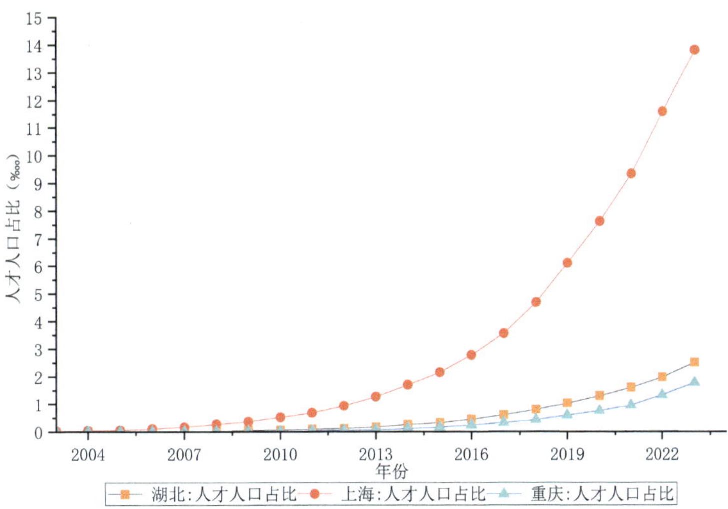

图 4-2　新能源汽车产业地区人才人口占比变化曲线

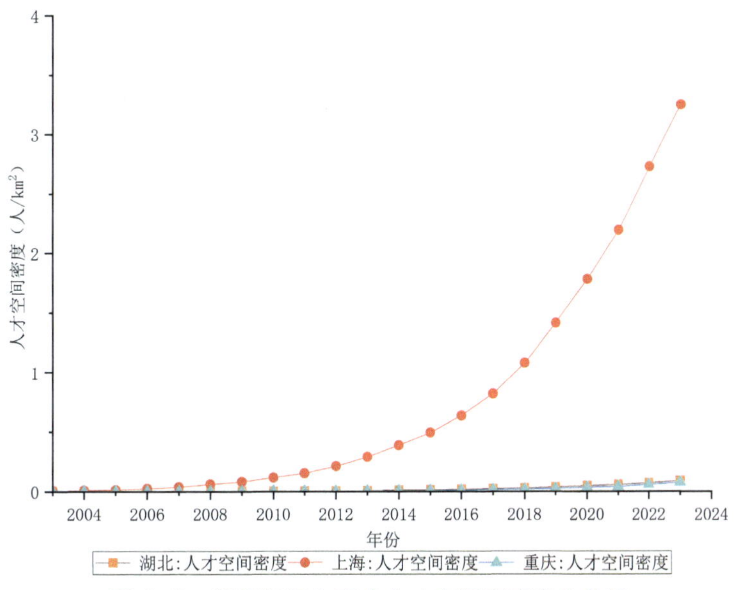

图 4-3　新能源汽车产业人才空间密度变化曲线

数据的可获取性，选取了 2003—2023 年的论文发表数据进行计算。人才人口占比方面，整体上各省市新能源汽车产业的人才人口占比呈现增长趋势，相关科技创新人才规模不断扩大。其中，上海市人才人口占比增长提速较快，并始终处于领先地位，年平均人才人口占比高达 3.22‰。这是由于其辐射周边，虹吸区域人才，形成了不断招才、引才、聚才的具有强吸引力的“引力场”。此外，上海市优质资源突出，国家级实验室和新型研发机构林立，能够为新能源汽车产业人才提供国际一流的创新发展平台。人才空间密度方面，各省市新能源汽车产业的科技创新人才空间密度均在逐年提高，这得益于三省市在人才引进培养方面的重视，如上海市制定的《上海市加快新能源汽车产业发展实施计划（2021—2025 年）》，以及“楚天英才计划”“鸿雁计划”等系列计划的出台实施。

总体来看，上海市、湖北省、重庆市三个省市的科技创新人才都呈现增长趋势。其中，上海市更是凭借强大的经济实力和雄厚的科研资源，展现出显著的人才虹吸效应。

3. 人才学术年龄分析

图 4–4 展示了三个省市新能源汽车产业的科学人才在各个学术年龄段的人数分布。学术年龄根据学者发表论文的时间推断，反映区域的人才成熟度以及人才发展潜力。其中，上海市的 Senior 阶段科学人才占比最高，比例达到 32%，位居首位。紧随其后的

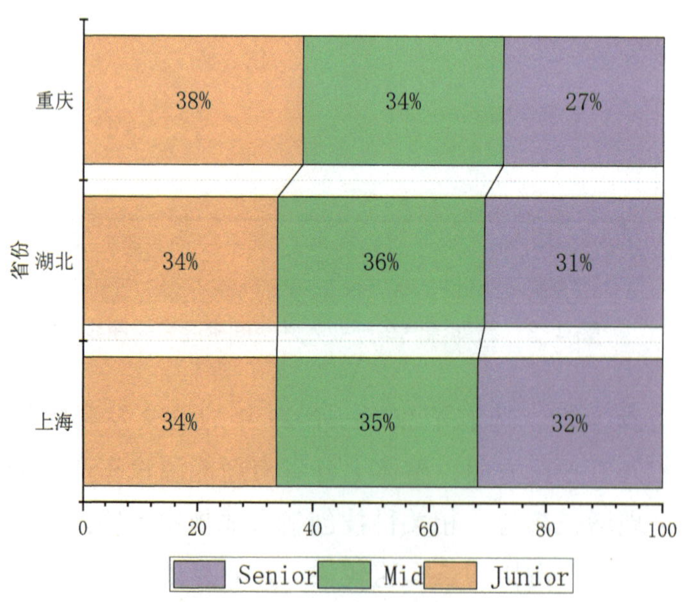

图 4–4　新能源汽车产业科学人才各年龄段人数分布

是湖北省和重庆市，分别以 31% 和 27% 的占比位列第二和第三。这一数据反映出上海在新能源汽车产业的人才成熟度和研发创新能力的领先优势，这无疑为该地区新质生产力的提升提供了强有力的支撑。相较之下，重庆市在该领域的人才成熟度虽略显不足，但其 Junior 阶段科学人才的高占比（38%）显示了其在后备人才资源方面的雄厚潜力。总体来看，三个省人才年龄结构都较为均衡。

4. 人才类型分析

如图 4–5 所示，上海市和湖北省在新能源汽车产业中的活跃人才分别为 2586 人和 1666 人，两个地方在该领域的研究活力很强，体现了它们在新能源汽车技术研究及产业发展上的领先态势。上海市凭借的是开放的经济环境和尖端的研发能力，湖北省则可能受益于在汽车制造领域的深厚底蕴。相比之下，重庆市的顶尖人才和活跃人才则相对较少，有 776 人和 272 人。上述结果可能与重庆市的总体人口和土地面积较少有关。

在顶尖人才数量上，上海市作为我国的经济核心地区及汽车

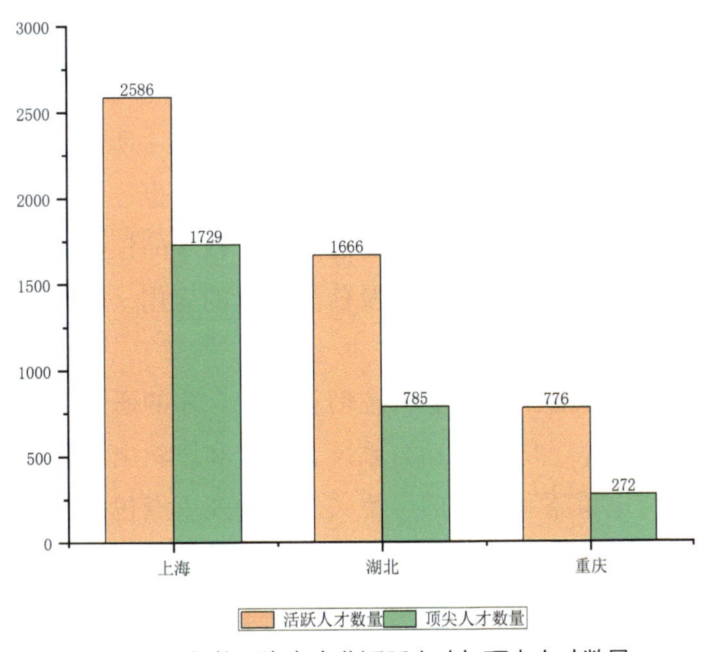

图 4–5　新能源汽车产业活跃人才与顶尖人才数量

产业领跑者，拥有数量最多，达到 1729 名。湖北省和重庆市紧随其后，分别有 785 名和 272 名。从活跃和顶尖人才数量来看，上海市仍旧占据新能源汽车产业领头羊的地位，引领长江经济带新能源汽车产业不断向前快速发展。

4.1.2 顶尖人才研究主题聚焦锂电池与智能化控制

基于 BERTopic 主题模型对顶尖人才科技成果数据进行主题建模和可视化，依次识别人才的研究兴趣主题。具体步骤如下：①以论文和专利摘要为数据源，使用“paraphrase-multilingual-MiniLM-L12-v2”预训练模型生成文档嵌入；②使用 UMAP 算法对文档嵌入降维；③使用 Kmeans 算法和 HDBSCAN 算法分别创建集群，经过反复调参，选择主题生成效果更好的聚类算法；④由于 CountVectorizer 的默认分词器是针对英文文本，因此采用 jieba 作为分词工具传入 CountVectorizer，生成中文的词袋表示；⑤使用 c-TF-IDF 计算词的权重；⑥利用 KeyBERTInspired 进行主题优化（下同）。

1. 研究主题分布

湖北省的研究主题主要集中在提升电池性能与管理、系统集成与优化，以及前沿技术应用等方面，如表 4-1 所示。此外，对自动驾驶技术、无人机平台和新型材料的应用也显示出浓厚的兴趣。这些特征表明，湖北省在新能源汽车领域的顶尖人才关注重点在于技术集成、系统优化以及前沿技术的应用，以推动产业的整体进步和技术突破。

上海市新能源汽车产业科技创新顶尖人才的研究兴趣主要体现在对电池技术、电动车动力系统、氢气和燃料电池技术、先进材料以及充电策略和政策的广泛关注，研究重点包括提升电池性能和安全性、优化动力系统组件、推进清洁能源技术、开发新型材料，以及制定高效的充电策略和政策。这些研究方向表明了其对新能源汽车性能提升、清洁能源应用推广及相关政策优化的全面关注。

Topic0 和 Topic1 是重庆市新能源汽车产业顶尖人才重点关注的方向，相关文献占比达 35%。此外，在所有的主题中，与电池、充电相关的主题占比较大，而这些技术也是新能源汽车的核心技术之一。

表4-1 新能源汽车领域科技创新顶尖人才的研究兴趣主题

主题＼省份	湖北省	上海市	重庆市
Topic0	高性能锂离子电池技术	高性能锂离子电池技术	扭矩与动力轴控制技术
Topic1	焊接设备及轴线技术	涡轮轴端组件技术	高锂电池材料处理技术
Topic2	石墨材料的制备与碳复合材料	车辆动力控制技术	电动车能源管理系统
Topic3	电池电压与电路控制	锂电池温控技术	锂电池状态估算模型
Topic4	燃料电池与电动汽车	充电器电压控制	轮胎固定装置
Topic5	车辆控制系统中的压力连接	乙烯基树脂的制备技术	车辆控制系统
Topic6	电池拆解与通风技术	燃料电池膜层技术	电源充电系统
Topic7	自动驾驶与车道检测	氢气存储控制	气体发动机油箱与冷却系统
Topic8	电池寿命预测	电动车充电策略与政策	废物氨的筛分与回收
Topic9	无人机平台与模块技术	TiO_2介孔材料的光催化技术	激光焊接铜件的技术应用

2. 研究主题内容

表 4-2 展示了湖北省、上海市和重庆市新能源汽车领域科技创新顶尖人才的研究特色。由表可知，新能源汽车领域的科技创新顶尖人才在锂离子电池和智能化控制技术上的研究，显示出高度的集中和前瞻性。三地的人才不仅在技术层面展开广泛探索，还形成了显著的交叉融合趋势，引领着产业创新的核心方向。在

表4-2　新能源汽车领域科技创新顶尖人才的研究特色

识别主题	研究特色	内容分析
湖北省主题0、2、3；上海市主题0、3、6；重庆市主题1、3、6	锂离子电池技术	研究包括锂材料的制备方法和材料选择、电池的状态估计、数据分析和电量预测、电压控制、充电管理和开关和电路设计等，旨在提高汽车的续航里程和使用寿命，以及车辆的安全性。
湖北省主题4、5；上海市主题1、2；重庆市主题0、4、5	车辆智能控制系统	研究包括传动系统、滚筒支撑、基础设计、路径规划、驾驶员信息和目标管理等，旨在提高车辆控制的智能化水平以及安全性和可靠性。

锂离子电池技术方面，三地的研究聚焦于提升电池性能，延长续航里程，并加强对电池状态的精准管理。湖北省的研究在材料选择、充电管理和电池寿命预测上表现突出，强调通过技术创新提高电池的稳定性与效率。相比之下，重庆市更注重实际应用，尤其在电池与动力系统的优化结合上，推动了电池在不同动力配置中的集成与效率提升。上海市的研究延伸至燃料电池膜材料技术，进一步促进了电池技术的多样化与创新。

在智能化控制系统方面，三地的人才不仅致力于提升车辆控制的自动化和智能化水平，还重点突破了路径规划、传动系统和驾驶员辅助系统等关键技术。湖北省的研究更偏重于基础控制技术的优化，重庆市则通过改善动力控制系统来提升能源管理效率，上海市则在更复杂的自动驾驶和信息交互系统上展现出了显著优势。

锂离子电池技术和智能化控制系统的双重突破，反映出新能源汽车科技人才对产业未来趋势的敏锐把握。他们不仅在追求技术提升，更在探索多学科交叉融合，推动行业整体创新。通过这些研究，三地的人才已逐步塑造出新能源汽车技术的全球竞争力，为推动产业可持续发展奠定了基础。

4.1.3 智慧化应用需求凸显，重庆人才供给有待提升

仅具备创新能力并不足以充分发挥人才的潜力，更重要的是要面向国家重大需求精准发力，在前沿技术和产业应用之间架起桥梁，为新兴产业的发展提供强有力的支持。本节根据新能源汽车产业政策重点主题归纳出产业需求方向，然后采用人才和政策数据计算人才—政策供需比率（SDR）和需求响应指数（DRI），分析科技人才产业需求匹配，旨在为未来科技创新指明发展方向，实现相关产业科技供需协调发展，进而提高科技供需转移效率。

具体测算方法是，基于 BERTopic 主题模型对政策文本进行主题建模，根据每个主题的政策文本数量衡量该主题的科研需求度；将顶尖人才论文 / 专利摘要文本，与政策文本主题进行匹配，实现政策主题与人才的关联。本部分根据每个主题的论文 / 专利数量衡量该主题的顶尖人才供给程度，具体制定了如下两个度量指标：人才 – 政策供需比率（SDR）和需求响应指数（DRI）；前者表示每个主题下的人才机构发文量与该主题下的政策数量的比值，后者表示所有主题下的人才机构发文量总和与所有主题下的政策数量总和的比值。这两个指标可以较好地揭示不同需求主题下人才与政策之间的供需关系，评估地区整体人才供给对政策需求的响应程度（下同）。

1. 产业需求分析

表 4–3 展现了上海市、湖北省、重庆市新能源汽车产业政策的主要需求方向。重庆市、湖北省和上海市在新能源汽车产业的发展上各有侧重，但都围绕着基础设施建设、技术创新与推广应用展开。重庆市在配套设施和技术研发上投入较多，湖北省侧重于推广应用和智慧试点项目，上海市更注重信息化管理与政策创新。这种因地制宜的发展策略反映了各地在推进新能源汽车产业中的不同路径和战略选择。未来，这些政策需求将继续引导各地新能源汽车产业的发展，推动其在技术创新、市场推广、基础设施建设等方面取得新的突破。各地通过细化政策和措施，将进一

表4-3 新能源汽车产业政策主要需求方向

<table>
<tr><th></th><th colspan="2">政策研究</th><th>产业需求</th></tr>
<tr><th></th><th>政策主题</th><th>关键词</th><th>需求方向</th></tr>
<tr><td rowspan="3">重庆市</td><td>0</td><td>城市道路、换电设施、工程加强、区县、畅通整治、停车难问题、规范设置、停车设施。</td><td rowspan="3">城市道路停车管理与设施、新能源推广与财政补助、智慧技术研发与示范应用等；
新能源汽车推广应用与示范、智慧试点与创建过程等。</td></tr>
<tr><td>1</td><td>新能源推广、财政补助、信息化、财政补贴、补助流程、车辆补贴、补助对象、补助标准、补助方式。</td></tr>
<tr><td>2</td><td>智慧应用、技术研发、智能系统、示范项目、数据经费、技术创新、应用示范、系统开发、技术问题解决。</td></tr>
<tr><td rowspan="3">湖北省</td><td>0</td><td>新能源汽车、推广应用、示范方案、设施完善、道路交通、改革措施、政策执行、技术改造。</td><td rowspan="3">城市道路停车管理与设施、新能源推广与财政补助、智慧技术研发与示范应用等；新能源汽车推广应用与示范、智慧试点与创建过程等。</td></tr>
<tr><td>1</td><td>电动汽车、新能源、推广应用、产能调查、改革措施、管理局、产能摸底、市场调研。</td></tr>
<tr><td>2</td><td>智慧试点、住房建设、创建工作、试点细则、过程管理、科技局、试点实施、项目管理。</td></tr>
<tr><td rowspan="3">上海市</td><td>0</td><td>新能源、信息化、私人操作、试点、流程鼓励、政策更新、操作规范。</td><td rowspan="3">城市道路停车管理与设施、新能源推广与财政补助、智慧技术研发与示范应用等。</td></tr>
<tr><td>1</td><td>新能源设施、充电补贴、补贴额度、支持政策、车辆厂商、信息化、充电网络、政策支持、补贴实施。</td></tr>
<tr><td>2</td><td>线路管理、城市道路、交通局、临时管理、占用评议、管理条例、公共交通。</td></tr>
</table>

步促进新能源汽车产业的快速发展和市场普及。

具体来说，重庆市新能源汽车产业需求方向，体现出该市认识到新能源汽车的大规模推广离不开配套基础设施的支持，需要通过经济激励措施快速提升新能源汽车的市场渗透率，重视新能源汽车产业技术创新。湖北省新能源汽车产业需求方向，反映了该省力求为新能源汽车产业发展创造良好的市场环境，希望为新能源汽车产业的发展探索出一条可行的智慧化路径。上海市新能源汽车产业需求方向，表明其在推动产业发展时，注重政策的实施效果和用户体验的提升，并希望加速充电网络的建设，以解决新能源汽车用户的“里程焦虑”问题。

2. 人才供给分析

人才—政策供需比率与需求响应指数能够测度区域人才供给与产业需求的匹配情况。如图 4–6 所示，上海市的需求响应指数最高，达到了 20.19。其中，政策需求主题 4（新能源设施与充电补贴）的人才—政策供需比率最为突出。尽管其提出的需求仅有 17 篇，但却得到了 1300 余篇科研论文的回应，使得人才—政策需求比高达 76.53。然而，政策需求数最多（54 篇）的主题 1（城市道路公共交通管理）却相对缺乏人才和机构的关注，相关的研究论文仅有 224 篇，人才—政策供需比率为 4.15。因此，应引导更多科研技术人才关注此主题并深入研究，以填补研究缺口。湖北省的需求响应指数为 14.26，相对适中。但是，主题 1（新能源汽车推广应用与示范实施方案）和主题 3(城市道路停车收费与规范）的人才—政策供需比率偏低，这可能预示着它们可成为未来的研究重点。重庆市的需求响应指数最低，为 10.37，且其下的三个主题（城市道路停车管理与设施、新能源推广与财政补助、智慧技术研发与示范应用）的人才—政策供需比率都在 10 左右。因此，重庆市在未来应加大投入力度，吸引更多科研人才和机构面向地方产业发展需求展开科研攻关，从而助力新能源汽车产业发展，进一步推动新型生产力的发展。

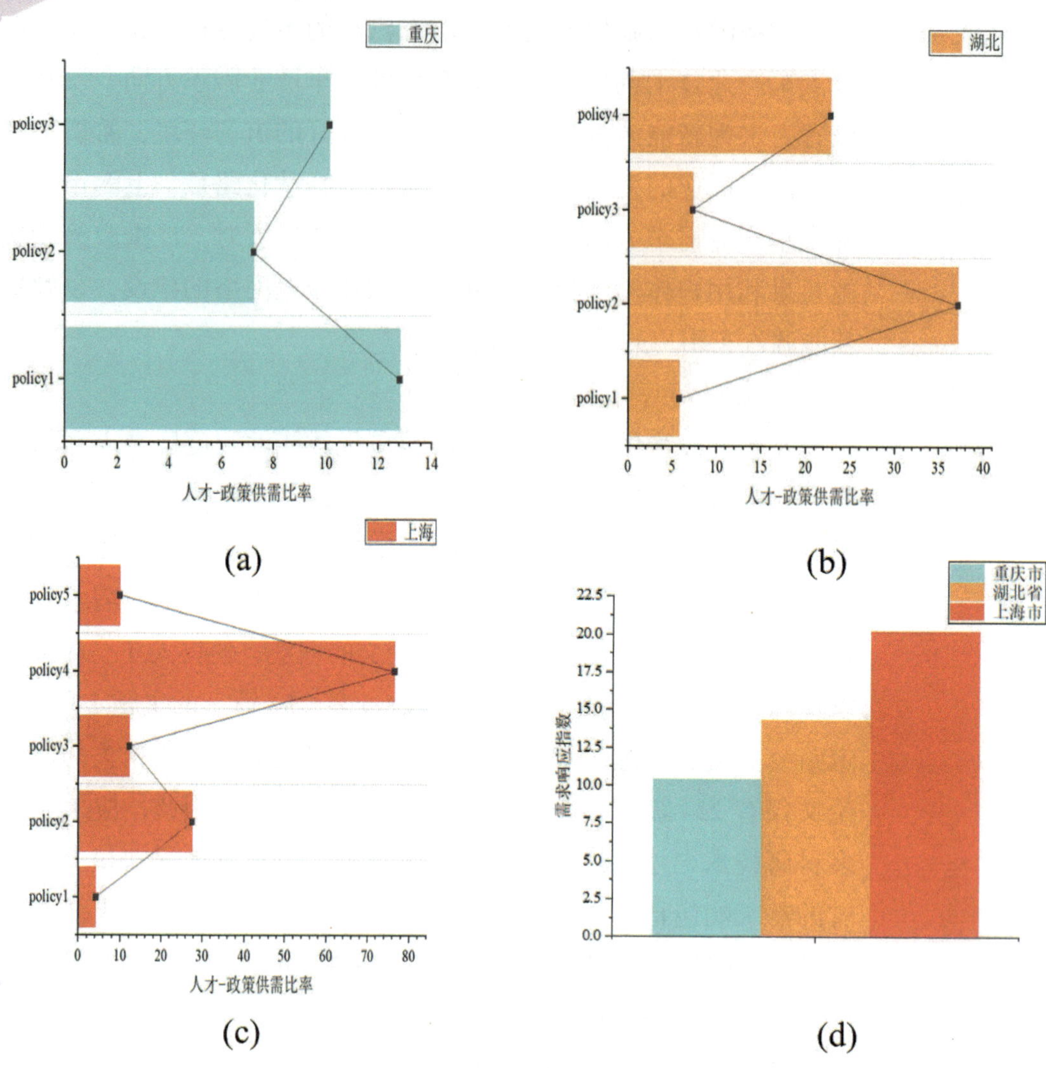

注：（a）中 policy1–3 分别为城市道路停车管理与设施、新能源推广与财政补助、智慧技术研发与示范应用；（b）中 policy1–4 分别为新能源汽车推广应用与示范实施方案、电动汽车推广应用与产能管理、城市道路停车收费与规范、智慧试点与创建过程；（c）中 policy1–5 分别为城市道路公共交通管理、新能源信息化与操作流程、智慧水务系统与智能化应用、新能源设施与充电补贴、公共汽车与客运管理条例修改。

图 4–6　重庆市、湖北省和上海市新能源汽车产业人才与政策供需及需求响应可视化

4.2 节能环保产业创新人才格局分析

4.2.1 政策引领激发人才集聚效应

本部分以节能环保产业为研究对象，通过分析安徽省、湖南省、云南省三省的论文和专利数据，结合各自的人口与地理特点，立体勾勒出三省在绿色技术与可持续发展领域的人才布局与发展态势。

1. 人才数量分析

图 4–7 展现出基于论文和专利数据统计得到的安徽省、湖南省、云南省节能环保产业的科学、技术人才数量。安徽省在这一领域的人才储备上表现突出，科学、技术人才数量分别达到 47303 人和 42871 人。这一显著的人才集聚效应为该省的节能环保产业提供了强大的智力支持和创新动力，体现出安徽省近年来在节能环保产业上的积极推动和布局。湖南省在节能环保产业的科学和技术人才数量上也表现不俗，分别达到了 36174 人和 34272 人。

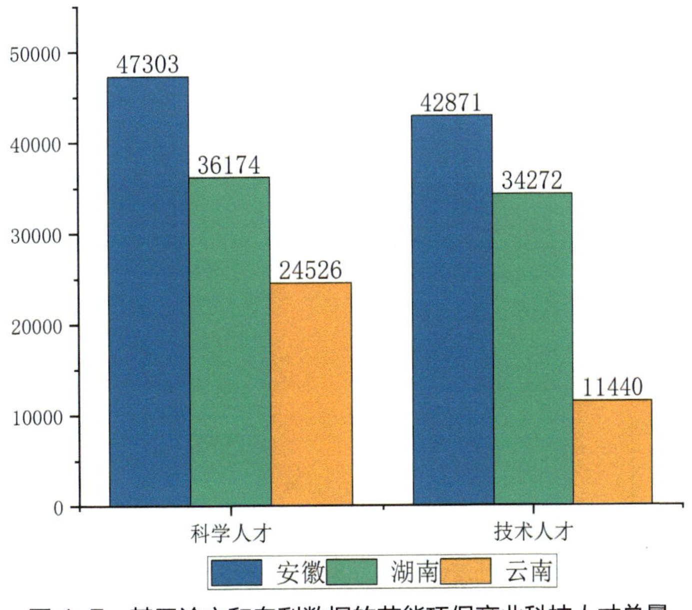

图 4–7　基于论文和专利数据的节能环保产业科技人才总量

湖南省的节能环保产业体系已较为成熟，涵盖了高效节能、先进环保、资源循环利用等多个领域，形成了跨领域、跨行业、多种经济形式并存的产业体系。相比之下，云南省在节能环保产业的科学和技术人才数量上略显不足，分别为 24526 人和 11440 人，但正通过规划和政策支持，加快追赶步伐。

2. 人才密度分析

图 4–8 和图 4–9 分别展示了云南省、湖南省、安徽省在节能环保领域的科技创新人才人口占比和人才空间密度的变化，以此反映人才的集聚效应，揭示区域内人才的分布规律与特征。考虑到数据的可获取性，选取了 2003—2023 年的论文数据进行计算。在人才人口占比方面，云南省、湖南省和安徽省节能环保产业的科技创新人才人口占比不断提升。一系列人才计划的出台实施，为云南省节能环保产业注入源源不断的人才活水；湖南省不断推动产业链与人才链深度融合，围绕产业链健全人才链，实现了节能环保产业科技人才队伍增量的不断扩大；安徽省通过“双招双引”等计划最大程度地集聚创新资源，特别是人才资源、智力资源，形成节能环保产业创新乘数效应。在人才空间密度方面，整体来

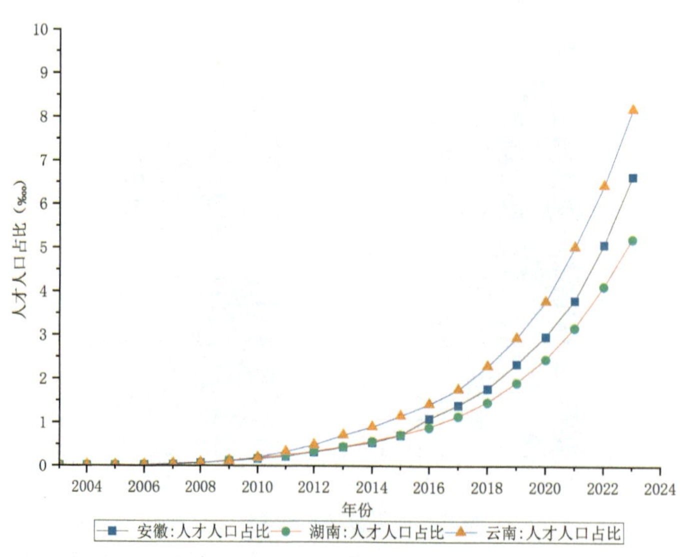

图 4–8　节能环保产业地区人才人口占比变化曲线

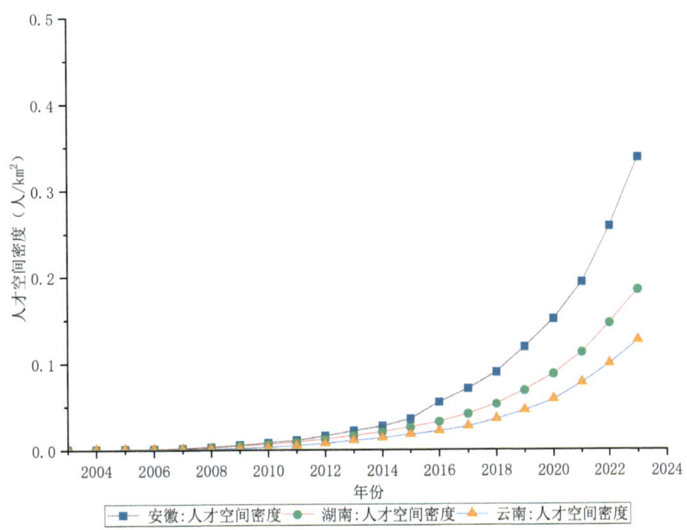

图 4-9　节能环保产业地区人才空间密度变化曲线

看，安徽省增长显著、增速较快，湖南省紧随其后，增长趋势明显但后期发展次于安徽省。相比之下，云南省的增长速度则较为缓慢，但自 2015 年起呈现出稳步提升的趋势，表明云南省节能环保审计、评估、咨询等专业人才队伍建设和节能环保专家库建设成效显著。

总体来说，在政策引领、行业加持、产业促进等多方影响下，云南省、湖南省、安徽省节能环保产业人才数量已初具规模，并保持稳定增长趋势，持续吸纳科技创新人才，逐步形成人才聚集效应，助力本省节能环保产业发展，推动新质生产力加快形成。

3. 人才学术年龄分析

图 4-10 展现了云南省、湖南省、安徽省节能环保产业科学人才的学术年龄分布。这一分布不仅能够反映各地区在该产业中的人才成熟度，还能揭示人才的发展潜力。从图中可以看出，三个省份在节能环保产业的人才结构上有着相似之处，尤其是在 Junior 阶段的人才占比上，都达到较高比例，超过了 40%。这表明云南省、湖南省、安徽省在节能环保产业的人才培养和储备上有着较为丰富的资源，为产业的持续发展提供了坚实的基础。进一步观察可

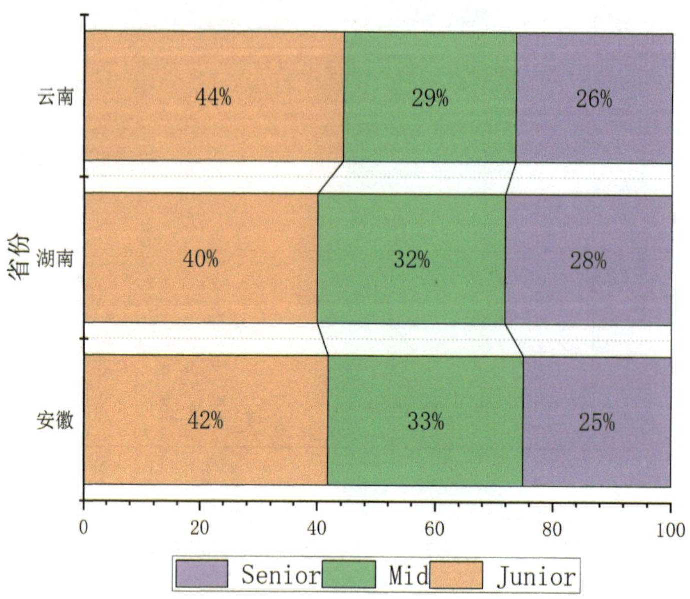

图 4-10　节能环保产业科学人才各年龄段人数分布

以发现，湖南省在 Senior 阶段的人才比例最高，达到了 28%。紧随其后的是安徽省和云南省，分别达到了 26% 和 25%。这一现象可能与湖南省在节能环保产业方面的政策支持、教育资源投入以及产业发展环境有关，这些因素共同促进了高级人才的培养和成长。安徽省和云南省虽然在高级人才比例上略低于湖南省，但仍然显示出了一定的竞争力和发展潜力。

从整体的人才学术年龄结构来看，三个省份都呈现出以 Junior 阶段人才为主导的特点，表明这些地区在节能环保产业的人才梯队建设上还有较大的发展空间。随着产业的不断成熟和市场需求的增长，未来这些地区需要进一步加大对中高级人才的培养力度，以满足产业发展的需求。

4. 人才类型分析

图 4-11 展现了安徽省、湖南省、云南省的活跃和顶尖人才数量，这两个指标显示了三省在节能环保研究领域的人才活跃度和科研实力。数据显示，湖南省在节能环保产业领域的活跃人才数量为 4621 人，而安徽省则有 5032 人。这一数据不仅体现了两省

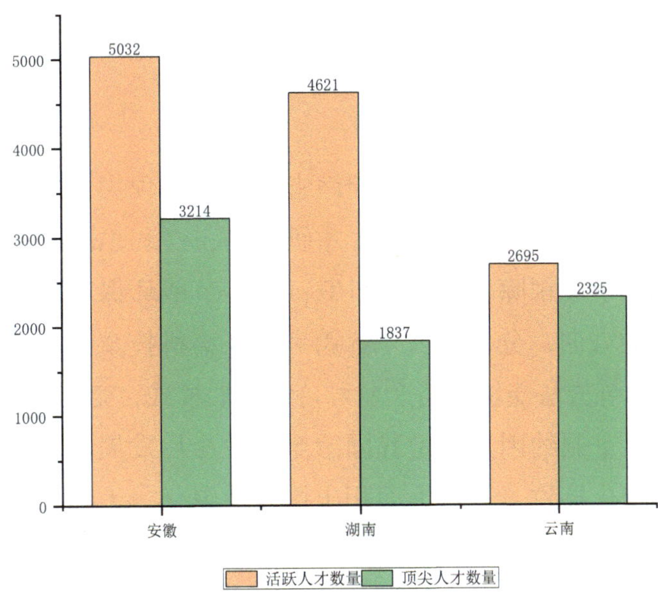

图 4-11　节能环保产业活跃人才与顶尖人才数量分布

在节能环保领域的研究活力，也反映出其对于实现经济绿色转型的重视。节能环保产业是推动可持续发展的关键，这些活跃人才的研究成果不仅在学术界产生了广泛影响，更在政策制定和技术创新方面提供了坚实的理论基础和实践指导。相比之下，云南省在节能环保产业的活跃人才数量较少，为 2695 人。

在顶尖人才方面，安徽省的表现尤为突出，拥有 3214 名顶尖人才。这些顶尖人才在各自的专业领域内具有极高的影响力和创新能力，他们的研究成果往往能够引领行业发展，甚至对全球产生深远影响。紧随其后的是云南省和湖南省，分别拥有 2325 名和 1837 名顶尖人才。这些人才的聚集，不仅提升了地区的科研实力，也为地方经济的发展注入了活力。

4.2.2 顶尖人才聚焦清洁能源的高效利用

云南省、湖南省和安徽省在节能环保产业的发展上投入了巨大努力，汇聚了一批在该领域内具有深厚研究背景的顶尖科研人才。为更深入地了解这些顶尖人才的研究动态和成果，本部分采用 BERTopic 主题建模技术，对云南省、湖南省和安徽省节能环保领域顶尖人才的研究内容进行深入分析。

1. 研究主题分布

表 4-4 展现了云南省、湖南省和安徽省顶尖人才研究主题分布情况。其中，云南省顶尖人才研究 Topic7 和 Topic9 与节能环保弱相关，予以剔除。Topic0 和 Topic1 是节能环保产业顶尖人才普遍关注的方向，分别涉及 155 篇和 128 篇科技文献。其中，高效环保的冶炼方法能够创新产业可持续发展模式，突破资源、能源、环境的多重制约因素，是我国冶金工业今后发展的必经之路。全球气候变化导致了全球大面积土壤发生退化，土壤退化不仅会造

表4-4　节能环保领域科技创新顶尖人才的研究兴趣主题

主题＼省份	云南省	湖南省	安徽省
Topic0	高效的浸出与冶炼方法	水处理技术方法	高端水处理装置
Topic1	气候变化对土壤的影响	控制泵和阀门的第二代技术	控制泵的第二代发明
Topic2	太阳能热设备的连接与应用	碳排放与土壤环境	高效光催化技术
Topic3	碳排放与可再生能源的经济影响控制	能源利用中的温度控制	能源与碳环保发展
Topic4	基于算法的能源控制与管理	电化学材料与电池技术	轻质玻璃LED灯具
Topic5	催化反应与光催化技术	风能预测与功率模型	太阳能光伏性能
Topic6	热相变复合材料的应用与研究	能源数据网络及计算	能源管理与电力网络
Topic7	研磨设备与装置的创新	LED照明灯具技术	热解油、气凝胶与生物炭
Topic8	纸烟风力回收技术	ABE与IBE燃烧技术	气候变化对儿童健康的影响
Topic9	茶叶保存与营养研究	太阳能吸收材料与膜技术	汞离子检测传感器

成土壤养分流失，还会导致作物品质和产量下降，严重威胁粮食安全。探讨气候变化对土壤的影响，有利于确保国家粮食安全。

湖南省的科技顶尖人才研究主题分布体现出多样性和广泛性，涵盖了水处理、电池技术、风能预测、LED 照明、太阳能吸收材料等多个领域，反映了技术创新与应用导向的双重特征。在注重环境保护和能源优化的同时，先进制造和智能控制技术也得到高度关注，显示出对设备和系统效率与可靠性提升的关注。通过研究不同学科和技术的交叉融合，不仅有利于推动技术进步，还能够实现高效、可持续的生态环境保护。

安徽省在科技创新顶尖人才研究兴趣主题分布，展现了多样化且深入的特征。研究聚焦于高端设备和材料技术，如高性能水处理装置和控制泵的技术创新，以及高效光催化材料的开发，显示了对先进技术和材料应用的重视。此外，能源管理和环保技术也是重点研究领域，涉及太阳能光伏系统、能源数据管理和气候变化对健康的影响等方向，体现了对能源效率和环境保护的关注。研究还涵盖了智能化和数据驱动的技术优化，如电力数据管理和智能控制系统，表明了数据科学在科技创新中的重要作用。整体来看，安徽省的科技创新人才研究兴趣主题不仅跨越了多个技术领域，还在材料科学、能源管理、环保技术和数据科学等方面表现出深厚的综合研究能力。

2. 研究主题内容

表 4–5 展示了安徽省、湖南省和云南省节能环保领域科技创新顶尖人才的研究重点。研究显示，科技人才高度关注清洁能源效率的提升，尤其是在新能源技术、废料回收与利用、智能化能源管理等方面展现出显著的创新能力与技术前瞻性。三省的科技人才通过研究开发与实际应用，推动了节能环保产业的技术进步和可持续发展，成为该领域创新与转型的关键推动力。

安徽省的科技人才主要集中于提升智能能源管理系统和高效水处理设备的性能，特别是在通过技术改进优化能源利用和水资

表4-5　节能环保领域科技创新顶尖人才的研究特色

识别主题	研究特色	内容分析
安徽省主题5；湖南省主题5、9；云南省主题2、3	清洁能源效率提升	研究包括新能源技术的开发与优化、风能与太阳能的利用效率提升、电化学材料的改进、智能能源管理系统的优化以及废料回收与再利用技术的创新。旨在通过提升能源利用效率、降低能源消耗和减少环境污染，实现可持续发展，并推动节能环保产业的绿色转型与经济效益提升。

源管理方面取得了显著进展。他们的研究被广泛应用于智能控制泵系统、绿色建筑和节水技术等领域，推动了清洁能源与智能管理系统的深度融合。湖南省的科技人才则更专注于风能预测与功率优化、电化学材料改进以及碳排放经济效益的提升，这些研究提高了清洁能源系统的整体效率，为节能环保产业带来了新的经济增长点。相比之下，云南省的科技人才则集中于可再生能源技术的创新与应用，特别是在太阳能热设备、风力发电与废料回收技术上表现突出，这些研究显著提升了资源利用率，推动了节能环保产业的绿色发展。

这些研究表明，安徽省、湖南省和云南省的科技人才通过对清洁能源效率的深入研究与应用，正在推动节能环保技术的不断进步，不仅提升了行业的整体效能，还为未来的可持续发展提供了坚实的技术基础。

4.2.3 产业绿色转型需求较大，云南科研人才供给不足

本小节对云南省、湖南省和安徽省在节能环保产业领域的政策需求和人才供给情况进行量化分析，计算人才—政策供需比率与需求响应指数，以揭示人才与政策之间的供需关系，评估人才供给对政策需求的响应程度。这不仅有助于了解当前的人才供给状况，还能为未来的人才培养和科研投入提供决策支持。

1. 产业需求分析

由表 4–6 可知，三省在节能环保产业的政策研究各有侧重，反映出不同省份在资源禀赋、经济结构和环境挑战上的差异性。云南省更加注重清洁能源的开发利用与生态保护；湖南省主要关注工业污染的治理，尤其在水资源保护和综合治理上投入较大；安徽省则注重节能减排和资源高效利用，尤其在传统能源的清洁利用上投入较多。总体来看，这些省份的政策主题反映了中国各地在推进绿色发展、实现碳中和目标中的具体路径和挑战。未来，这些政策将引导各省在节能环保产业中的技术创新和政策实施，推动区域经济的绿色转型。

表4-6　各区域节能环保产业政策支持的主要人才需求方向

	政策研究		产业需求
	政策主题	关键词	需求方向
云南省	0	清洁能源开发、能源效率提升、可再生能源利用、节能减排技术、绿色制造、低碳技术。	清洁能源与环境治理技术、业抗旱节水技术、污染治理预警与技术应用等。
	1	抗旱技术、节水措施、降雨量、干旱影响、备耕、作物抗旱性、气候变化、农业科技。	
	2	监测数据、监测预警、长江流域、环境质量、环境监测技术、污染物治理技术。	
湖南省	0	水处理技术、脱硫设施、空气治理技术、固废处理技术、垃圾无害化处理、生态保护。	节能环保技术与管理、流域水污染防治措施、重金属废水处理技术与应用等。
	1	流域、水污染防治技术、水体污染治理、清洁生产技术、综合治理、绿色发展。	
	2	系统串联、扩大处理规模、增设在线监测、土壤污染、环境监测。	
安徽省	0	能耗监测、节能措施、余热利用、洁净煤技术、煤炭清洁利用、环保技术改造。	煤炭清洁技术改造等。

2. 人才供给分析

如图 4–12 所示，云南省的需求响应指数约为 6.52，说明该省

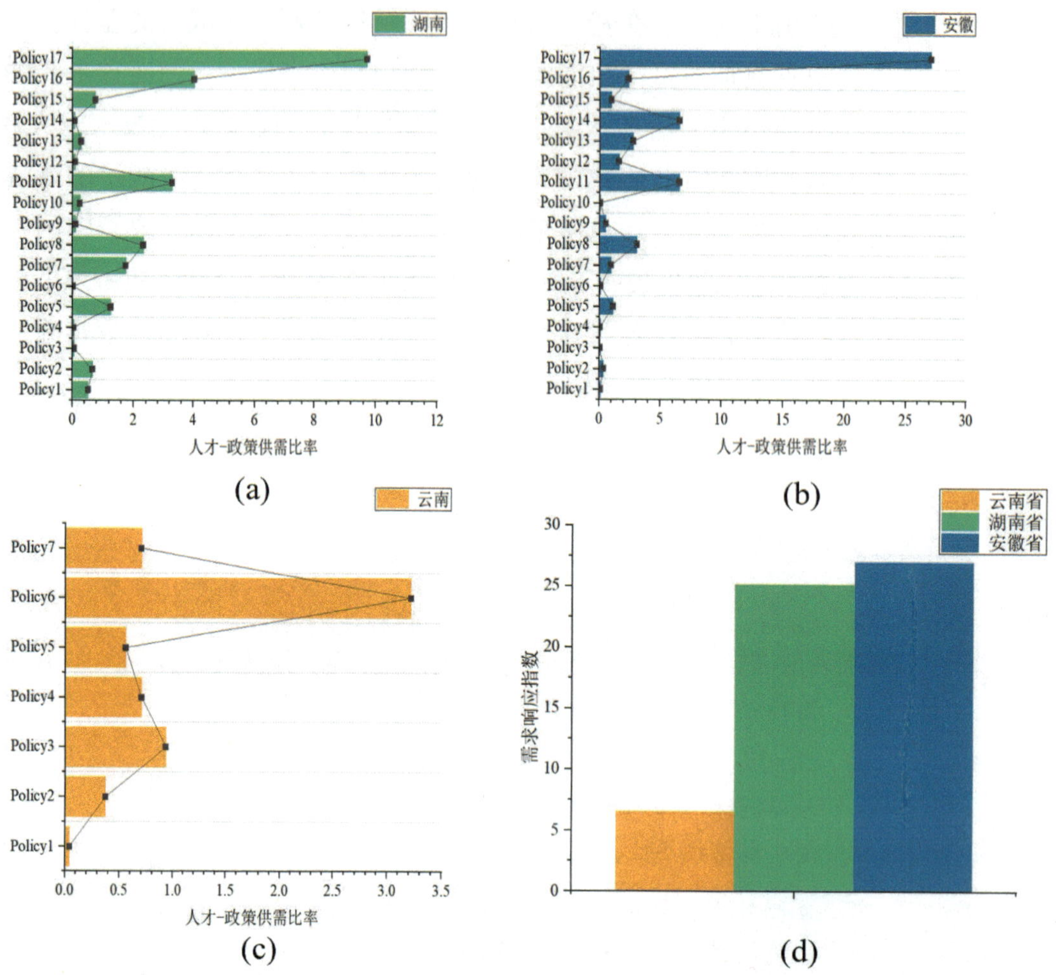

注：（a）中 policy1–17 分别为环境保护与绿色发展、环境保护督察与整改、城区环境管理与评价、生态环境体检与招聘、流域水污染治理与管理、常德市环境保护与评估、土壤污染防治与专项资金、减排与资源管理、生态环境管理与职务任免、财政政策与减排奖励、大气污染防治与整治、农村环境整治与住房建设、环境保护提案与答复、高考周边环境治理、生态环境问题整改、生态环境督察与整改、建筑节能与施工管理；（b）中 policy1–17 分别为环保与生态环境建设、环境保护与绿色措施、环境影响评估与报告、环境影响报告审批、水污染防治与节水、环境影响报告及批复、生态环境保护与政协提案、水资源保护与管理、绿色学校与环境教育、农村环境整治与生态村建设、建筑节能与绿色建筑、绿色食品与农业增产、环保招标与违法整治、土壤污染防治与混凝土、政协提案与环境保护、环境建议与代表答复；（c）中 policy1–7 分别为环境保护与影响评估、环境保护组织与减排、节水与水污染防治、环境监测与人员招聘、绿色学校与教育、公路污染治理与预警、绿色食品博览与质量监督。

图 4–12 云南省、湖南省、安徽省节能环保产业人才与政策供需及响应可视化

的科研供给与政策需求之间的匹配度比较均衡。但从人才—政策供需比率来看，除了政策 6（公路污染治理与预警）之外，其余政策的人才—政策供需比率均低于 1.0，表明科技创新人才和机构的科研供给可能尚未满足这些政策的需求，整体科研供给偏低。湖南省的需求响应指数约为 25.17，整体上的科研供给较为充足，尤其是政策 16（生态环境督察与整改）和政策 17（建筑节能与施工管理）的人才—政策供需比率较高，表明这些政策能够较好地吸引科技创新人才的关注。政策 3（城区环境管理与评价）、4（生态环境体检与招聘）、6（常德市环境保护与评估）、9（生态环境管理与职务任免）等人才—政策供需比率相对偏低，可能需要进一步优化，构建以需求为导向的科技成果转化机制，提高科研响应。安徽省的需求响应指数约为 27.07，是三个省中最高的，表明科研供给相对于政策需求来说更加充足，但政策 1（环保与生态环境建设）、2（环境保护与绿色措施）、3（环境影响评估与报告）、4（环境影响报告审批）、5（水污染防治与节水）等人才—政策供需比率相对偏低。

4.3 新材料产业创新人才格局分析

4.3.1 创新人才数量增长平缓，四川人才聚集能力领先

本部分的内容将围绕以下四个关键分析点展开：首先是人才数量分析，揭示江西省、四川省、贵州省三省在新材料产业的科技人才规模；其次是人才密度分析，评估三省的人才集中度；再次是人才学术年龄分析，探究科技人才的年龄结构分布特征；最后是人才类型分析，展示三省在新材料产业上的核心人才布局。这些分析点将共同勾勒出一个全面的人才图谱，为未来新材料产业的发展提供有力支撑。

1. 人才数量分析

图 4-13 展现基于论文和专利数据统计得到的江西省、四川省、贵州省新材料产业的科学和技术人才数量。四川省在新材料产业的科学和技术人才数量上遥遥领先，其科学人才数量达到了 27845 人，技术人才更是高达 66102 人。这一显著的人才优势，与四川省在教育资源、科研机构以及产业政策等方面的优势有关，这些因素共同促进了人才的聚集和培养，无疑为四川省在新材料领域的研究与开发提供了坚实的基础。紧随其后的是江西省，其科学人才数量为 15710 人，技术人才数量为 33861 人。虽然与四川省相比存在一定的差距，但江西省在新材料产业的人才储备上也显示出不俗的实力。相比之下，贵州省在新材料产业的科学和技术人才数量上则显得相对不足，科学人才仅有 3687 人，与四川省和江西省相比存在较大差距；技术人才虽然达到了 12947 人，但与前两省相比仍然有较大的提升空间。贵州省可能需要在人才培养、引进和激励机制上加大投入，以缩小与其他省份在新材料产业人才储备上的差距。

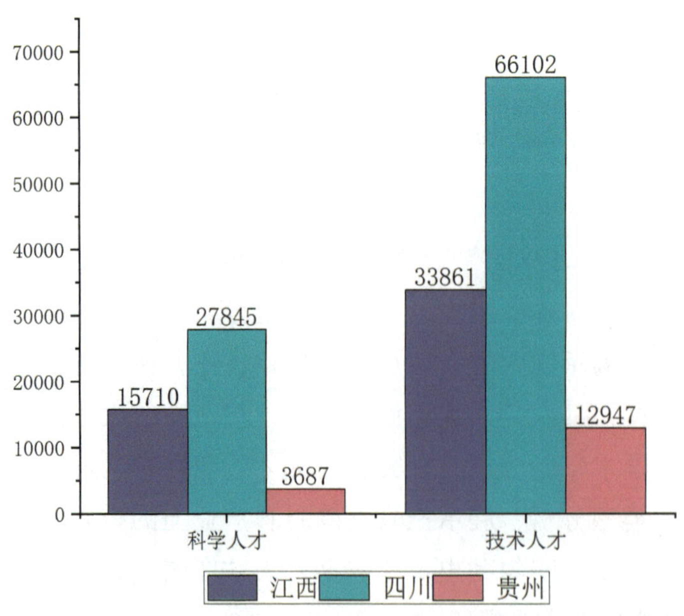

图 4-13　基于论文和专利数据的新材料产业的科技人才总量

2. 人才密度分析

图 4–14、图 4–15 展示了四川省、贵州省、江西省在新材料领域的科技创新人才的人口占比和人口空间密度，反映了人才的集聚效应，揭示了区域内人才的分布规律与特征。考虑到数据的可获得性，本小节选取了 2007—2023 年的论文数据进行计算。在人才人口占比方面，相较于其他两个省份，四川省的人才人口占比始终保持领先优势。江西省在 2018 年之后开始逐步缩小与四川省的人才人口占比差距，这得益于 2018 年“技兴赣鄱”专项行动的深入推进。贵州省人才人口占比始终落后，且差距不断扩大。在人才空间密度方面，整体来看，四川省遥遥领先，紧随其后的是江西省，而贵州省的增长速度则较为缓慢，但在后期一直保持着稳定增长的态势。四川省拥有普通高校 100 余所、科研院所 300 多家，均匀分布在成都、绵阳和泸州等地，优质的科研资源加上有力的人才政策体系，造就了四川省的创新人才优势。

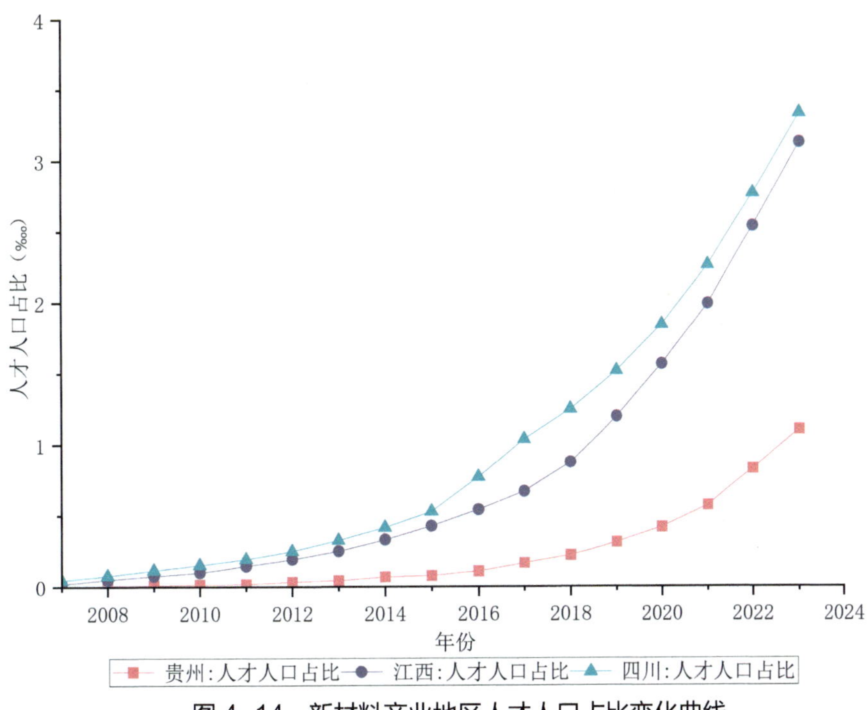

图 4–14　新材料产业地区人才人口占比变化曲线

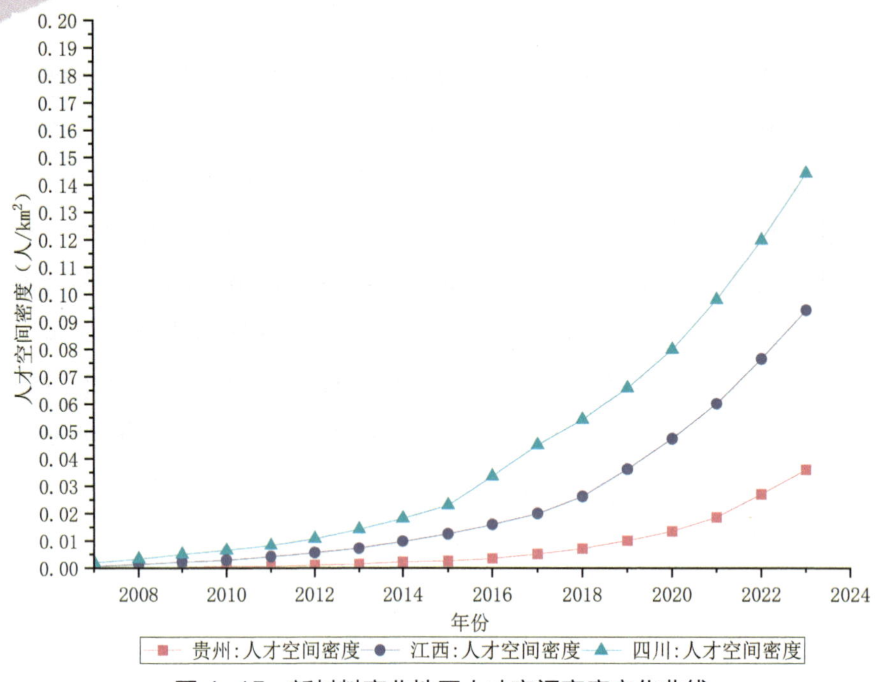

图 4-15　新材料产业地区人才空间密度变化曲线

3. 人才学术年龄分析

图 4-16 展现了贵州省、四川省、江西省新材料产业科学人才的学术年龄分布。这一分布不仅能够反映各地区在该产业中的人才成熟度，还能揭示人才的发展潜力。四川省在新材料产业人才的培养上表现出色，其 Senior 阶段和 Mid 阶段人才比例分别为 29% 和 36%，在三省中占据领先地位。这不仅反映了四川省在新材料领域中成熟的人才培养体系，也显示了其在研发创新能力上的强劲实力。相比之下，贵州省在 Senior 阶段人才的比例较低，这可能与教育资源分配、科研投入不足或者人才流失等因素有关。然而，贵州省 Junior 阶段人才的较高占比，显示出其在后备人才资源方面的潜力。江西省的新材料产业科学人才分布则呈现出一种均衡的状态，其 Senior 阶段、Mid 阶段和 Junior 阶段人才比例分别为 27%、33% 和 39%。这种均衡的人才结构有助于保持学科的持续发展和创新活力。

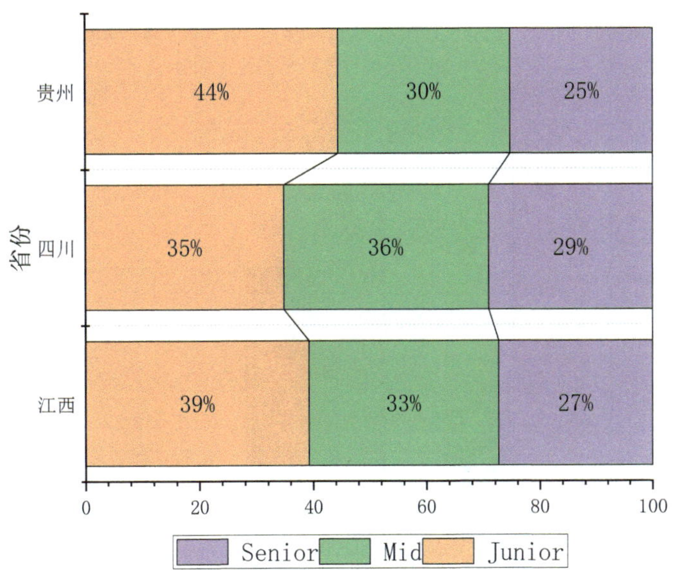

图 4-16　新材料产业科学人才各年龄段人数分布

4. 人才类型分析

图 4-17 展现了四川省、江西省、贵州省活跃人才与顶尖人才的数量分布，显示了三省在新材料研究领域的人才活跃度和科研实力。四川省以 2088 名顶尖人才的数量遥遥领先，这一显著优势不仅凸显了四川省在新材料研究领域的深厚积累，也反映出其在吸引和培养科研人才方面的卓越能力。这种优势可能与四川省在教育资源、科研投入以及产业政策上的持续优化有关，为其科研人才的成长提供了肥沃的土壤。江西省虽然在顶尖人才数量上不及四川省，但其活跃人才的数量却达到了 3610 人，超过了四川省的 2787 人。这表明，江西省在新材料研究领域拥有广泛的参与度和较高的科研活跃性，其科研环境可能更加开放和包容，为更多科研人员提供了展示才华的平台。相比之下，贵州省在顶尖和活跃人才数量上都相对较少，分别为 212 人和 844 人。这可能意味着贵州省在新材料研究领域的科研实力和人才基础相对薄弱，然而也表明贵州省在这一领域具有较大的发展潜力和提升空间。通过加大科研投入、优化人才政策、提升教育质量等措施，贵州省有望在未来实现科研实力的快速提升和人才结构的优化。

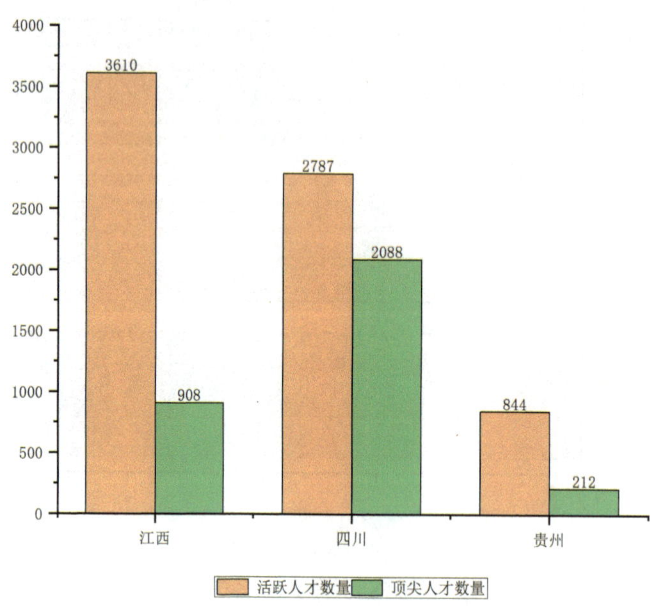

图 4-17　新材料产业活跃人才与顶尖人才数量分布

4.3.2 瞄准高性能材料研发，三省聚焦研究前沿

1. 研究主题分布

表 4-7 展现了四川省、贵州省和江西省顶尖人才研究主题分布特征。Topic0 是四川省新材料产业顶尖人才普遍关注的方向，包含 1288 篇科技文献，其次是 Topic1，包含 178 篇科技文献。在这 10 个方向中，值得关注的是，一些方向的交叉融合特征显著，包括材料与生物医学、太阳能技术、信息技术、环境工程和智能制造的交叉。Topic0 是贵州省新材料产业顶尖人才关注的重点，包含 101 篇科技文献，与四川省新材料产业顶尖人才的重点关注方向相似。江西省新材料产业的科技创新顶尖人才研究兴趣展示了多样化和应用导向的特征。研究涵盖了从高性能材料的发明与制备到纳米材料复合材料、光学镜头技术等广泛领域，突出性能提升和技术创新。重点关注材料的实际应用，如骨组织支架、竹材墙体结构和页岩水合物气体评估，体现了对环境友好和可持续发展的重视。总体而言，研究既注重基础科学的突破，又注重技术优化与实际应用的结合，展示了综合性与前瞻性的研究方向。

表4-7　新材料领域科技创新顶尖人才的研究兴趣主题

主题＼省份	四川省	贵州省	江西省
Topic0	先进材料的制备与应用	高性能橡胶材料制备	高性能材料制备方法
Topic1	纳米材料的应用	高温铝合金应用	基于纳米材料的复合材料
Topic2	钙磷陶瓷的应用	磷酸盐的生产工艺	焊接设备的加热技术
Topic3	检测与成像技术	碳锂颗粒材料的开发	光学镜头技术
Topic4	高性能微晶玻璃的制备与应用	插头端倒装地线连接器	骨组织支架及其再生应用
Topic5	电气连接器的设计与应用	催化剂及其应用	竹材墙体结构的建筑应用
Topic6	数字编码超材料及其应用	荧光检测砷样品	页岩水合物气体评估
Topic7	荧光染料的制备及性能优化	纳米材料的氧化特性	插头电缆连接器技术
Topic8	光驱动形状稳定相变材料的应用	药品质量与含量控制	LED层状发射技术
Topic9	橡胶沥青制备及性能优化	骨组织工程支架材料	吸收型超材料与光学应用

2. 研究主题内容

表 4–8 展示了四川省、贵州省和江西省三省在高性能材料研发领域的科技创新顶尖人才的研究重点。研究显示，科技人才高度关注如何通过新材料提升性能和应用效率，尤其在环保材料、生物医用材料和能源储存材料等领域表现出突出的创新能力和前瞻性。三省的科技人才在推动高性能材料技术突破和实际应用方面展现了显著贡献，成为新材料产业发展的关键力量。

四川省的科技人才主要集中于超导材料和高温合金的研发，特别是在电力储能和高温应用领域取得了技术进展。他们的研究被广泛应用于电力系统和航空航天领域，推动了高性能材料在极

表4-8　新材料领域科技创新顶尖人才的研究特色

识别主题	研究特色	内容分析
四川省主题0、1、4； 贵州省主题0、1、7； 江西省主题0、1	高性能材料研发	研究包括超导材料、高温合金、生物医用材料、环保型材料、光学材料等领域的研究。旨在提升材料的强度、耐腐蚀性、导电性、耐高温性以及功能性，以满足能源储存、环境保护、生物医学、航空航天等多个领域的实际应用需求。

端条件下的应用突破。相比之下，贵州省的科技人才更专注于开发环保型材料，特别是在环境友好型材料应用上表现出较大优势，通过将环保需求与新材料研发相结合，推动了能源与环保产业的协同发展。江西省则更加侧重于生物医用材料和光学材料的研究，尤其是在医疗设备和先进光学技术中的应用，为高性能材料在新兴领域开辟了广阔的应用前景。这表明，四川省、贵州省和江西省三省的科技创新人才通过高性能材料的深入研发，推动了新材料产业的技术革新与广泛应用，为产业升级和技术进步提供了重要动力。

4.3.3 环保材料发展有待推进，黔赣科研人才供给不足

本节对四川省、贵州省、江西省在新材料产业领域的政策需求和人才供给情况进行量化分析。通过计算人才—政策供需比率以及需求响应指数，可以更清晰地识别各省在新材料产业发展中的优势与不足，为地区政策制定和人才引进提供数据支持。

1. 产业需求分析

由表 4–9 可知，三个省份的新材料产业的政策重点主题，虽然都有涉及资源开采和环保的主题，但各自的侧重点有所不同。四川省更注重建筑材料的节能环保和产业规范，贵州省则关注材料科技和教育，推动光伏材料的创新，而江西省则着重于资源的

勘探开发与环境保护。

四川省新材料产业需求方向，体现了该省在推动绿色建筑和节能环保方面的战略目标，提升玻璃纤维研发技术含量和市场竞争力，推动稀土、钨矿等重要自然资源的高效利用以及在高端材料和战略资源开发上的布局。贵州省新材料产业需求方向，显示出对提升材料制造技术水平的重视，对材料产品质量的严格控制，以及希望通过人才储备，支撑产业的持续创新和发展，确保新材料产业具备长期竞争力。江西省新材料产业需求方向，体现了该省对环保和可持续发展的关注，以及在资源型产业中的现代化转型需求。

表4-9　各区域新材料产业政策支持的主要人才需求方向

	政策研究		产业需求
	政策主题	关键词	需求方向
四川省	0	新材料、保温材料、隔热材料、建筑节能、材料质量、绿色建筑、节能环保、建筑工程。	高效节能与绿色建筑材料技术开发、玻璃纤维技术研发、稀土及钨矿资源的高效利用等。
	1	玻璃纤维产业、产业规范、材料技术提升、技术标准、产业竞争力、规范化生产。	
	2	稀土开采、冶炼分离、信息化、自然资源、涉矿企业、钨矿开采、资源整合、环境保护。	
贵州省	0	玻璃生产线、光伏压延玻璃、技术改造、材料科技、太阳能玻璃。	材料生产线技术升级、材料市场监督与管理、材料科学领域专业人才培养等。
	1	隔热、隔音材料、产品质量、监督抽查。	
	2	材料科学、职业技术、学校、办学特色。	
江西省	0	新材料、石墨、矿产、资源勘探、资源开发、资源保障、再生、生态环境、新能源、光伏。	新材料产业清洁与高效发展、稀土与钨矿产业的开采信息化、材料生产废物转移等。
	1	稀土矿、钨矿、开采、控制指标、自然资源、工业信息化。	
	2	危险废物转移、监管体系、环保标准、转移联单制度。	

在推进新材料产业发展中，地方政府的政策需求反映了各自的资源禀赋、产业结构和发展目标的差异。未来，这些政策将引导各地的新材料产业向更加绿色、规范化和创新驱动的方向发展。

2. 人才供给分析

如图 4–18 所示。贵州省的需求响应指数约为 25.02，新材料产业的科研供给相对于政策需求较为充足，但不同政策之间的差异性较为显著。例如，政策 1（墙体材料认定与标准）、政策 3（新型墙体材料与基金）和政策 5（材料科学与咨询服务）的人才—政策供需比率均未超过 1.0，表明可能需要进一步的资源投入，提高科技创新人才和机构的科研供给。四川省的需求响应指数遥遥领先于其他两个省份，高达 233.09，说明科研供给非常充足，且政策需求得到了极高的科研响应。其中，政策 6（耐火材料制备与应用）的人才—政策供需比率最高，耐火材料是所有高温工业新工艺和新技术实施的重要基础和支撑材料，多应用于电力、环保、航天等领域，具有极高科研价值。然而，除先进前沿材料外，也需要关注一些与民生息息相关的材料发展，如建筑节能材料，以及稀土资源的保护问题。江西省的需求响应指数约为 50.91，整体上科研供给较为充足，接近 80% 的政策的人才—政策供需比率超过 1.0，且相较于其他省份而言差距并不明显，表明大多数新材料产业政策得到了较好的科研响应，并且从某种程度上来说该省的科技资源配置能力较强，在新材料领域具有长远的发展潜力。

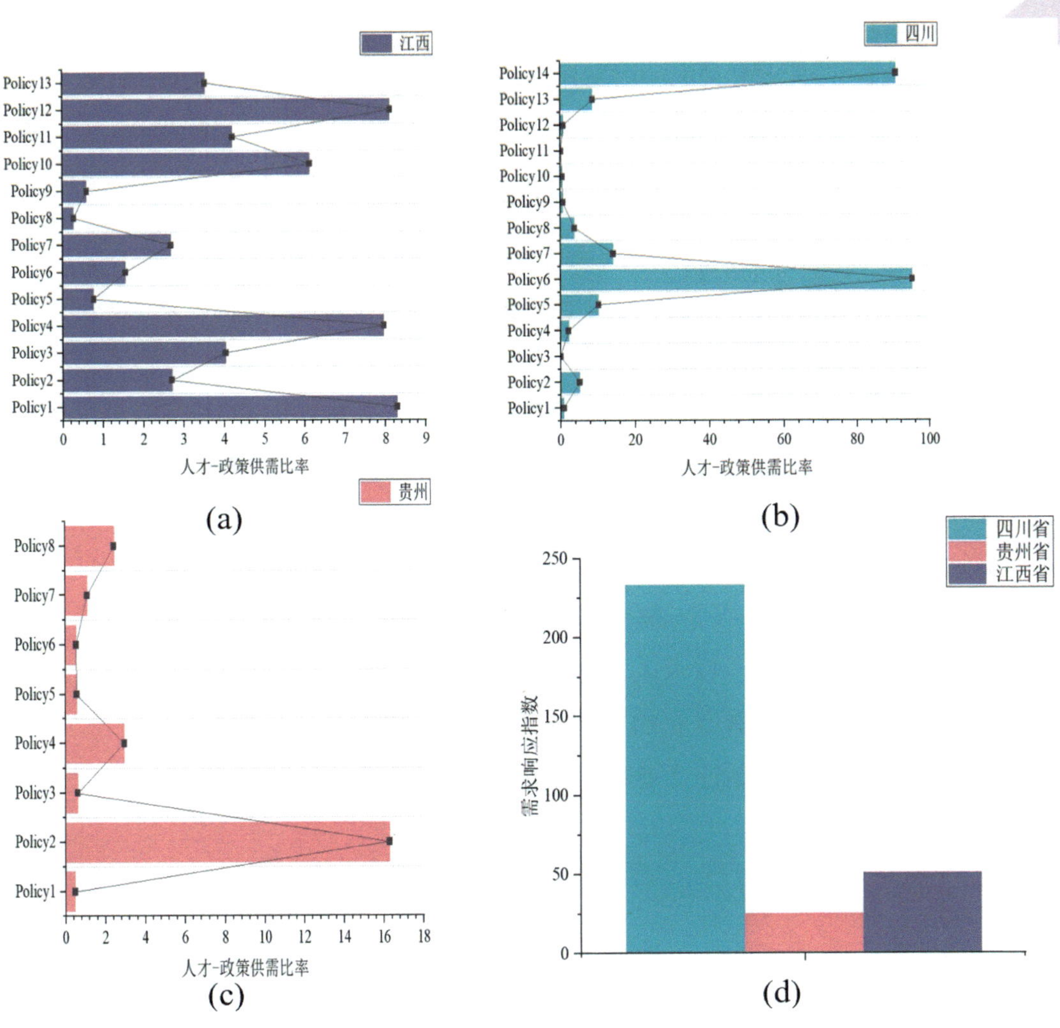

注：（a）中 policy1—13 分别为环境影响与电子材料、墙体材料与管理、稀土矿与开采控制、改革与材料管理、教辅材料与教育、危废物管理与资金、违规行为与水利工程、研修班与技术资格、稀土资源与管理、光伏与信息化管理、锂电产业与税收、食品药品监管与检测、材料统计与商贸；（b）中 policy1—14 分别为建筑节能与保温材料、玻璃纤维与信息化管理、教辅材料与教育、稀土开采与技术、磁铁矿资源与技术创新、耐火材料与检测、科技服务平台与绩效、河道工程与影响评价、机械与电子技术、建筑装修与市场管理、教辅材料价格与改革、危险废物转移与处置、环境影响与工程技术、环境催化材料与保护；（c）中 policy1—8 分别为墙体材料认定与标准、生产线与科技、新型墙体材料与基金、产品质量与市场监管、材料科学与咨询服务、农业材料与农村改造、墙体材料的管理与认定、新型材料的管理与应用。

图 4-18　四川省、贵州省和江西省新材料产业人才与政策供需及需求响应可视化

4.4 高端装备制造产业创新人才格局分析

4.4.1 江浙区域一体化特征显著，人才增长协同效应逐步形成

高端装备制造业是衡量一个国家或地区工业实力和科技水平的重要标志。江苏省和浙江省作为中国东部沿海的两个经济大省，近年来在高端装备制造产业方面取得了显著的成就。这一成就的获得，离不开大量的科学和技术人才的支持。因此，本小节对江苏省、浙江省高端装备产业的科技创新人才数量、类型、结构进行宏观统计和描绘，分析人才总体态势，刻画人才画像。

1. 人才数量分析

图 4–19 展现出基于论文和专利数据统计得到的江苏、浙江高端装备制造产业的科学、技术人才数量。江苏省作为中国的经济大省之一，其高端装备制造业的发展一直走在全国前列。根据统计，江苏省在高端装备制造产业的科学和技术人才数量分别达到

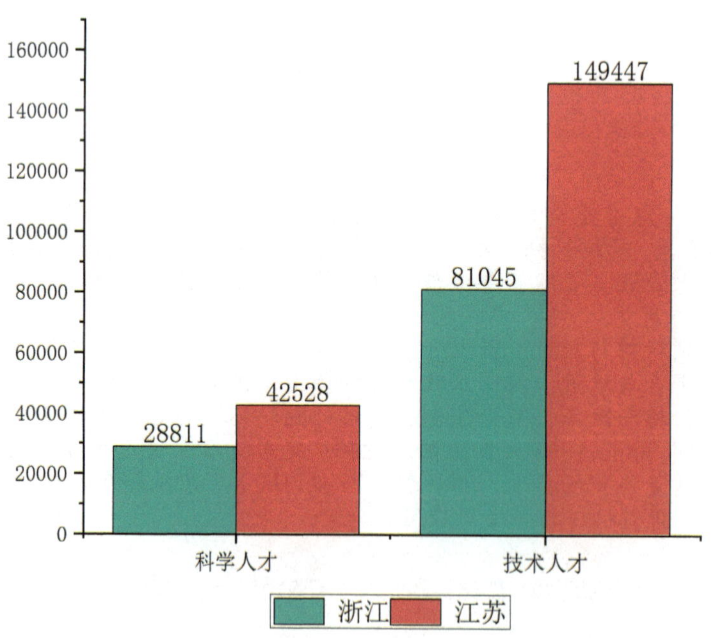

图 4–19　基于论文和专利数据的高端装备制造产业的科技人才总量

了 42528 人和 149447 人。不仅体现了江苏省在科学研究和技术开发方面的深厚底蕴，也反映了其在人才培养和引进方面的积极努力。这些科技创新人才在各个子领域发挥着关键作用，推动着江苏省高端装备制造业的持续创新和产业升级。

相较之下，浙江省在高端装备制造产业的科学人才数量为 28811 人，技术人才数量为 81045 人。虽然在数量上略低于江苏省，但浙江省在高端装备制造领域同样展现出了强大的竞争力。浙江省依托其发达的民营经济和创新氛围，吸引了一大批优秀的科学和技术人才，推动了高端装备制造业的快速发展。

2. 人才密度分析

图 4-20 和图 4-21 分别展示江苏省、浙江省在高端装备制造产业的人才人口占比和人才空间密度，反映了人才的集聚效应，揭示了区域内人才的分布规律与特征。考虑到数据的可获取性，选取 2002—2023 的论文数据进行计算。人才人口占比方面，江苏

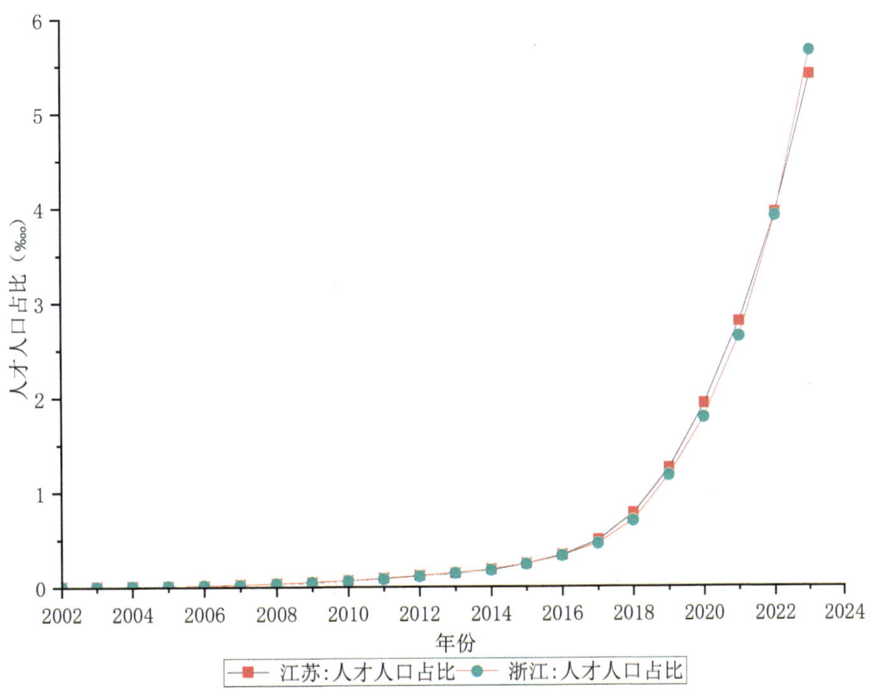

图 4-20　高端装备制造产业地区人才人口占比变化曲线

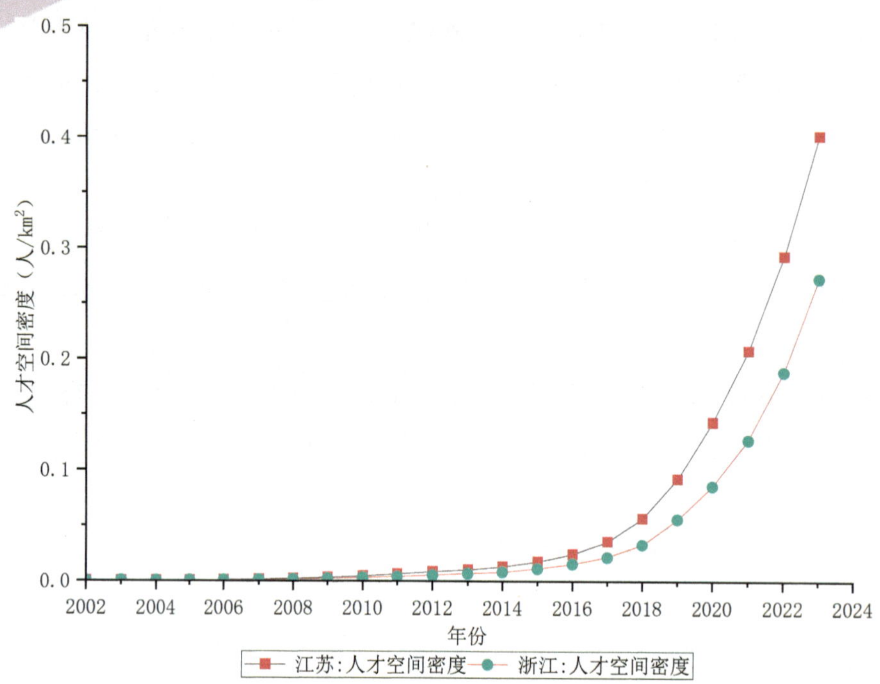

图 4-21　高端装备制造产业地区人才空间密度变化曲线

省和浙江省的逐年变化曲线基本保持一致。从上文可知，江苏的科学人才数量高于浙江，但由于江苏人口总数大于浙江，因此两省的人才人口占比基本保持一致。并且，两省的人才人口占比在整个长江经济带地区省市中相对较高，这在一定程度上反映了长江经济带下游地区数十年来对于各自优势产业发展及人才结构优化的重视，同时也表明经济发达地区在科技创新人才培养和吸引方面具有一定的优势。人才空间密度方面，江苏省和浙江省高端装备制造产业的科技创新人才密度呈现逐年递增的态势，尤其在 2013 年之后开始快速增长。2012 年《高端装备制造业“十二五”发展规划》印发，2013 年江苏和浙江积极响应发展规划，依托国家相关人才工程、计划，大力实施人才强业战略。

此外，2018—2023 年，两省人才的人口占比和空间密度都呈现出爆发式增长，人才数量显著增加，这与 2019 年印发的《长江三角洲区域一体化发展规划纲要》有着密不可分的关系。《长江三角洲区域一体化发展规划纲要》在提高区域经济集聚度、区域连接性和政策协同效率的同时，也带来了战略性新兴产业科技创新人才集聚度的提升。而作为长三角资源禀赋的相对发达省份，江苏省和浙江省的科技创新人才聚集能力受到政治、经济、地理位置、社会服务、高校及科研院所布局等多重因素的综合协同推动，体现出显著的长三角地区一体化协同发展特征。

3. 人才学术年龄分析

图 4–22 展现了江苏省、浙江省高端装备制造产业科学人才的学术年龄分布，以反映区域内人才成熟度以及区域经济发展潜力。从整体上看，两省的 Junior 阶段人才占比都达到 50% 左右，展现出巨大的科技创新人才发展潜力。具体来说，江苏省的 Senior 阶段、Mid 阶段人才占比分别为 22% 和 29%，均高于浙江省。表明相较之下，江苏省高端装备制造产业人才具有更为丰富的学术科研阅历，一定程度上体现出较强的科研创新能力。浙江省的 Junior 阶段人才数量占比则高于江苏省，人才后备潜力较为突出。

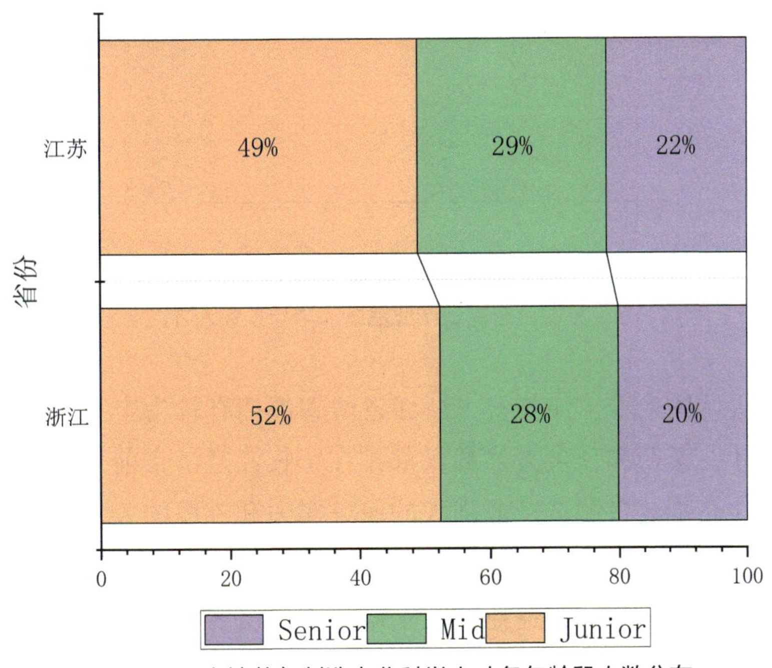

图 4–22　高端装备制造产业科学人才各年龄段人数分布

4. 人才类型分析

图 4-23 展现了江苏省、浙江省的活跃和顶尖人才数量，这两个指标分别显示了两省在高端装备制造领域的人才活跃程度和顶尖人才拥有量。浙江省是高端装备制造产业活跃人才的聚集地，凭借其雄厚的科研资源和广阔的研究平台吸引并培养了大批优秀的研究人员，活跃人才数量达到了 7085 人。相比之下，江苏省的活跃人才数相对较少，有 4996 人。而在顶尖人才方面，江苏省和浙江省的表现都较为出色，尤其是江苏省的顶尖人才数量更是达到了 2662 人。

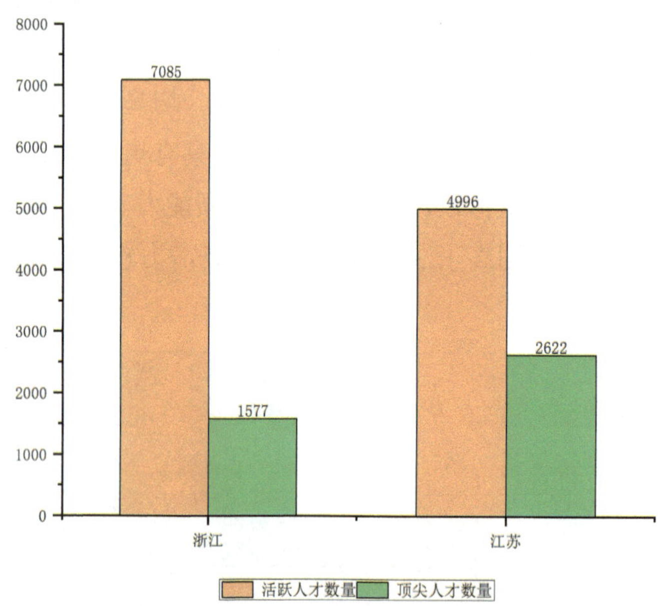

图 4-23　高端装备制造产业活跃人才与顶尖人才数量分布

从总体来看，江苏省、浙江省两省都拥有较为丰富的科技创新人才，活跃和顶尖人才数量都排在了长江经济带前列，体现出两省在高端装备制造产业强大的研究实力和雄厚的人才基础。这离不开两省对科技创新突破的重点关注和在过去几十年快速发展中积累下的坚实的制造业产业基础。长三角区域一体化协同发展的规划更为两省持续健康发展、广纳科技创新人才提供了动力与保障。

江苏省与浙江省也存在一定差异。江苏省顶尖人才数量居多，而浙江省以活跃人才数量见长。近五年内，江苏省有 2622 位科技创新人才的论文被引量达到长江经济带所有人才发表论文被引量的前 10%。浙江省有 7085 位科技创新人才的发表论文数超过了长江经济带人才的平均发文数。这种差异的形成受到了两省人才政策、高等院校发展、科研机构布局等多个因素的综合影响。

4.4.2 顶尖人才聚焦数字技术应用

江苏省、浙江省高端装备制造产业的顶尖人才在研究重点上既有各自的专注领域，也展现出一定的共通性。因此，本部分运用 BERTopic 算法构建主题模型，细致分析江苏省与浙江省高端装备制造产业顶尖人才的研究方向，旨在揭示两省在推动产业创新和技术进步方面的共同点与差异性，更好地把握高端装备制造领域的研究动态，为未来的产业发展和人才培养提供参考。

1. 研究主题分布

表 4-10 展现了江苏省和浙江省顶尖人才研究主题分布特征。江苏省高端装备制造产业的科技创新顶尖人才研究兴趣展现出技术创新的广泛性与深度，涵盖了控制设备、无人机技术、高性能材料等多个领域。浙江省研究兴趣主题主要集中在技术优化、先进材料与制造技术、智能化数据处理、环境管理以及医疗技术创新，旨在提升设备性能、推动智能化应用、优化供应链和环保措施，以及改进医疗诊断技术。

表4-10 高端装备制造领域科技创新顶尖人才的研究兴趣主题

主题＼省份	江苏省	浙江省
Topic0	控制设备技术	控制设备技术
Topic1	激光光学检测技术	高性能粉末材料

续表

主题＼省份	江苏省	浙江省
Topic2	数据学习与物联网计算	激光光学图像检测技术
Topic3	天线辐射技术	基于物联网的数据学习与计算
Topic4	打印技术及其应用	供应链管理与制造性能
Topic5	煤气开采技术	柔性传感器与自供电技术
Topic6	高性能材料及其能源应用	金属天线的辐射特性与应用
Topic7	无人机翼型与飞行技术	土壤污染治理技术
Topic8	绿色供应链与零售实践	频率成像技术与MRI诊断
Topic9	仿生机器鱼控制系统设计	MOFs材料的能量转化研究

2. 研究主题内容

表 4–11 展示了江苏省和浙江省两省高端装备制造领域科技创新顶尖人才在数字技术应用上的研究重点。研究显示，科技人才高度关注数字技术如何提升装备制造的智能化与自动化水平，尤其在数据驱动、物联网计算和智能设备控制等领域表现出卓越的创新性与前瞻性。两省的人才在技术开发与应用实践中，推动了装备制造业的智能化转型和高效发展，成为引领产业升级的关键力量。

江苏省的科技人才主要集中于利用数字技术优化制造流程，特别是通过数据学习和物联网技术的引入，实现了对装备性能和效率的精准控制，研究广泛应用于煤气开采、绿色供应链管理等实际需求领域，推动了装备制造与数字化技术的深度融合。相比之下，浙江省的科技人才更多地关注数字技术的跨领域应用，探索了数字技术在先进材料、医疗设备、农业管理等新兴领域中的创新应用，这种多样化的研究路径为装备制造业开辟了新的发展空间。这表明，江苏省和浙江省的科技创新人才通过数字技术的深入应用，不仅提升了制造设备的智能化水平，还推动了整个高端装备制造领域的技术变革与产业升级。

表4-11　高端装备制造领域科技创新顶尖人才的研究特色

识别主题	研究特色	内容分析
江苏省主题2 浙江省主题3	数字技术应用	研究包括数据学习、物联网计算、无人机技术与物联网结合、能源传感、高空作业、自动检测等技术领域，旨在通过数字化、智能化技术提升装备制造的效率、性能和精度，实现生产过程的自动化和智能化。

4.4.3 绿色智能制造成为主要需求，浙江科研供给相对偏弱

本节围绕江苏省和浙江省高端装备制造产业的产业需求与人才供给进行深入分析。通过计算人才—政策供需比以及需求响应指数，分析两省目前在高端装备制造产业的人才发展状况。

1. 产业需求分析

由表 4–12 可知，江苏省和浙江省在推动高端装备制造产业发展中都强调了智能制造与装备升级的需求。这反映出在中国制造业转型升级的大背景下，智能制造成为各省份提升产业竞争力的共同选择。但是，江苏省更加关注船舶制造和现代农业装备，这与其沿海地区的经济结构和产业布局密切相关，而浙江省则更加强调环保标准与清洁排放的要求，表明该省在制造业发展中对环境保护的高度重视。此外，两个省份都关注农业装备制造，但江苏省侧重设施装备与技术升级，浙江省则更注重市场调研与农机发展。

江苏省的需求方向意味着该省在推动高端装备制造过程中，重视通过政策激励和引导，促进智能制造技术的发展和应用，希望通过加强产学研合作、促进产业链上下游的协同发展，进一步提升船舶和海洋工程装备的国际竞争力，通过信息技术与农业装备的融合，提升农业生产的智能化和精准化水平，助力农业现代化发展。浙江省的需求方向表明该省注重通过试点示范带动整个行业的智能化改造，非常重视装备制造业的清洁排放和信息化发

表4-12　各区域高端装备制造产业政策支持的主要人才需求方向

	政策研究		产业需求
	政策主题	关键词	需求方向
江苏省	0	智能制造、装备升级、产业联盟、工业信息化、技术创新、产业发展、合作机制。	智能制造产业的政策支持、船舶与海洋工程装备的合作与发展、现代农业装备的补贴与信息化等。
	1	船舶制造、海洋工程、重装备、工业支持、合作协议、产能提升、奖补政策。	
	2	智能制造、现代农业、信息化、设施装备、农业机械、技术升级、市场需求。	
浙江省	0	智能制造、装备改造、工业自动化、成套装备、试点工作、技术创新、智能化、产业发展。	智能装备的改造与试点工作、装备制造业的清洁排放与信息化、农业装备服务等。
	1	清洁排放、装备制造、信息化、政策公布、环保标准、排放管理、技术改造、政策实施。	
	2	农业装备、服务商、调研管理、装备升级、技术改造、农机发展、市场需求。	

展，并且对农业装备的关注点不仅在于生产制造，还扩展到农业装备服务。

因此，江苏省和浙江省在高端装备制造产业中的政策需求既有共性，又各有侧重，总体以“智能制造与清洁排放”为主要需求。这种需求反映了各自省份在高端装备制造业中的战略定位和发展方向，也体现了中国制造业在智能化、环保化和现代农业装备等方面的多元趋势化发展。

2. 人才供给分析

本节使用人才—政策供需比率以及需求响应指数测度区域人才供给与产业需求的匹配情况，结果如图 4–24 所示。江苏和浙江两省存在明显的人才—政策供需比率差异，江苏省需求响应指数为 25.95，而浙江省仅有 9.37。具体来说，江苏省的需求主题 10（煤

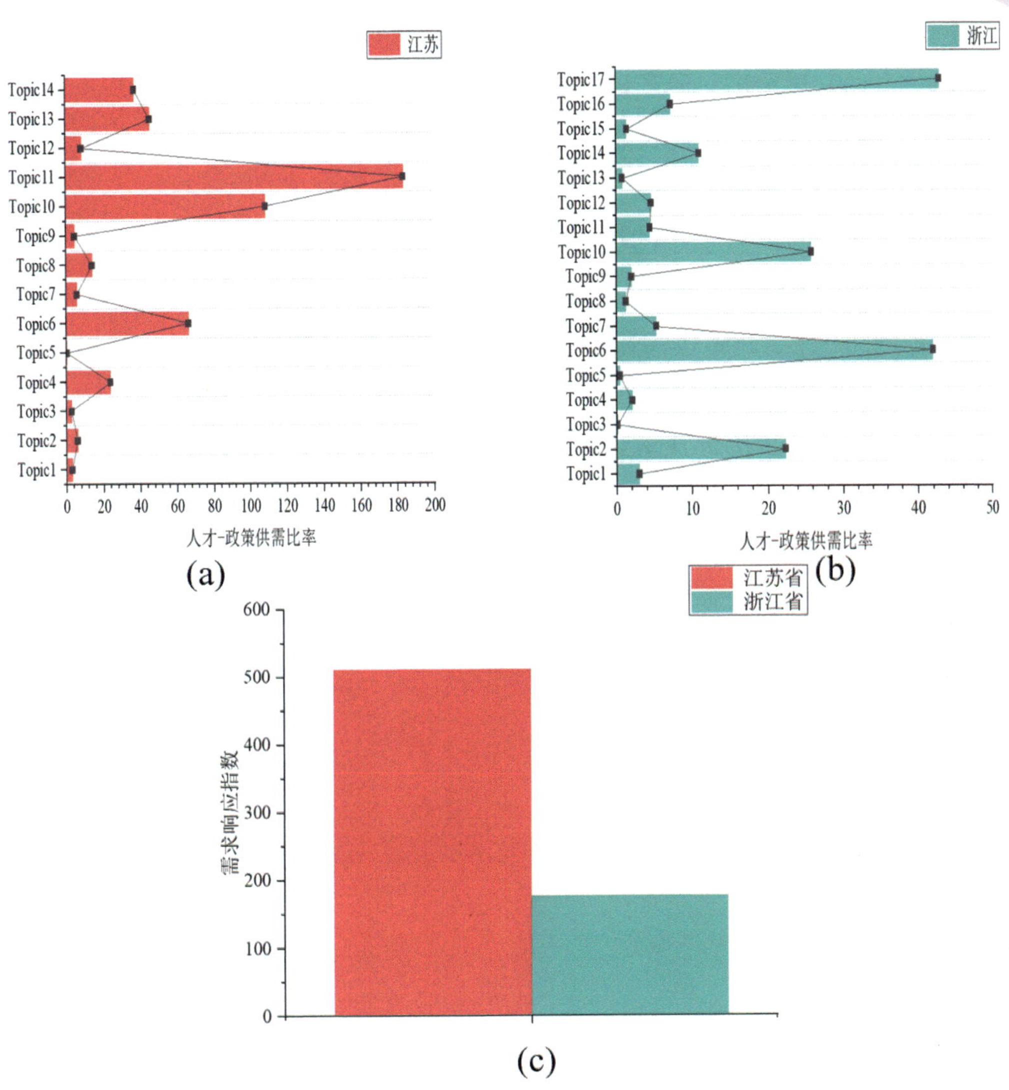

注：(a)中policy1-14分别为智能制造与产业联盟、船舶与海洋工程、现代农业与补贴、农业装备与技术示范、科研仪器设备采购、智能化改造与升级、科学仪器共享与补贴、机械装备与调研、信息化与重大装备认定、煤矿机电设备安全、关键部件与认定、技术装备进口与税收政策、装备制造业集中区、农机装备与粮食支持；（b）中policy1-17分别为智能制造与自动化、信息化与装备示范、博览会与展览、技术装备补偿、科学仪器共享与补贴、高端装备与认定、名单公布与清洁燃煤、智能制造工程服务公司、现代装备与创新试点、农业装备与调研、技术装备进口与税收政策、金华市产业化与专项资金、农业装备安全与淘汰、智能制造试点与示范、博览会参展与组织、应急装备与信息产业、工业自动化与智能化。

图4-24　江苏省、浙江省高端装备制造产业的人才与政策供需比率及需求响应分析

矿机电设备安全）、主题 11（关键部件与认定）的人才—政策供需比率均超过 100，显示出科研产出远超过政策需求；然而主题 1（智能制造与产业联盟）、3（现代农业与补贴）、5（科研仪器设备采购）、9（信息化与重大装备认定）的人才—政策供需比率却低于 5，显示出研究主题之间供需水平的极度不均衡。同样的现象也出现在浙江省，虽然其主题 6（高端装备与认定）、主题 17（工业自动化与智能化）的人才—政策供需比率都达到了 40 以上，但同时有 10 个主题的人才—政策供需比率低于 5。此外，相较于江苏省，浙江省的整体人才—政策供需比率较低，反映出在供需平衡方面存在一定程度的不足。可以看出，高端装备制造产业的人才—政策供需比率表现出研究主题众多，供需水平不均衡的现象。为了改善这一状况，未来需要增加科研投入，填补研究需求空白，提升整体供需水平，促进产业均衡和可持续发展。

第五章 对策与建议

5.1 优化协同创新生态，打造“创新链+产业链”融合引擎

1. 加强区域创新平台建设，促进创新要素自由流动

建立长江经济带产业政策协调机制，加强政策沟通和协调，避免政策冲突和重复建设。构建区域创新平台，促进科技资源共享、信息互通和技术交流。

鼓励区域内高校、科研机构和企业共建联合实验室、技术转移中心等创新平台，推动科技成果转化和应用。同时，完善人才流动机制，吸引和留住高层次人才，为区域创新提供智力支撑。建立长江经济带科技创新合作平台，定期举办技术对接会、产业论坛和成果展示，促进各省间技术共享与需求对接，形成在关键技术研发和市场推广方面的合力，从而提升整体竞争力。例如，湖南省应充分利用其在节能环保领域的传统优势，重点推动高影响力专利的研发，巩固市场竞争力。引入市场化机制激励企业与科研机构共同参与技术创新，鼓励建立长期合作关系，构建强大的技术支撑。

2. 深化区域产业政策协同，形成政策合力

统筹规划区域产业发展方向，制定差异化的产业政策，引导产业合理布局。同时，加强财政、税收、金融等政策的协同配合，为区域创新提供全方位的政策支持。安徽省可加大基础科学研究的投入，通过政策引导和资金支持，鼓励高校与企业联合研发关

键技术。设立“孵化器”或“加速器”机制，可以帮助有潜力的项目快速实现产业化。在新材料产业领域，四川省在基础科学与技术突破方面已有所成就，而贵州省在高水平论文与专利积累方面相对欠缺。因此，贵州省可加强与四川等地区的合作，借鉴其成功经验，提升自身创新能力。组织跨省合作研讨会，鼓励科研人员和企业代表深入交流，探讨市场需求和技术路线，以促进创新。政府可以通过提供税收减免、住房补贴和科研经费等多种方式提高人才的吸引力，并建立“创新人才库”，确保人才能在合适岗位上发挥最大作用。最后，政府可加大对战略性新兴产业的政策支持力度，提供资金和资源保障，为产学研结合创造良好的环境，推动产业持续健康发展。

3. 推动产业链深度融合，打造区域创新共同体

长江经济带各省市应打破行政区划壁垒，以产业链为纽带，加强产业协同和技术合作，形成优势互补、错位发展的产业布局。例如，上游地区可重点发展新材料、节能环保等产业，中游地区可聚焦高端装备制造、新能源汽车等领域，下游地区可着力打造现代服务业和数字经济产业集群。通过产业链上下游协同创新，推动产业链整体向价值链高端攀升，形成具有国际竞争力的产业集群。

5.2 攻克关键技术难关，筑牢“技术突破+产业升级”基石

1. 强化企业技术创新主体地位，激发企业创新活力

鼓励企业加大研发投入，建立企业技术中心、工程技术研究中心等创新平台，提升企业自主创新能力。各省市发展计划都积极响应国家创新号召，不断提及以政府为牵头，龙头企业与高校院所合作，形成完整产业链条，整体呈现出“政府牵头，龙头企

业带动，科研机构护航”的科技支撑格局。以重庆市新能源汽车产业的“企业深度合作＋细分技术深耕”为参照，推动产业链龙头企业培育与技术辐射，支持企业牵头承担国家重大科技项目，突破关键核心技术瓶颈。例如，湖南省可在节能环保领域继续依托其传统优势，推动特别是高影响力专利的研发，进一步巩固市场竞争力，通过引入市场化机制激励企业与科研机构共同参与技术创新，鼓励科研机构与企业建立长期合作关系，形成强大的技术支撑。此外，可以设立“技术创新奖”激励具有市场潜力的研究成果转化为实际产品。

2. 加强基础科学研究，夯实新质生产力发展基础

加大基础科学研究投入，支持高校、科研机构开展前沿技术研究，为产业创新提供源头活水。鼓励企业参与基础科学研究，推动产学研深度融合。例如，安徽省可加大对基础科学研究的资金投入，支持本地高校和科研机构的创新研究，推动新材料技术的应用转化；四川省在新材料产业领域已经积累了丰富的经验和技术，特别是在先进材料的生产和应用方面，贵州可加强与四川等地区的合作，共享科研资源和技术成果，推动区域内的新材料产业协同创新，加快成果转化，为产业创新提供更为坚实的基础。

3. 推动数字技术与实体经济深度融合，培育新质生产力发展新动能

加快发展数字经济，推动数字技术与制造业、服务业等实体经济深度融合，培育发展新业态、新模式。江苏和浙江两省高度关注数字技术如何提升产业智能化与自动化水平，尤其在数据驱动、物联网计算和智能设备控制等领域表现出卓越的创新性与前瞻性，因此在政策配套以及人才供给方面体现出数字技术的倾向性，特别重视加强数字基础设施建设，提升数字技术应用能力。具体举措可包括加强数字基础设施建设，提升数字技术应用能力，推动数字技术与实体经济深度融合，培育发展新业态、新模式；以工业互联网平台为纽带，连接产业链上下游企业，实现设备、

数据、应用等资源的共享和协同，提升产业链整体效率；推动企业进行数字化、网络化、智能化改造，提升生产效率和产品质量。

5.3 深化改革创新驱动，营造“制度保障＋环境优化”沃土

1. 完善科技创新政策体系，提升政策精准性和有效性

报告发现，科技政策制定的前瞻性、针对性能够保障战略性新兴产业稳定健康发展。因此，未来的科技发展需要从制度保障与环境优化的角度予以重点关注。区域内重点城市政策的试点示范和推广、政策对重点领域与关键技术攻关的精准支持、专项政策的不断迭代优化是优势省市政策的显著特征。这些特征凸显了政策推广、落实与反馈机制的关键作用，该机制可以确保政策资源能够快速投入重点领域，并通过持续优化提升政策执行效果，形成良性循环。

建立科技创新政策评估机制，定期评估政策实施效果，及时调整和完善政策，提升政策精准性和有效性。首先需要强化政策可预期性，加强对产业关键技术的预判分析。如在新能源汽车领域，深化对智能网联汽车、便捷超充、电池技术等高精尖技术的研判，推动新能源汽车细分技术创新突破。其次，提高政策在区域技术协作、技术共享等问题上的针对性。重庆市、上海市的汽车产业作为技术领先和产业集群的重要基地，其相关政策应更加精准地支持区域内技术合作与协同创新，尤其是在电动汽车和智能网联技术领域。政府可以通过制定跨区域的创新合作政策，鼓励重庆和上海在核心技术研发、标准制定以及产业链上下游协同方面加强合作。

2. 深化科技管理体制改革，激发创新活力

推进科研机构改革，赋予科研机构更大的自主权，激发科研

人员创新活力。完善科研项目管理制度，简化项目申报流程，提高项目评审效率。例如，提高政策在区域技术协作、技术共享等问题上的针对性。如在新能源汽车领域，重庆市、上海市的汽车产业作为重要产业支柱，其相关政策应通过加强政策引导和资金支持，鼓励跨地区的科研机构、企业和高校建立联合研发平台，突破关键技术瓶颈，提升产业整体技术水平。为此，就需要对关键领域与关键技术在产业政策、资金扶持、产业空间、人才奖励、平台服务等方面予以重点支持，并优化专项政策的迭代机制。加强政策的动态调整与迭代优化，通过定期评估实施效果，及时调整政策方向，确保与产业需求紧密结合，进一步提升政策的针对性和有效性；推动具有代表性的试点示范项目，促进政策在更多企业和区域内的有效落实，推动产业整体升级；运用多元化方式推动政策落实，比如可通过财政政策强化集成支持创新，充分发挥财政资金引导和撬动作用，综合运用直接补助、财政贴息、风险补偿、政府采购等多种支持方式为创新护航。

3. 加强知识产权保护，营造良好的创新环境

完善知识产权法律法规，加大对知识产权侵权行为的惩处力度。建立健全知识产权服务体系，为企业提供知识产权申请、维权等服务。同时，加强知识产权宣传和培训，提高全社会知识产权意识。例如，加强政策协调区域产业布局。报告发现，政策协调机制有利于发挥各地区比较优势，促进各类要素合理流动和高效集聚，增强科技创新发展动力。长江经济带各省市在产业政策上体现了不同的区域优势与特色，以新材料产业为例，如江西省的稀土产业、四川省的玻璃纤维产业等都体现了依托区域资源优势的产业集群模式。中央后续政策应继续加强区域产业发展的统筹规划，在明确不同地区的产业发展定位基础上继续支持这些产业集群的发展，并鼓励地方政府制定和实施精准的产业扶持政策，促进区域协调发展。

5.4 构筑科技人才高地，汇聚"英才引进＋人才培养"动能

1. 优化人才发展环境，吸引和留住高层次人才

随着全球化和信息化浪潮的不断深化，人才的流动与汇聚不再仅受限于单一区域的发展水平，而是日益受到区域综合发展环境的深远影响。区域一体化不仅能够推动经济的协同增长，更能在教育、科研、文化等多个层面深化融合，推动区域内资源共享与优势互补，从而为人才的培育与成长营造肥沃的土壤。这种深度融合有助于打破地域界限，形成更强大的人才吸引力，使人才得以在更为广阔的舞台上施展才华，为区域的创新与发展注入源源不断的活力。

完善人才引进政策，加大对高层次人才的引进力度，营造良好的创新创业环境。建立多元化的人才评价体系，激发人才创新活力。以中国长江三角洲地区的江苏省和浙江省为例，两省皆具备强大的经济实力，占据优越的地理位置，同时在教育、科研、文化等领域也积累了深厚的底蕴。在《长江三角洲区域一体化发展规划纲要》的引领下，通过强化区域间的合作与交流，两省实现资源共享与优势互补，为人才的聚集奠定了坚实的基础。同时，加强人才服务体系建设，为人才提供住房、医疗、子女教育等方面的保障，解决人才的后顾之忧。政府可通过提供税收减免、住房补贴和科研经费等多种方式提高人才吸引力，建立"创新人才库"，确保人才能在合适岗位上发挥最大作用。

2. 结合自身产业优势，推动人才培养与创新链条畅通

各区域应结合自身的产业优势，依托周边区域的技术支持，推动创新链条的打通。例如，浙江省与江苏省可以在智能制造、环保技术等领域开展深入合作，通过科技创新人才的协同作用，提升整个产业链的创新能力，以此作为加强人才培养和引进、提升人才供给与政策需求匹配均衡性的重要手段。完善人才培养体

系，加强高校、科研机构和企业之间的合作，培养高素质的科技人才。鼓励企业建立人才培训机制，提升员工技能水平。为区域的经济发展和社会进步提供强有力的支撑。提升区域科技创新政策协同性，各区域政府可以加强政策的协同效应，避免重复建设和人才争夺的恶性竞争。通过设立跨区域的科技创新协同机构，确保在长三角等重点区域的科技人才政策能够相互衔接，形成合力。政府应当加强对人才供需状况的监测和分析，促进科研方向与政策需求的动态联动，建立跨部门协调机制，定期组织政府、产业和科研机构进行对接与沟通，确保科研人员了解当前产业政策的核心需求；建立基于需求导向的科研项目资助机制，设立专项科研资助项目，鼓励科技人才将科研供给向政策需求倾斜；持续加强地区间的合作，根据自身的优势和特点，开展跨区域的人才交流和科研合作，实现资源共享和优势互补，提高人才的使用效率，促进区域间产业协同发展。

5.5 拓展国际科技合作，打造“开放合作＋协同创新”格局

1. 积极参与国际科技合作，引进先进技术和管理经验

鼓励企业、高校和科研机构参与国际科技合作项目，引进国外先进技术和管理经验。加强与国际知名高校、科研机构的合作，建立联合实验室、技术转移中心等合作平台，促进科技成果共享和转化。例如，高端装备制造产业在江苏省和浙江省的合作中展现了显著成效，建议两省继续深化协作，鼓励企业间联合研发项目，并引入国际合作资源，建立国际技术合作基地，吸纳外部先进技术和管理经验，推动科技创新与产业升级。长江经济带各省市应结合自身产业优势，积极拓展国际科技合作的重点领域。例如，高端装备制造产业可以加强与国际先进装备制造企业合作，

引进先进技术和设备，提升产业竞争力；新能源汽车产业可以加强与国际新能源汽车企业合作，引进先进电池技术、电机技术等，推动产业快速发展；新材料产业可以加强与国际新材料企业合作，引进先进新材料技术，推动产业迈向高端化；生物医药产业可以加强与国际生物医药企业合作，引进先进生物医药技术，推动产业创新发展。

2. 推动科技成果国际化，提升国际影响力

支持企业、高校和科研机构参加国际科技展会、论坛等活动，展示科技成果，提升国际影响力。鼓励企业参与国际标准制定，推动中国标准走向世界。例如，新能源汽车产业已成为上海市、湖北省和重庆市的特色产业，湖北省通过与上海市和重庆市的紧密合作推动创新，表明了区域内协同发展的必要性。为进一步推动长江经济带内的合作创新，各省市可建立“长江经济带创新合作平台”，定期举办技术对接会、产业论坛和成果展示，促进各省间技术共享与需求对接，形成在关键技术研发和市场推广方面的合力，从而提升整体竞争力。

3. 加强国际人才交流，提升人才队伍国际化水平

鼓励企业、高校和科研机构引进国外高层次人才，提升人才队伍国际化水平。支持人才参加国际学术会议、交流活动，拓展国际视野，提升国际竞争力。例如，新材料产业的四川省、贵州省和江西省应积极开展与长江经济带外省份的跨域合作，拓宽合作领域，汇聚各方资源与优势。建议建立跨省协同研发基金，支持新材料的合作研发项目，通过联合申报国家或地方科技项目，增强合作资金支持，实现共同发展。在拓展国际科技合作的同时，也需要加强国际合作的风险防范。建立健全风险评估机制，对国际合作项目进行全面的风险评估，防范合作风险。加强知识产权保护，维护企业合法权益，避免技术泄露和侵权行为。注重人才培养，培养一批具有国际视野和竞争力的高素质人才，为国际合作提供人才支撑。